景德镇
陶瓷史料
1949—2019（上）

景德镇陶瓷史料编委会　编著

江西人民出版社
Jiangxi People's Publishing House
全国百佳出版社

《景德镇陶瓷史料（1949—2019）》编写机构

编委会

主　　任	钟志生	刘　锋	王前虎	汪立耕	张春萍
副 主 任	吴　隽	黄金龙	刘朝阳	刘瑞英	江伟辉	宁　钢
	蔡付斌	陈雨前	闫　浩	唐　良	俞小平	孙　鑫
	张景根	孙庚九	丁国华	陈华龙	胡春平	雷　铭
	张维汉	宋建明	高唤虎			
总　　编	刘朝阳	孙　鑫				
副 总 编	余志华	方霞云	徐　辉	洪明华	艾春龙	郑　鹏
	李新华					

委　　员（按姓氏笔画排序）

王　耀　计　群　占　剑　冯国平　尧宁生　朱仕木
刘子力　汤武辉　孙艳峰　严　峰　芦继云　李承尧
李雪海　杨志奇　吴巨龙　吴水旺　吴知昊　吴雄飞
余华平　林卫春　罗　璇　罗文军　罗建国　周敏建
胡银娇　钟良贵　俞定珍　倪卫春　高　翔　程新宇
程曙光　赖德华　熊小席

荣 誉 顾 问（按姓氏笔画排列）

于集华　王力农　王鲁湘　王锡良　方李莉　邓希平
白　明　吕品昌　朱乐耕　刘远长　杨永峰　何　乾
何炳钦　余乐明　汪宗达　沈　薇　张守智　张松茂
周国桢　秦锡麟　黄云鹏　黄康明　谢岳荣　赖德全
鲍杰军　熊钢如

你是管瓷器的，就把瓷器管好。

——毛泽东

1956 年，毛泽东主席视察
江西，在向塘车站向中共景德镇
市委书记赵渊做出指示

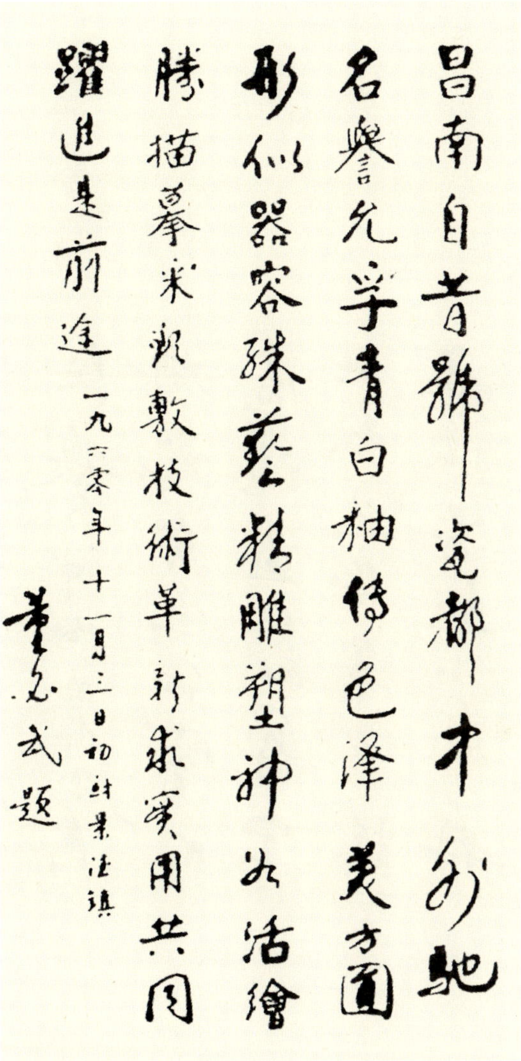

1960 年 11 月 3 日，国家副主席董必武视察景德镇，作《初到景德镇》诗一首

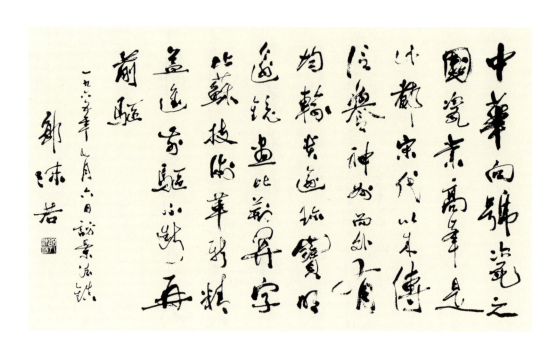

中華向號瓷之國
瓷業素称景德镇
此都宋代以来传
信誉神州尚外宾
均輸货运珍宝好
遥镜尽此艺异字
此蘇枝術革新精
盖造奇题不断再
前驱

一九六五年七月六日访景德镇

郭沫若

1965 年 7 月 6 日，全国人大常委会
副委员长郭沫若在景德镇艺术瓷厂参观时
即兴挥毫，题诗赞美景德镇

配料调色细且精，塑形绘影艺超群。
才知日用寻常品，曾费劳工无限心。
风格四如传古代，车轮载誉越重瀛。
瓷都跃进今方始，量质都须加倍成。

《游景德镇》 一九五九年三月十五日

1959年3月15日，中央人民政府内务部部长谢觉哉视察景德镇，题诗《游景德镇》留念

1963 年 1 月 14 日，全国文联
副主席、戏剧家田汉视察景德镇并
题诗

序一

千年古镇、世界瓷都。景德镇2000多年的冶陶史、1000多年的官窑史、600多年的御窑史，在世界陶瓷产业发展长河中始终占据独特地位。陶瓷是景德镇产品，更是中华文化、世界语言、中国故事。英语中"China"是中国，"china"就是瓷器，历史上许多国家的民众了解中国，往往从瓷器开始。作为陶瓷文化的重要发源地，景德镇虽历经千年沧桑，仍然保留了完整的瓷业生产体系和丰厚的文化遗产。悠久的制瓷历史、丰富的陶瓷遗存，使景德镇入选首批"国家历史文化名城"，被联合国教科文组织授予"世界手工艺与民间艺术之都"的称号。浸润着千年陶瓷文化的景德镇传统制瓷技艺、人文精神、艺术追求，一直在传承中创新，在创新中发展。

中华人民共和国成立以后，伴随着工业化的浪潮，景德镇陶瓷工业经过恢复、改造、快速发展等阶段，相继建成建国瓷厂、艺术瓷厂、宇宙瓷厂等"十大瓷厂"，陶瓷产量突飞猛进，陶瓷工艺推陈出新，成型生产实现由手工到机械，再到智能的技术进步；烧成工艺经历柴、煤、油、气四个阶段，实现环境友好型生产。传统艺术陶瓷工艺独特、门类齐全、品种繁多，远销130多个国家和地区，一直是国家对外文化交流的重要礼品。70年来，景德镇发挥全国制瓷中心和行业领军的独特优势，通过传承创新、技术进步等举措，不断探索，大胆实践，走出了一条景德镇特色的陶瓷发展之路。千年窑火不息，景德镇始终是享誉海内外的千年瓷都、陶瓷圣地。

2019年是中华人民共和国成立70周年，在中国共产党的领导下，国家从站起来，到富起来，再到强起来。70年奋斗历程，无论是在中华民族历史上，还是在景德镇陶瓷历史上，都是一部走向伟大复兴的巨著、砥砺奋进的史诗。今年5月，习近平总书记再次视察江西时，明确提出要"建好景德镇国家陶瓷文化传承创新试验区，打造对外文化交流新平台"，为景德镇的发展标定了历史方位、擘画了美好蓝图，景德镇迎来了千载难逢的历史机遇。我们要感恩奋进，真抓实干，用实际行动落实总书记的殷殷嘱托，致力建设好国家陶瓷文化保护传承创新基地、世界著名陶瓷文化旅游目的地、国际陶瓷文化交流合作交易中心，推动陶瓷产业"从分散到集中、从无序到有序、从低端到高端"发展，努力把历史上、记忆中的景德镇，变成一个可触摸、可体验的景德镇，变成一个体现新发展理念的景德镇，变成一个用独特语言讲述新时代中国故事的景德镇。

在庆祝中华人民共和国成立70周年之际，市瓷局具体组织编写了《景德镇陶瓷史料（1949—2019）》，旨在以史存志，借古鉴今，让历史告诉未来，讲述发展故事，传承奋斗精神。本书以史料的形式，对景德镇陶瓷70年的发展历史进行全面的概括记述，是景德镇陶瓷文化研究的一项基础性工作，对挖掘、丰富、传承景德镇陶瓷文化有着重要的意义。

谨向编纂该书的同志们致以谢意！

是为序！

钟志生

二〇一九年十月

序二

盛世修史，以史励志。在中华人民共和国成立七十周年之际，《景德镇陶瓷史料（1949—2019）》将要与大家见面了，这不仅是陶瓷业界的一件大事，也是全市经济、文化、社会中的一件喜事。

全书共分三册，上溯 1949 年，下迄 2019 年 9 月，较为客观地记述了期间的重大事件、重要人物，是一部系统反映 70 年来景德镇陶瓷发展全貌的地情书籍，也是一部全面展示景德镇陶瓷文化及世风民情的资料性文献。从中既能深刻领略到景德镇陶瓷产业的变革、文化的兴盛，又能强烈感受到瓷都人民在中国共产党的领导下艰苦奋斗、开拓奋进的昂扬精神以及景德镇所发生的翻天覆地的巨大变化。

景德镇从"新平冶陶"到真宗赐名，再到明清烧制御窑，在千年的制瓷史上创造了令世人瞩目的伟绩。近 70 年来，景德镇伴随着共和国铿锵前进的步伐开启了一次次辉煌征程：从 20 世纪 50 年代开始，景德镇先后完成了陶瓷手工业社会主义改造，组建国营十大瓷厂，陶瓷生产和贸易得到恢复发展，制瓷技艺也得了新的发展提升。到 80 年代中期，景德镇陶瓷发展成为全国规模最大、结构最合理、配套最完整的产业体系。进入 21 世纪，通过改制重组国营十大瓷厂，成立陶瓷工业园区、景德镇陶瓷集团、陶文旅集团，大力发展股份民营陶瓷工业，开启了陶瓷产业转型升级的新征程。近年来，陶瓷产业在提质发展的道路上愈战愈勇、愈走愈宽，在科技创新、要素集聚、品牌建设、文化交流、跨界融合等方面取得了一系列辉煌成就。可以说，70 年陶瓷发展史记录的不仅是景德镇陶瓷行业的涅槃重生，更是景德镇人民筚路蓝缕、以启山林的逐梦历程。

追昔是为抚今，继往更需开来。对景德镇而言，2019 年注定是一个极为特殊的年份，习近平总书记视察江西时作出"建好景德镇国家陶瓷文化传承创新试验区，打造对外文化交流新平台"的重要指示，千年瓷都迎来了千载难逢的发展机遇。站在新的历史起点上，我们更应当肩负好振兴陶瓷的历史使命，感恩奋进、开拓进取，推动陶瓷产业高质量跨越式发展，促进陶瓷文化更加繁荣兴盛，为把景德镇打造成为一座与世界对话的国际瓷都而不懈努力！

刘锋

二〇一九年十月

|目录|

上册
（1949—1978）

概　述

　　镇因瓷兴，瓷以镇名。景德镇，一个以单一的陶瓷产业支撑一千多年，并以宋真宗年号为镇名的城市，旷世罕见！在英文中，瓷器（china）与中国（China）同名，景德镇的瓷器通过海陆丝绸之路远销世界各国，成为中西方交流的使者，代表中国的文化符号。从宋代独创影青瓷到元代发明高岭土加瓷石的二元配方，明清时期设御窑（器）厂，景德镇一直引领瓷业发展方向。产品不断推陈出新，产业不断发展壮大，被誉为千年瓷都。

　　1949 年 5 月，新成立的中共景德镇市委、市人民政府努力恢复因内战凋敝的景德镇瓷业，在进行政策宣传、说服动员的同时，以科学务实的精神，着力解决陶瓷生产资金短缺、原燃材料供应紧张、交通运输受阻、市场流通不畅等实际困难，迅速恢复了瓷业生产，稳定了人心，巩固了新生的人民政权。紧接着，通过没收官僚资本，组建第一家国有陶瓷企业，示范和引领建立公有制的陶瓷工业；通过公私合营和赎买，将分散的陶瓷手工作坊逐步改造成为公有制的陶瓷企业；通过广泛开展以"找窍门、学窍门、传窍门"为主要内容的社会主义劳动竞赛和技术革新活动，不断改进生产技术，扩大生产规模，提高产品质量。古老的瓷都重新焕发青春。

1953 年，我国实施第一个五年计划，开始有计划地进行社会主义建设。景德镇通过对陶瓷生产资料私有制的社会主义改造，建立以公有制为主导的社会主义生产关系，全市陶瓷行业组建了 24 户具有一定规模的制瓷企业，并最终整合形成十大国营瓷厂；通过厂房修建、产品调整、人员调配，从组织上为工业化大生产奠定了基础；在生产方式和技术上，不断增加投资，进行了以煤代柴的烧炼技术换代、瓷土矿石粉碎工艺改造、瓷坯干燥技术革新、陶瓷成型技术改进等，提高了生产效率，减轻了劳动强度；在产品装饰和器形上，恢复、研制出 60 多种高、低温颜色釉，研发新器形、新画面数千种。与此同时，创办部省陶瓷研究所，景德镇陶瓷馆、瓷用化工厂、陶瓷机械厂、陶瓷学校。成立瓷土矿山勘探工作队，并初步改造了四个矿区，新建了机制瓷土厂等。随着景德镇陶瓷矿山开采、原料加工、产品制造的机械化程度的逐步提高，景德镇陶瓷工业化生产体系初步形成。

60 年代开始，在国民经济调整期间，景德镇瓷业进行了一系列的工艺革新和技术革命，推动景德镇陶瓷生产方式实现了根本性的转变。原料制备、成型工艺采用了动力碓、雷蒙粉碎机、真空练泥机、球磨机、压坯机、注浆泵等机械设备；瓷坯干燥从日晒干燥到烘房干燥、链式烘干；燃料由柴到煤，窑炉由国窑到隧道窑的不断进步,陶瓷生产逐步摆脱了沿袭千年的"瓷土粉碎靠水碓、练泥只能靠脚踩、坯体成型靠手工、坯体干燥靠阳光、烧炼全部靠松柴"的落后生产方式。与此同时,先后组建江西省陶瓷工业公司、江西省陶瓷进出口公司和江西省陶瓷销售公司,景德镇陶瓷行业管理和内销外贸体制确立。随着景德镇陶瓷学院、轻工部陶瓷研究所等机构挂牌成立和众多古窑遗址的发现和保护,景德镇形成了集矿山开采、原料加工、产品制造、辅助行业、科教文博等为一体的配套完整的现代陶瓷产业体系。

70年代后期,随着景德镇陶瓷工业企业的整顿,陶瓷企业领导班子得到调整,各项管理制度得到逐渐恢复和完善,生产秩序逐步恢复正常,前期社会环境带来的不良影响逐步消除。1977年和1978年江西省陶瓷工业公司工业总产值、日用陶瓷产量、劳动生产率等指标都迅速恢复和达到历史新高。与此同时,不断加大投资力度、加快技术改造步伐,先后从日本、联邦德国、捷克斯洛伐克等国引进先进设备和技术;开拓柳家湾、黄坛等原燃料供应基地,改建和推广油烧隧道窑,筹建现代化的华风瓷厂、专供陶瓷烧造用气的焦化煤气厂等,为景德镇陶瓷发展夯实了基础。

三十年间,景德镇陶瓷在国际国内广泛开展交流合作。至1979年,先后邀请数十个国家和地区的陶瓷界专家学者到景参观访问、考察交流;经常性地在世界各国举办瓷器展览展销,拓宽出口渠道,提升景瓷声誉;先后组织大批管理、技术人员分别前往日本、英国、联邦德国、法国、捷克斯洛伐克等国家进行技术考察和业务洽谈,引进先进制瓷设备;派出专家,帮助朝鲜、越南、蒙古等国建立陶瓷工业，接受外国留学生来景深造。在国内交流中，邀请中央美院专家到景协助建国瓷制作，邀请天津泥人张、中央美院著名教授梅建鹰及著名画家林风眠、唐云、王个簃等到景讲学、交流、互鉴。

三十年间，景德镇陶瓷大舞台能工巧匠与科班学子同台竞技，传统工艺与现代科技融会贯通，传承光大与学习借鉴相得益彰。原料开采配制工艺不断进步，成型方法多种多样，烧炼技术向连续化、自动化方向发展；陶瓷装饰丰富多彩，新器形、新花面层出不穷；产品包装推陈出新，销售渠道内外畅通；产业结构不断优化，生产规模持续壮大，经济效益、社会效益日益彰显。

潮平两岸阔，风正一帆悬。回望历史，中华人民共和国成立后的三十年，是瓷都千万儿女革弊纳新、弘扬传统、探索创造的三十年；是顽强拼搏、百折不挠、奋发前行的三十年。为景德镇陶瓷在改革开放后的市场经济大潮中积蓄了强劲动力，奠定了坚实基础，描绘了美好蓝图。

　　1949 年 4 月 29 日，中国人民解放军解放
景德镇，千年瓷都回到人民手中。图为人民群
众自发在南门头集会，庆祝景德镇解放。

　　中华人民共和国成立后，党和政府组织带领
瓷业工人胼手胝足，埋头苦干，经过三十年的奋
斗，陶瓷产业实现快速发展。图为彩绘车间贴花
作业线的一片繁忙景象

第一章

陶瓷产业　恢复发展

　　1949 年 4 月 29 日，中国人民解放军解放景德镇，接管了国民党地方政权，千年瓷都翻开了新的一页。中共景德镇市委和景德镇市人民政府成立，迅速采取措施稳定流散的技术工人，组织生产自救，对失业工人进行救济，帮助、鼓励瓷业各窑场、坯坊、柴行、红店恢复生产经营，稳定人心。

　　从 1953 年开始，陶瓷行业与全国各行各业同步，实施了第一个五年计划，瓷业生产经营得以有计划地加速发展。通过工商业社会主义改造，逐步建立陶瓷生产资料的社会主义公有制。1958 年以后，在公有制社会主义改造过程中，出现规模过大、速度过快的问题，景德镇陶瓷工业也和全国经济一样在曲折中持续前行，先后进行重大调整和全面整顿，到 1978 年，逐步回到稳步、协调、健康发展的轨道上来。景德镇陶瓷由作坊手工业生产发展到规模化生产，为改革开放后陶瓷产业的快速发展积累了宝贵经验和坚实的物质基础。

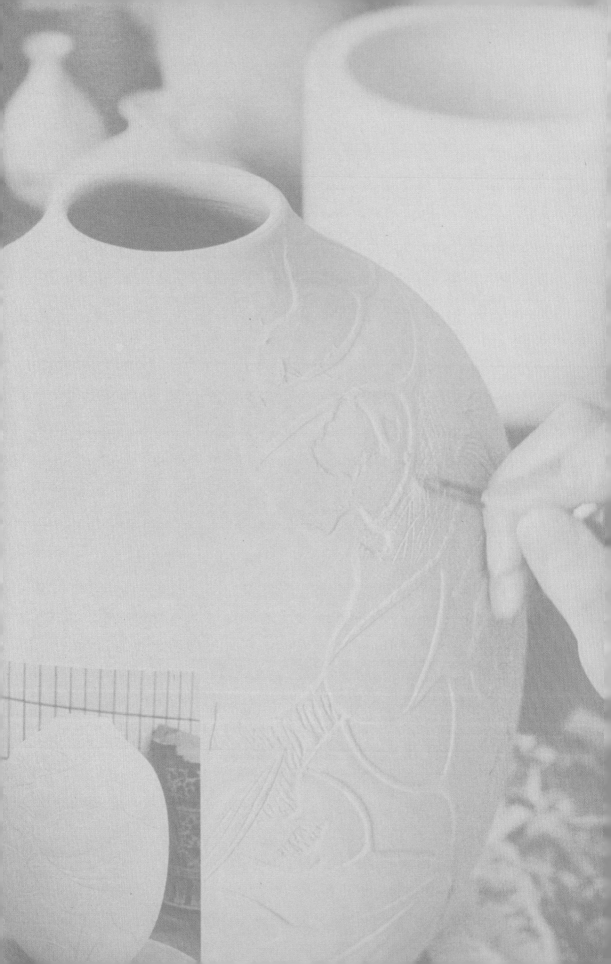

|第一节|

恢复生产

1949 年底至 1952 年底，是国民经济三年恢复时期。景德镇瓷业克服重重困难，陶瓷生产经营得到复苏，生产生活秩序正常有序，这对于改善和提高人民生活，巩固新生的人民政权，恢复和巩固国际市场地位等具有积极的意义。

（一）恢复陶瓷生产与经营的背景和意义

中华人民共和国成立前，景德镇陶瓷行业已具有一定规模。受战争影响，至景德镇解放初期，陶瓷生产处于停滞状态，市场萧条，交通闭塞，物资短缺，人民生活困难，当时全镇失业工人有近万人之多，其中绝大部分是瓷业工人或与瓷业相关行业的工人，这些失业工人生活十分艰苦，许多四至五口之家一度每天仅能吃一斤大米。景德镇窑厂坯坊的关门停业，不仅使瓷业工人生活陷入困境，而且也影响到周边十余县相关农民的生活。因为瓷业生产所需原料、燃料都来源于周边农村，窑厂不开工，原料和燃料断了销路，这就使祁门、浮梁、婺源、鄱阳、乐平、余干、星子等周边十余县以此为业的农民的生活也日趋艰难。

陶瓷业是景德镇的重要行业，陶瓷税收是景德镇地方财政收入的重要来源。迅速恢复和发展陶瓷生产经营，不仅能够解决瓷业工人的"饭碗"，提高瓷业工人和周边农村群众的基本生活水平，而且对增加地方财政收入，扩大公债发行，克服暂时的经济困难等都具有积极作用。同时，

景德古镇的陶瓷生产和水运场景

景德镇陶瓷是中国传统出口商品，在国际上享有很高声誉，深为各国人民所喜爱。迅速恢复和发展陶瓷生产经营，还有利于打开出口局面，恢复和巩固景德镇陶瓷在国际市场的地位，更好地为国家换取宝贵的外汇，支持国内经济建设。

（二）恢复陶瓷生产与经营的主要措施

中华人民共和国成立后，刚成立的景德镇市人民政府坚决响应中央"必须把工作重点放在城市生产建设上来"的号召，迅速把工作重点转移到恢复生产上来，大力恢复瓷业生产经营。

1. 动员业主开工、工人复工

1949年10月，景德镇市人民政府成立市工商管理局，具体负责宣传、贯彻党和政府关于保护工商业的政策，动员窑场、坯坊复工，恢复工商业经营以及加强对工商业者管理等工作。全市各界人民代表也十分重视这一工作，多次把恢复瓷业生产作为各界人民代表会议的中心议题。如首届第二、第八、第十和第十二次代表大会讨论的主要议题就是：如何动员厂主开工、工人复工，迅速恢复瓷业生产等关键问题。

说服和动员工作主要从四个方面进行。一是大张旗鼓开展如开大会、贴标语、出黑板报等形式多样、生动活泼的宣传工作。组织干部深入工厂进行宣传，挨家挨户对工商业者进行动员，宣传党和政府关于保护工商业的政策，解除了工厂（作坊）主的顾虑，为顺利开工打下了思想基础。二是召开座谈会。人民政府就瓷业开工问题，多次召集工厂主开展座谈，认真听取他们的意见，了解他们的困难，帮助他们分析开工的不利因素和有利条件，引导他们准确把握形势，树立开工的信心。三是组织工人复工。采取各种途径通知流散各地的陶瓷工人返镇复工，并规定了返工的时限，逾期不归者，则作为自动放弃受雇权利。在安排就业人员上，制定"先城市、

在党和政府的动员和扶持下，
景德镇很快恢复了瓷业生产。图为
坯厂工人正在下料淘泥

后乡村"的方针,优先解决那些没有其他生计的城市失业工人的就业问题。同时,对工人进行教育,提高其觉悟,使之认识到复工不只是为了资本家,也是为了广大劳动者利益和国家的利益,动员说服工人放弃有碍于开工的过激行为和过高要求,适当降低工人工资、福利,减轻资方的困难,为开工创造较好的条件。如1950年再次动员资方开工时,政府便说服劳资双方为复工达成协议,规定工人必须在接到复工通知20天之内返回工厂,工人工资标准普遍减少一成,有的还打六四折扣。四是运用行政手段,促使资方开工。由于经济形势的严峻,在进行宣传、说服工作的同时,一方面对开工中表现好的厂主予以表扬和鼓励;另一方面,对开工消极的资方人员区别不同情况,采取相应的行政措施。1950年8月,市政府召开瓷联、商联代表联席会,研究决定废除解雇制度,建立正常的师徒关系。12月7日,为密切烧(窑)和做(坯)联系,减除搭坯户困难,市工商科、劳动科、总工会联合组织成立60个以每座窑为中心的烧窑小组,保证生产的连续性。

为了给全市私营瓷厂树立榜样,景德镇市人民政府在财力十分困难的情况下,1949年8月通过没收江西瓷业公司官僚资本,组建全市第一家国有瓷厂——建国瓷业公司,并于次年4月15日正式启动生产经营,使那些担心观望的窑坯厂主坚定了开工信心。1952年,成立景德镇市陶瓷生产管理局,管理全市公、私营陶瓷生产企业。同年开始"建国瓷"的试制,恢复和发展传统制瓷技艺。这年先后成立了3个加工合作社和5个生产合作社,并将172个私营小厂合并成18个私营联厂。

2. 及时解决生产中的各种困难

为使瓷厂尽快开工,人民政府开展了一系列扎扎实实的工作,致力于解决开工和扩大生产所面临的各种困难。

(1) **多方筹集生产资金**。针对当时陶瓷销路不畅,窑坯厂生产资金普遍不足的困难,市人民政府通过各种渠道,从各方面筹集资金,帮助窑

为解决恢复瓷业生产所需的原料，人民政府广泛动员、大力扶持以往的原料产地的生产。图为陈湾地区水碓生产情景

坯厂渡过资金短缺的难关，缓解燃眉之急。①会同人民银行发放生产贷款，予以接济。据统计，恢复经济的1950至1952年间，人民银行累计贷给窑坯厂开工款、瓷商采购瓷器款117.5万元。这些贷款利息低、时间长，条件十分优惠，大大出乎工厂主的意料，及时地解决了资金不足的困难。②改善交换环境。如放宽瓷器交易时间，便于商品交流。同时在交易淡季，瓷器交易所和国营公司掌握一定的价格尺度，防止瓷商压价和买空卖空的现象出现，维护窑户坯厂利益。③发展订购业务。在窑户资金短缺时，动员瓷商买"窑位"（订购），国营公司在这方面起到了带头作用。如1951年2至3月份窑户开工时，国营瓷业公司向400家瓷厂买了"窑位"，解决窑户资金周转不灵的困难。④由国营贸易公司收购窑厂因销路

不畅积压的陶瓷产品。如 1950 年，国营贸易公司收购瓷器 34888 担，占当时全市运销量的 12.7%（担，陶瓷数量计量单位，1965 年 1 月 1 日起，改担为件，一担约等于 300 件）。⑤动员银行向窑坯厂投资。另外，还充分吸收外地行商资金和游资，成功建立了裕民、国光两个瓷业生产公司。不仅为恢复瓷业生产经营发挥了积极作用，还打破了景德镇历史上陶瓷业由行帮把控垄断的状况，为瓷业的发展开辟了新的途径。

（2）**全力解决原料困难**。为解决开工所需的原料，给恢复生产创造必要的条件，市人民政府以行政手段加以解决。

①大力恢复和扶持以往原料产地的生产。中华人民共和国成立之初，景德镇市人民政府在深入调查研究的基础上，召集所有的水碓、土坑老板和股东开会，经过耐心的说服和动员，组织起陈湾白土开采筹备委员会和浮梁、鄱阳烧窑同业公会，进行瓷土生产。组建市瓷土公司，在原料产地进行瓷土开采和维护水碓的业务。并实行许多优惠政策扶持已开工的原料生产。如在 1950 年原料滞销时，由国营企业收购，以减少生产者损失；浮梁地区专署也规定各县原料生产者，可用瓷土抵交公粮，以免生产者一心二用；秋后，江西省财委还专门召开瓷业生产会议，拨给稻谷 200 万斤作为恢复原料生产的投资。②建立新瓷土矿。本着"以近代远、以优代劣"的原则，组织和动员群众在附近寻找瓷土矿，建立新的原料生产基地，满足瓷业发展需要。到 1952 年，发现了一批高岭土、灰釉、方解石、长石等等多种瓷土新矿点。③改进运输条件。市政府责成航运部门进行说服教育，采取有力措施，打破传统的行帮垄断水运界线，使上游祁门、浮梁、下游余江、乐平的船运可直达景德镇，大大便利了原料运输。④优惠供应原料。市政府在恢复和发展原料生产，保障供应的同时，对一些开工有困难的瓷厂，廉价供应原料，帮助他们尽快恢复和维持生产。1951 年3 月至 6 月，市瓷土公司将在各地收购的瓷土原料，折价供给 400 余家制瓷坯坊。

　　市窑柴公司组织干部分赴鄱阳、
浮梁等县山区成立窑柴站，组织农民
砍伐，设专人收购窑柴，烧瓷所需松
柴陆续从余干、鄱阳等地运到景德镇。
图为装卸工挑柴下船

（3）**多方组织燃料供应**。以窑柴为主的燃料短缺，也是制约恢复陶瓷生产的关键因素。1949年，市首届八次人民代表大会就做出了组织力量砍伐窑柴的决议，并想方设法调动各方面力量努力解决这一困难。①成立窑柴公司。1949年12月，成立景德镇市窑柴公司，并组织动员干部分赴鄱阳、浮梁等县山区设立窑柴站，组织农民砍伐，设专人收购窑柴，这成为当时窑柴供应的主要渠道。为使有限的窑柴资源全部用于烧瓷之用，景德镇市人民政府多次吁请省府重申过去的禁令，即在距离景德镇市500华里以内地区，禁止将松柴做生活用柴，采取多种措施，保护松柴资源。②充分利用原有柴行的作用。动员柴行服从窑柴公司的统一管理，使柴行成为解决窑柴供应的一支重要力量。1951年4月，当窑柴严重匮乏，许多窑厂濒临停工时，33户柴行立即下乡定购窑柴，并协同市窑柴公司在4、5、6三个月中，为全市各窑厂提供30万担窑柴，使陶瓷生产燃料问题得以基本解决。③组织失业工人上山砍柴。1950年春，部分失业工人在市工会的组织下，上山砍伐窑柴，既解决了失业工人的生活困难，也为开工创造了条件。④通过交易所收购和订购窑柴。交易所是当时沟通城乡物资交流的重要渠道，也是供应窑柴的主要场所之一。如1951年上半年，窑柴供应紧张，市窑柴公司派专人进驻交易所进行大量的收购和订购，解决了许多窑厂的燃眉之急。⑤组织联烧小组。在政府的鼓励、动员和组织下，由搭坯户出资给贷款买窑柴的厂家，帮助其解决窑柴问题，渡过难关。同时，还通过调整税收来减轻厂家负担。

（三）改进生产技术，提高产品质量

20世纪50年代，景德镇陶瓷生产基本上延续传统的小作坊生产方式，生产成本高，经济效益差，抗风险能力弱。为寻求解决这一问题的方法，市人民政府在陶瓷业复工不久，就开展改进生产技术提高产品质量的系列活动，旨在尽快建立新的生产秩序，改变旧的生产方式，降低成本，增加效益，促进陶瓷生产经营的恢复和发展。

1. 开展爱国主义生产竞赛和提合理化建议活动

从 1950 年开始，人民政府在工人中开展爱国主义生产竞赛和提合理化建议活动，并在一些领域和生产部门取得成效。如烧窑方面的红旗竞赛，使当时的倒窑现象大为减少。1952 年，建新联营瓷厂开展爱国主义生产竞赛和提合理化建议，使产品质量的合格率由赛前的 44.6% 提高到 78.8%，每个窑次能节省窑柴 26 担以上。

2. 组建烧窑小组和烧窑技术研究委员会，提高烧窑质量

烧窑小组的成立，打破过去窑、坯两行的隔阂，密切双方的配合，提高了生产效率。烧窑技术研究会的具体工作是：第一，检查倒窑、爽窑原因和追查责任；第二，检查匣钵质量，进行技术评议；第三，开展生产竞赛，实行奖惩办法。通过上述努力，工人的劳动纪律有了初步加强，烧窑的技术有所提高，倒窑损失逐渐减少，成瓷率提高了两成。

3. 颁布质量奖惩办法，增强职工责任心

1951 年 4 月，为了改进烧窑制坯技术，提高瓷器品质，降低成本，增强职工责任，减少劣等瓷器的数量以扩大瓷器销售，景德镇市人民政府分别颁布《景德镇市制坯超额差额奖惩办法试行草案》和《景德镇市烧窑奖惩试行办法草案》。《景德镇市制坯超额差额奖惩办法试行草案》规定，青瓷（合格瓷）定额标准为 60%~85%，在这个标准内不奖不罚，凡达不到青瓷标准则要处罚。凡超过青瓷标准，则予以奖励。奖励的具体规定是：企业以超额实得利润 30% 为职工奖励金，其余 70% 为资方所得。超额职工的奖金发放标准如表一。

表一　1951 年景德镇瓷业制坯超额奖金发放表

超额奖励	标准定额	超额青瓷	86%	87%	88%	89%	90%
	60%～85%	奖励比率相当工资	1.48%	2.96%	4.44%	5.92%	7.4%
		超额青瓷	91%	92%	93%	94%	95%
		奖励比率相当工资	8.88%	10.36%	11.84%	13.32%	14.8%
		超额青瓷	96%	97%	98%	99%	100%
		奖励比率相当工资	16.28%	17.76%	19.24%	20.27%	22.2%

　　奖励每月月终评定一次，奖金由资方付给，不得拖欠，处罚由资方从工人工资中扣除。如果整个企业质量优异，经市劳动局同意，可在坯厂上空悬挂红旗以示优胜，连续五次悬挂红旗的坯厂由市政府授予模范坯厂称号。《景德镇市烧窑奖惩试行办法草案》规定的青瓷标准和超额差额奖惩办法与坯厂实行的奖惩办法基本相同。唯其奖金由烧窑户在奖赠柴价中解决。其具体办法如表二。

表二　1951 年景德镇市瓷业烧窑定额奖惩表

超额奖励	标准定额	青瓷超过	1%	2%	3%	4%
	60%～85%	奖增柴价	0.7%	1.4%	2%	2.7%
		青瓷超过	5%	6%	7%	8%
		奖增柴价	3.2%	4%	4.5%	5.2%
		青瓷超过	9%	10%	11%	12%
		奖增柴价	5.7%	6.4%	7%	7.7%
		青瓷超过	13%	14%	15%	
		奖增柴价	8.4%	9%	9.5%	
惩罚	标准定额	青瓷差额	5%～10%	11%～20%	21%～30%	31%～40%
	60%～85%	惩扣柴钱	5%	10%	15%	20%

工人们在劳动竞赛活动中，创造了一种新的茭草包装
方法，提高了工效。图为包装工人们正在认真工作

20

4. 重视原料生产和包装技术的改进

精制原料，是改良瓷器品质、降低成本的重要保证。在原料精制厂设立以前，1950年成立的瓷土公司，具体负责瓷土的开采和管理。为了保证瓷土质量，1951年1月市人民政府公布《瓷土原料生产管理办法》，规定必须持证开采加工，矿石和原料必须经市政府工商科检验合格方可出售，无证私自开采加工或购买未经核准粗制滥造原料，予以没收并移送法院依法处理。办法的公布和实施，使各坯厂所需的瓷土质量大大提高，促进了陶瓷生产发展。在包装方面，工人们在竞赛活动中创造了一种新的茭草包装方法，使原来四人操作每天共茭114支(捆)瓷器的进度，提高到五人操作，每天共茭180~240支。这一技术通过找窍门展览迅速在全市得到推广。

（四）积极疏通流通渠道，打开陶瓷销售市场

如何建立一个范围广阔、渠道畅通的销售市场，不仅关系到陶瓷生产的迅速恢复，而且关系到陶瓷业今后的发展。为此，市人民政府采取了

种种措施，恢复和开拓陶瓷市场。

1. 疏通交通

首先解决瓷器外运中交通受阻难题。人民政府竭尽全力从两个方面来疏通和保障陶瓷外运渠道。一方面，消除陶瓷外运的人为不利因素，全面开展剿匪工作，迅速肃清流散在景德镇市周围的大小土匪，使陶瓷外运有了安全保障。另一方面，大力疏浚水运主动脉——昌江。市人民政府在财政十分紧张的情况下，挤出200万斤大米作为工程经费，用于河道疏浚，炸毁了马家箭的礁石，使河道加深0.47米，昌江运输得以改善，运力大大增强。同时，还大力整修公路，修复景德镇至鄱阳，景德镇至南昌，景德镇至安徽祁门、屯溪，景德镇至婺源的公路，修复通车的公路达541公里。至1952年，通车里程比1949年增长1.2倍。

2. 组建国营陶瓷销售机构，开辟外地瓷器销售市场

为了尽快恢复陶瓷业与工商业，市人民政府改变传统的瓷器销售渠道和销售方式，着手组建国营贸易公司，着手统一进行瓷器收购和销售。1949年8月，市人民政府成立浮梁专区贸易公司陶瓷部，一方面以大量资金收购瓷器产品，解决生产厂家瓷器积压的困难；另一方面积极向外推销产品，开辟瓷器市场。1949年9月，公司与苏北贸易部门协商，以瓷器交换食物，既为一部分瓷器找到了出路，又解决了景德镇急需的粮食供应。1950年5月，市人民政府决定改组陶瓷部，组建国营景德镇瓷业公司，使其发展为经营瓷器收购和销售的专业公司，运销业务进一步扩大。迅速恢复长江中下游的传统市场，还大力发展推销网点，先后拓展了重庆、广州、北京、天津等地的瓷器市场，扩大了瓷器销售量。

3. 成立瓷器交易所

在建立外地推销网点的同时，市人民政府十分重视本地陶瓷经销市场的建设。1950年11月25日，正式成立瓷器交易所，颁布《瓷器交易所

暂行管理办法》，营造良好营销环境。其主要任务是：便利外地瓷商来景交易，促进瓷器生产，调节供求关系，取缔中间剥削，降低制瓷成本，稳定瓷器价格，防止买空卖空，扩大瓷器销路。

4. 组织下乡推销

1949 年以后，通过土地改革，恢复发展农业生产，广大农民生活水平有了提高，对瓷器及其他生活资料的需求量日益增加。为了满足农民的需要，进一步扩大瓷器销售，市人民政府组织私营瓷业厂户下乡推销瓷器，给次色货找到销路，取得了一定成效。

（五）恢复生产与经营取得的成效

经过三年的不懈努力，景德镇市委、市政府扭转了严重的财政经济困难，在恢复发展陶瓷生产经营方面取得明显成效。

1. 恢复瓷业生产

首先，瓷业厂家迅速开工。尽管这在当时是一项十分艰巨的工作，而且反复性很大，但在中共景德镇市委和市人民政府耐心、深入地说服动员和扶助下，一大批坯坊窑厂得以迅速复工。1949 年初，全市只有 8 座窑厂勉强开工。1949 年 4 月后，开工的窑厂不断增加。6 月份为 34 座，9 月份达到 80 座，12 月份增加到 102 座，复工率为 95% 左右；全市坯厂 6 月份开工的有 612 家，9 月份达 889 家，12 月份则增加到 1461 家，复工率超过 74%。1950 年，由于年初米价暴涨，瓷价下跌，使厂主开工的信心又一次发生动摇。

党和政府采取有力措施，瓷业生产迅速得以恢复。
图为坯厂工人装坯下匣

政府及时采取各种措施，迅速扭转开工滑坡的现象，到 4 月份开工工厂数达 1791 家，大大超过 1949 年年底的水平。1951 年情况好转，到 3 月份所有瓷厂都顺利开工。自此，瓷厂开工问题基本得到解决。

其次，生产稳步发展，产量逐年上升。随着陶瓷生产的迅速恢复和稳步发展，国营、私营和个体日用陶瓷总产量逐年上升：1949 年为 277150 担，1950 年为 301218 担，1951 年为 368681 担，1952 年为 398501 担。另据 1985 年《景德镇陶瓷工业年鉴》所列：1949 年产量为 6350 万件，1950

年为 6918 万件，1951 年为 8365 万件，1952 年为 9022 万件。如以 1949
年产量为指数 100，三年恢复时期，第一年则为 109，第二年为 133，第
三年为 143。瓷土和匣钵的生产也逐年发展：瓷土生产量 1950 年为 2258
吨，1951 年为 3780 吨，1952 年为 3978 吨；匣钵生产量 1949 年为 6699 吨，
1950 年为 7362 吨，1951 年为 8057 吨，1952 年达 8663 吨。其他陶瓷生
产部门的生产也都有不同程度的增长。上述事实说明，景德镇瓷业生产
在这个时期是呈稳定、持续增长的趋势，生产力恢复到一定的水平。

再次，大部分陶瓷生产厂家在恢复生产过程中得到一定的发展。三
年恢复时期，不少厂家自身实力也有增强，规模扩大，设备添新，工人
增加。如建新瓷厂 1952 年 3 月联营时有资金 4.55 万元，到 1952 年 9 月，
资金增加到 5.57 万元，拥有坯厂 14 处，工人 207 名。华电瓷厂高压小组
从 1949 年只有 1 部圆车，3 名工人，发展到 1952 年拥有 9 部圆车，19 名
工人，由于生产的恢复，这个厂还在 1952 年扩建了第三分厂。还有不少
厂家开始改变过去生产分散、规模狭小、资金微薄、设备简陋的生产状况，
企业生产能力得到提高。

2. 复苏销售市场

首先是陶瓷运销量增加。由于运销不畅状况得到改变，景德镇陶瓷产
品源源不断在各地销售，并逐年有所增加。1949 年全年瓷器运销为 20 万
担左右，1950 年为 32.42 万担，1951 年为 42.03 万担，1952 年虽略有下降，
但仍达到 39.17 万担，约为 1949 年的一倍。

其次，国内陶瓷市场恢复。经过几年的努力，景瓷在国内的市场日益
扩大，不断发展。

表三 1950—1952 年景德镇陶瓷运销各地情况统计表

单位：担

省份 运销数量 年代	1950 年	1951 年	1952 年
江　西	41054	42644	25958
上　海	56383	83054	49707
安　徽	37401	37372	47283
江　苏	101292	137733	138679
浙　江	33387	16939	19154
湖　北	34390	29035	24268
湖　南	207	449	1076
河　南	46	273	1933
广　东	4700	27372	5093
广　西	130	45	154
福　建	857	612	95
山　东	338	4838	5426
山　西	68	485	378
河　北	57	4175	3082
天　津	5554	23348	6509
北　京	1569	9085	2870
黑龙江	20	3633	1680
辽　宁	78	6512	2914
新　疆	568	536	76
甘　肃	996	3527	6846
青　海	599	1159	805
陕　西	4157	4673	3594
四　川	355	692	4875
贵　州	2	18	58
吉　林		2502	11
云　南		44	33
西　藏			135

一是景瓷最主要的传统市场——长江中下游地区，不仅从萧条中摆脱出来，而且呈现一派兴旺景象，湖北、安徽、浙江、江苏、上海等省市，年运销量都在数万担至 10 多万担。二是景瓷在华南、华北、华中和东北的市场得到迅速扩大。如广东，1950 年为 4700 担，1952 年为 5093 担；湖南，1950 年为 207 担，1952 年增加为 1076 担；河北，1950 年为 57 担，1952 年增加为 3082 担；辽宁，1950 年为 78 担，1952 年增加为 2914 担。三是景瓷的销售范围已伸向边远地区，除恢复和巩固传统市场外，景瓷运销的省份逐年增加，东北的黑龙江，1950 年为 20 担，1952 年增加到 1680 担；吉林，1950 年为空白，1951 年销售 2502 担；西南的云南、贵州两省，也相继填补了空白；1952 年景瓷运销足迹已伸展到西藏，市场遍布全国各地。

3. 改善企业经营状况

在三年恢复时期，由于发动广大干部职工开展了爱国主义生产竞赛、增产节约运动、"找窍门"等活动，陶瓷企业的经济状况稳定好转。

（1）质量提高。如华电瓷厂经过开展"找窍门"和"爱国主义生产竞赛"运动，企业管理得到加强，该厂生产的五盘高压电瓷的废品率，由过去占 20% 下降到占 17%，五盘跌开质量合格率，由过去占 86%，提高到占 98%。建国瓷厂工人发明的装六十号否司的装坯法，减少了否司把折翘的毛病，使质量普遍提高到 90%；烧窑质量也明显提高，如江炳兴窑厂，成品率在 1948 年为 70%，1949 年为 70%~75%，1950 年开展红旗竞赛后达到 90%~95%。当时政府、工人及资方人员都较重视产品质量，注意改善公私和劳资关系，使工人增强了操作的责任心，陶瓷产品质量普遍有所提高。据估计，1952 年瓷业生产质量比 1951 年提高了 10%~20% 左右。

（2）成本下降。采取多种措施降低成本，①改进生产技术，不仅提高产品质量，而且降低生产损耗，如赣华二十五厂，在生产技术没能改进前，每月瓷坯破损在 3900 只以上，1952 年 1 月改进生产技术后，每月平均破损瓷坯减少到 390 只，取得了良好的经济效益。再如在烧窑方面，倒窑和

华电瓷厂工人正在制作电瓷

爽窑现象减少，使得成本大为降低。②开展增产节约运动，节省不必要的开支，如按时开关电灯，节约用水，随手收捡散落的瓷土等，对产品成本的降低都有一定作用。③大搞废品利用，华电瓷厂装坯工人将过去烧弯的马蹄管吊在匣钵上烧直，使过去视为无用的废品变成有用的成品。④昌江河道的疏浚，特别是龙口滩的疏浚，使陶瓷运费降低15%。

由于采取了上述种种措施，1952年的陶瓷生产成本和流通费用比1951年降低约5%。

（3）劳动生产率提高。通过改进生产工具和生产技术，工人劳动生产率有较大提高。如华电瓷厂203电车把线电瓶，原用条刀利坯，每天只利30只，后改良工具，使用"把刀一利三槽法"，每天可利50只，提高工效 66%，规格也更为准确、统一。440 安亭白料，过去用条刀，每天利 8 只，改用把刀和长刀，每天可利 14 只，提高工效 75%。整个陶瓷系统工业企业全员劳动生产率 1949 年为 686 元，1950 年为 769 元，1951 年为 938 元，1952 年为 1147 元。三年恢复时期，主要由于劳动生产率的提高，全市陶瓷工业总产值不断上升。据 1985 年《景德镇陶瓷工业年鉴》统计，1949 年为 834 万元，1950 年为 1222 万元，1951 年为 1556 万元，1952 年为 1692 万元。逐年上升的幅度都比较大。

（4）利税增加。陶瓷本属微利行业，在三年恢复时期，克服重重困难，排除亏损危险，实现略有盈余，为平衡地方的财政支出做出了贡献。陶瓷生产企业利润：1950 年为 13 万元，1951 年为 23 万元，1952 年为 118 万元。上缴国家税金：1949 年为 5 万元，1950 年为 37 万元，1951 年为 77 万元，1952 年为 76 万元。

4. 工人生活有所改善

在恢复和发展陶瓷生产的基础上，瓷业工人的生活状况逐步改善。

（1）工人就业问题基本上得到解决。1949 年前，景德镇瓷业工人中失业人员有近万人之多。大批工人失业不仅自身生活十分艰难，而且不利于社会安定。因此，解决工人就业问题成为维护大局稳定、维护工人基本生存条件的关键。景德镇市人民政府竭尽全力，抓了陶瓷生产和经营的恢复工作，使大批失业工人获得了就业机会。到 1949 年底，就业工人达 1 万多人，基本解决了工人失业问题。1950 年，景德镇市人民政府召集瓷联、商联代表举行联席会议，经过认真研究，决定废除解雇制度，建立正常的师徒关系，并订立劳资合同。规定：未经批准，不得任意解雇工人，维护工人就业的基本权利，使工人生活得到保障。同时，对尚未解决就业的部分失业工人，则采取积极的救济办法。1950 年春，因国家财政经济困难，又逢瓷业淡季，许多瓷厂无法开工，大批工人又陷失业困境。市人民政府立即组成失业工人救济委员会，由市长兼任主任，采取多种方法开展救济工人工作：以工代赈；贷款生产自救；组织回乡生产和开办训练班等，努力减轻失业者的生活困苦。到 1952 年，陶瓷生产稳定好转，制瓷工人队伍扩大到 18262 人，绝大部分失业工人都找到了工作。

（2）**工人收入稳定增加**。随着陶瓷生产的发展，陶瓷工人的收入也有了一定增长。工人收入中最主要的部分即工资，虽在生产困难时，曾有所降低，但情况一旦好转，就得到恢复，甚至还增加一成。如 1950 年冬比 1949 年冬，瓷业工人月工资上升了 5% 到 24%。同中华人民共和国成立前的工资水平比，二白釉、粉定工人工资则增长 9% 到 16%。而烧窑工人工资则增长 90% 多。此外，工人的其他收入也有所增加。

表四　1949 前后瓷业工人工资比较表

单位：石

瓷 器 业			二白釉	粉 定	烧 窑
1949 年初	最高		1.6	3.2	3.52
	一般		1.1	2.1	2.1
	最低		0.8	1.8	0.72
	平均数		1.16	2.36	1.48
1949 年冬	最高		1.76	2.8	3.84
	一般		1.21	1.8	2.32
	最低		0.88	1.6	0.79
	平均数		1.28	2.07	2.32
1950 年春夏	最高	分	59	108	127.2
		可买米	1.48	2.7	3.18
	一般	分	36	67	80
		可买米	0.9	1.68	2
	最低	分	28	61	48
		可买米	0.7	1.53	1.2
	平均数		1.03	1.97	2.13

续表

瓷器业			二白釉	粉定	烧窑
1950年秋冬	最高	分	77	144	166
		可买米	1.93	3.6	4.15
	一般	分	48	90	107
		可买米	1.2	2.1	2.68
	最低	分	37	81	58.7
		可买米	0.93	2.03	1.68
	平均数		1.35	2.58	2.84
1950年冬比 1949年冬	增加		0.07	0.51	0.52
	%		5.4%	24.6%	22.4%

从表中数据可知，1950年冬比1949年冬，瓷业工人月工资上升了5%到24%。如果同解放前的工资水平比，二白釉、粉定工人工资则增长9%到16%，而烧窑工人工资则增长90%多。另外，工人的其他收入也有所增加。

（3）**工人的劳动条件初步得到改善。**为减轻工人的劳动强度和减少工伤事故，市人民政府采取多种措施来改善工人的劳动条件。①适当缩短工人的劳动时间。解放前，工人的劳动时间一般都在14至15小时以上。解放后，为保护工人的利益，市人民政府规定劳动时间一律改为每天工作12小时，不得超过。②明令禁止打骂工人行为。有些打骂虐待童工的厂主，由总工会告到法院，使厂主受到法律制裁，维护了工人尊严。③保健工作进一步完善。针对瓷业工人职业病（特别是矽肺病）严重和工伤事故时有发生的情况，强调维护安全和改造不安全的生产环境。各陶瓷企业普遍挤出经费，改善工厂卫生设备，改造厕所，普遍摆放痰盂，有条件的工厂还设立了卫生所。

（4）**工人的文化生活丰富。**建国瓷业公司创办"职工业余学校"，帮助工人识字学文化，设立球类、棋类活动室和图书室，组织了一支近20人的业余文工队和业余赣剧团，丰富职工的业余文化生活。

产业发展

1953 年，我国实施第一个五年计划，开始有计划地进行社会主义建设。在党的过渡时期总路线的召唤下，数万瓷业干部职工为实现陶瓷工业化，大力发展陶瓷产业，积极参与社会主义竞赛，节约开支，提高效率，扩大产能，提升质量。建立供销机构，努力解决瓷业中产、供、销问题，实现三者协调发展。加快对工商业的私私联营、公私合营和对陶瓷个体手工业的社会主义改造，建立了一批地方国营瓷厂，从组织上为工业化大生产奠定了基础。在生产方式和技术上，合理增加投入，大力开展技术改造，陶瓷矿山开采、原料加工、陶瓷制造的半机械化、机械化程度不断提高，瓷业的社会主义工业化初步形成。

这一时期，国家十分重视陶瓷工业的发展，景德镇市被列为江西省重点建设的工业城市。陶瓷产量平均年增长超过 30%，1957 年日用瓷年产量 2.76 亿件、电瓷 2976 吨，产值 5938 万元，超过历史最高水平，景德镇陶瓷产业取得巨大进步。

（一）"一五"时期主要任务

按照"一五"计划和过渡时期总任务的要求，景德镇结合实际情况制定全市国民经济第一个五年计划。在这个五年计划中，陶瓷生产计划被作为一项重要的内容进行了详细的编制。

通过"一五"陶瓷生产计划的实施，大幅提高生产技术，改进落后生产方式，扩大原料生产，增加瓷器产量，缓和供求矛盾。一方面在原有的基础上积极改善设备，改进与提高技术，调整劳动组织，以最大限度地发挥生产潜力；另一方面，大幅扩大社会主义公有制经济成分，改变经济所有制结构，有计划地新建和扩建工厂，使用机器生产，改变烧瓷燃料，提高劳动生产率，降低成本，改进质量。

1952—1956年，通过合作化和国家资本主义形式的发展，瓷业生产中社会主义公有制成分迅速增长，非公有制成分在不断缩减。国营工业比重由1953年的5.22%，到1956年实现翻番。同时，公私合营和合作经营形式大幅增长，占比超过80%。

1952—1956年全市瓷业经济成分发展比较

年份	经济类型占比（％）			
	私营	国营	公私合营	合作社营
1952	92.22	5.21		2.57
1953	84.51	5.22	5.84	4.43
1954	57.16	5.85	22.91	14.08
1955	28.75	6.15	43.85	21.25
1956		10.74	58.40	30.86

1953年，景德镇市政府提出的发展陶瓷生产的基本任务是：以发展工农日用瓷（粗瓷）为主，有计划地扩大细瓷，提高实用美术瓷，保持工业用瓷。1954年市委、市政府在全市工业大会上又提出"贯彻政治思想领导，大力增加瓷业生产，扩大细瓷比重，发展陶瓷实用艺术，积极创造新产品，提高质量，降低成本，改善与提高现有企业管理水平，加强生产技术指导，通过技术革新，改变手工业生产，为半机器和机器生产创造条件，挖掘生产潜力，提高劳动生产率，增加收入，增加积累，为实现社会主义工业化而奋斗"的要求。为加快制瓷业及其基础工业、配套工业的发展，景德镇市发展国民经济第一个五年计划中，对陶瓷在"一五"时期的生产指标，基本建设和配套建设项目都做了具体安排。

江西省瓷業十二年遠景規劃（草案）

瓷器是我省馳名世界富有優良傳統的重要特產，解放後幾年來，有很大的發展，產量增加將近兩倍較（1949年），但生產分散，技術落後，質量低，成本高，是目前瓷業生產突出的薄弱環節。為了迅速地提高瓷質，降低成本，增加細瓷，擴大出口，恢復與擴大我國瓷器國際市場的準地，以便更好的滿足國內其他工業和人民生活的需要，就必須對瓷業進行技術改造，使主要的生產過程，從開瓷石礦、原料粉碎、成形到燒成、加工，採用最先進的工具和技術，逐步地從手工生產轉變為機器生產；改柴窰為煤窰和隧道窰燒瓷。另一方面，私營瓷廠與個體戶，雖於1956年二月廣泛實行公私合營和合作社營，但是，今後對這些公私合營廠和合作社營的「企業改造」、「人的改造」的任務還是很繁重的。我省瓷業生產比較集中，絕大部份產於景德鎮，但省內其他縣鎮零星分散戶數也不少，必須逐步把它們集中到臨近的產瓷區（如九江、萍鄉、雩都等地區）。景德鎮的瓷業生產雖然集中，而瓷石礦的開採卻又非常分散，分佈在景市周圍八個縣有數十處，瓷石粉碎更是零星也有幾百處。因此，全省的陶瓷工業實行「全面規劃，加強領導」更為必要。

第一、關於將「江西省陶瓷工業公司」改為「江西省陶瓷管理局」的意見

本公司成立的目的，是為了對全省的陶瓷工業實行「全面規劃，加強領導」。但是，根據我省陶瓷工業的分散落後和供、產、銷方面的複雜情況，公司單管陶瓷工業，特別是主要的省直屬廠礦，就很難滿足實際形勢的需要，特別是產銷關係方面存在很久的和經常發生的矛盾，就很難得到統一和及時解決。同時公司成立以來，雖然用正式文件呼三宣佈這個機構具有經濟和行政的雙重任務，但很多部門甚至是重要部門，都認為我們是一個單純的經濟部門，工作中遇有很大的不便。經我們再三研究有改稱為「江西省陶瓷管理局」的必要。而且要充實機構，擴大管理範圍，真正負起「全面規劃，加強領導」的重大任務。

（一）領導關係：

1.省陶瓷管理局，是省工業廳全能性的二級機構，受工業廳的直接領導，同時又受中共景德鎮市委的領導。陶瓷管理局主要是領導直屬廠礦；但對專、縣市工業、手工業部門和合作社部門直接管轄的陶瓷、工業（包括原、燃、顏料的生產廠礦），也要通過專縣、市各該主管部門，進行統一領導。

2.對經營陶瓷器和原、燃、顏料的商業部門（如景德鎮陶瓷批發站、窰柴經理部等），也要實行統一領導。而陶瓷管理局，也必須同時接受全國供銷合作總社和省手工業管理局有關業務方面的領導。

3.省陶瓷管理局，可與中央有關部、局和專、縣、市工業（商）局（科）建立直接的業務聯系。

4.原省工業廳和景德鎮市工業局直屬陶瓷工業廠礦與陶瓷研究所，劃歸省陶瓷管理局領導（廠礦名單另列），原景德鎮礦產公司所屬瓷土礦、廠，實行獨立經營單獨核算，直屬管理局領導，並將礦產公司取銷，另成立陶瓷管理局供銷處，代辦瓷土、顏料、包裝材料供銷業務等工作。

1955 年制定的江西省瓷业十二年远景规划

1. 陶瓷生产指标

（1）日用瓷：1953 年为 417435 担，1954 年为 625015 担，1955 年为 793266 担，1956 年为 800099 担，1957 年为 900000 担。其中细瓷 1953 年为 129113 担，1954 年为 211693 担，1955 年为 284544 担，1956 年为 320000 担，1957 年为 378900 担。细瓷 1953 年到 1957 年各年占日用瓷的比例分别为 30.93%、33.87%、35.87%、40%、42%。

（2）瓷土：1953 年计划生产 12027.76 吨，1954 年为 28327.64 吨，1955 年为 28488.31 吨，1956 年为 38374 吨，1957 年为 39781 吨。

（3）匣钵：1953 年计划为 8937.41 吨，1954 年为 12322 吨，1955 年为 19736.43 吨，1956 年为 17925.57 吨，1957 年为 20736.13 吨。

（4）金水：1953 年计划为 4000 瓶，1954 年计划为 4130 瓶，1955 年为 8000 瓶，1956 年为 8000 瓶，1957 年为 8000 瓶。

（5）瓷用颜料：1953 年计划为 9560 公斤，1954 年为 18342 公斤，1955 年为 18376 公斤，1956 年为 19000 公斤，1957 年为 22230 公斤。

2. 基本建设项目

（1）新建和改建瓷厂三个，增加生产能力年产各类瓷器 6.3 万担（不包括景德镇瓷厂在内）。

（2）改建瓷土厂两个，增加生产能力年产瓷土 3.5 万吨。

（3）改建匣钵厂一个，增加生产能力年产匣钵 5 千吨。

（4）新建化工厂一个，增加生产能力年产金水 8 千瓶，碗青 7.2 千斤。

3. 配套建设项目

（1）新建火力发电站一个，增加发电能力 1888 千瓦。

（2）新建煤矿一个，增加生产能力日产量 100 吨。

（3）改建砖瓦厂一个，增加生产能力年产砖瓦 695 万块。

（4）修复景湖公路（景德镇到湖口）和其他公路。

（5）疏浚昌江河道，计划规定 1957 年内河货运量将达 2000 万吨 / 公

附表四

景德镇瓷业十二年远景规划每年产值及利润估算

单位：万元

产品名称	第一个五年计划					五年累计数		第二个五年计划					五年累计数		第三个五年计划		五年累计数		十二年累计数	
	56	57	58	59	60	产值	利润	61	62	63	64	65	产值	利润	66	67	产值	利润	产值	利润
瓷器	3,600	4,050	5,940	6,540	7,200	36,600	2,562	9,000	12,110	13,930	16,030	18,110	81,480	5,704	18,110	21,000	57,040	535	125,730	8,801
瓷土	34	594	653	719	792	4,025	403	871	990	1,142	1,313	1,511	7,982	768	1,736	1,980	435	44	12,335	1,234
瓷球	52	53	70	78	87	435	44	96	104	121	139	160	814	82	184	210	276	28	1,354	135
颜料	5	10	11	12	13	62	6	13	14	15	16	17	86	9	18	20	163	50	163	16
氧化钴	23	26	28	31	34	173	17	38	42	46	50	55	276	28	61	64	498	78	498	50
金水	32	36	40	44	48	245	25	53	60	69	80	92	466	47	105	120	779	47	779	78
花纸	84	210	242	278	319	1,626	163	367	420	483	556	639	2,942	294	840	—	3,862	294	3,862	386
总计	3,830	4,979	6,984	7,702	8,492	9,358	2,220	10,630	13,986	16,084	18,504	20,938	43,166	23,493	6,932	144721	21,110	10,700	144721	10,700

（註）①产品价格：第一个五年计划每担瓷器是45元，第二个五年计划是60元，第三个五年计划是70元，其余是按56年产品总计划见
行价格作价（注：土每吨66元，匣钵每吨28元，颜料每斤4元，氧化钴每公斤64元，金水每市斤40元，把纸每张七元）计算。②这
是考虑到瓷器的比生产年增大，出口亦增多，按比七年产品按10%计算（均比七年帝利润率低）。③利润率按瓷器产7%其余产品按
计算其产值利润。④瓷器名牌未变故计算其产值利润。⑤十二年累计利润总额10,700万元，占累计总产值144721万元的7.39%，占
十二年内基本建设投资总额14,848万元的74.06%

按照1955年制订的《江西省瓷业十二年远景规划》景德镇安排了十二年远景规划
中每年的产值及利润计划

里。景德镇"一五"计划是宏伟的，当时提出、完成这一光荣而艰巨的任务，是完全可能的，因为景德镇具备着下列有利条件。一是有质量好、易开采的天然富饶的瓷用原料矿产。二是有烧瓷所需要的柴源与改窑后以煤代柴所需的煤矿。三是公路、水路交通运输有所改善，邮电通讯方面已开通邻县及上饶、南昌的长途电话。四是有生产经验丰富、技术熟练、制作各种精良陶瓷产品的广大工人群众。五是生产关系有所改变，对资本主义企业实行公私合营，对手工业实行合作化，资金可以集中，技术可以交流，实行计划管理，有利于陶瓷生产的发展。

（二）"一五"计划的实施

景德镇市的"一五"计划从计划的基本方针、基本任务到战略目标的具体组织实施，始终贯彻以瓷业为主体，带动其他各行各业同步发展的原则。集中人力、物力、财力保障"一五"陶瓷生产计划的实现。当时的措施主要有：

1. 开展以增产节约为中心的社会主义竞赛

为保证竞赛运动持续进行，成立景德镇市增产节约委员会，下设五个分会，分头推进。增产节约委员会根据各个时期的特点，有针对性地制定竞赛的中心内容。由于组织严密，领导得力，发动面广，全市 80% 干部职工都参与其中。1953 年 8 月，中共中央发表了《关于增加生产，增加收入，厉行节约，紧缩开支，平衡国家预算的紧急通知》。9 月，全国总工会又发出《关于进一步开展增产节约劳动竞赛保证全面完成国家的生产计划的紧急通知》，推动景德镇市瓷业系统职工群众性的增产节约运动的开展。全市有 14192 名瓷业职工参加竞赛，相继在国营、公私合营以及 7 人以上私营厂开展以"四查"（即查质量、查管理、查浪费、查责任制）为中心的增产节约运动，提出改进生产建议 1112 条，13 家大型瓷厂和 216 家小型瓷厂瓷器折青率比以前平均提高了 4.6%，全市全年节约窑柴 34500 担，折合人民币 6 万多元。1954 年，开展以技术革新为主要内容的劳动竞赛，突出抓住节约原料的重大环节。仅这一年上半年在原料供应困难条件下，改进与创造了 17 种节约原料的办法，有效地降低原料消耗，应对原料紧缺局面。1955 年，根据中央及省委、省人委关于"开展全面节约，反对一切浪费"的指示精神，瓷业系统本着"实事求是"的原则，分小组、车间、科（股）制订具体节约计划和全厂节约计划，克服浪费现象。当年建国、华光、铁工厂、包装、颜料等厂都超额完成节约计划。1956 年，针对机构庞大和各种浪费现象的问题，中共景德镇市委下发《关于在机关企业系统开展增产节约运动的意见》，市委工业部制发《关于在厂矿系统开展增产节约运动方案》等文件，推动以精简机构和勤俭节约为主要内容的增产节约运动。撤销和合并一批机构，动员有熟练生产技术的干部和职工返回生产岗位，使瓷业厂矿行政管理人员降至职工总数的 4%~5%。在勤俭节约方面，注重在提高质量的前提下降低成本，增加生产，发挥好每一块钱的作用。1957 年增产节约运动的开展是从社会主义思想教育入手，进一步提高职工群众的思想认识，在职工中开展同工种、小组、工段、科室的竞赛，在厂窑之间开展"厂际竞赛"和"窑际竞赛"，发动群众节约原燃料，利用替代品解决因增加产量原燃料供应偏紧的困难。

2. 大力解决瓷业中的产、供、销问题

景德镇市委、市政府高度重视陶瓷产业中的产、供、销协调发展问题，采取各种措施和办法，加强协调指导，通过物资计划供应调配，保证瓷业生产的顺利进行。

1954 年 10 月，景德镇市人民政府召开瓷器专业会议，目的是解决瓷器的销路问题。会议除本市产运销各有关部门和各经营部门派代表参加外，还特邀全国各地土产贸易系统的省、市公司和本省各专区、市贸易公司、合作社以及北京、天津、上海、武汉、广州等地的出口公司代表参加，

煤改柴烧炼瓷器取得了初步成效，江西省陶瓷工业公司及时总结经验，以加快推广。图为 1956 年 3 月第六瓷厂"煤柴合烧"工作总结

签订大量的瓷器供销合同或协议书，使瓷器的销路问题得到较好解决。

  1954 年 11 月，召开景德镇市瓷用原燃料生产供应专业会议，浮梁、鄱阳、余干、乐平、星子、万年、婺源及安徽省原燃料生产县有关单位的代表参加。会议着重研究解决白土、窑柴供应及运输问题，达成了共识。通过供销社系统进行收购调拨，使瓷器生产所需的瓷土、燃料得到可靠供应，为"一五"计划的完成提供有力的物资保证。同年 11 月，还召开景德镇市第四次工业会议，会议的主要议题是通过 1955 年瓷业生产计划，研究制定完成计划的各种措施。

  1955 年 10 月，召开景德镇市瓷业生产专业会议，主要是讨论解决如何提高产品质量，降低瓷器成本，扩大细瓷比重，以适应出口需要，为搞好瓷业生产创造条件。

3. 开展以煤代柴为中心的技术改造和技术革新活动。

（1）进行以煤代柴的烧炼技术改造。景德镇瓷器的烧炼历来是以松柴、槎柴为燃料，每年要烧掉大量木材。面对松柴资源日益匮乏的严峻现实，中共景德镇市委在1954年成立陶瓷工作委员会，下设陶瓷试验研究所。当年冬季，陶瓷试验研究所和一些瓷厂共同进行"以煤代柴"烧造瓷器的试验。1955年1月在陶研所试烧全市第一座倒焰式煤窑，最高烧成温度可达1350℃。同年11月，又配合国光瓷厂改槎窑为煤柴两用窑烧瓷成功。到1956年末，全市投入使用的煤窑有7座，煤柴合烧窑有32座。1957年，成立景德镇市窑改委员会，具体领导改窑试验工作，大大加快改窑进度，这一年，煤窑发展到13座。

以煤代柴烧瓷成功，是"一五"时期陶瓷工业的一项重大技术进步，为提高瓷器质量，增加产量，降低成本以及保护生态环境都起到了积极作用。

"一五"时期，市政府有组织、有计划地进行瓷业生产，陶瓷产量、品种不断扩大，陶瓷生产所需模具急增。图为模具店工人正在赶制模具

"一五"陶瓷生产计划经过广大干部职工的努力,到 1957 年,
绝大部分计划指标已经完成或接近完成。1957 年,匣钵产量达
18903 吨,比 1952 年增长两倍多。图为匣钵厂职工正在赶制大
器匣钵

（2）进行瓷土矿石粉碎的技术改造。"一五"时期,景德镇地区瓷石
矿的技术投资达 340 多万元,先后改造浮南瓷土矿和公私合营南河瓷土矿。
新建的景德镇瓷土矿也于 1955 年 5 月竣工投产。"一五"时期有相当数量
的瓷土粉碎改水碓为机动碓,仅 1955 年各瓷土矿新建动力碓 348 支,连
同以往建的累计 914 支。这种机动碓投资不大,收效快,效率高,能避免
自然气候的影响,在一定程度上改变落后手工操作,改善瓷土工人的劳
动条件,稳定产量。

（3）进行陶瓷成型的技术改造和技术革新。1954 年 8 月,人民铁工
厂的技术人员、工人在瓷厂的配合下,率先试制成功全市第一部脚踏旋坯
车,并在建国瓷厂灰可器车间投产使用,效果很好,比手摇辘轳车提高

效率 25% 以上，减轻工人的劳动强度，很快得到推广。同年 11 月，公私合营第一瓷厂三组工人集体创制"排列辘轳车"，生产效率比手工操作提高 33%。1955 年 12 月，第九瓷厂工人又试制成功全市第一部注浆机，生产效率比手工操作提高 2 倍。特别是随着电力工业和机械工业的发展，陶瓷成型又从脚踏转动发展到马达带动。1955 年末，全市用于陶瓷成型的辘轳车有 5277 部，其中电动辘轳车有 335 部，脚踏辘轳车有 1043 部，占全部辘轳车的四分之一。

（4）进行干燥技术的改造。景德镇瓷器成型过程中的坯体，历来靠太阳干燥。每逢雨季，坯体难于干燥，到了冬天打霜结冻，坯体易遭冻裂。因此，春节前后两个多月，景德镇瓷业工人有放假回乡的传统习俗。为使坯体干燥不受气候的影响，从 1957 年起，各瓷厂陆续兴建煤烧坑道烘房，坯体可以及时干燥，保证陶瓷生产的正常进行。

（5）进行群众性的技术革新运动。1954 年 7 月，市委、市政府发布《在全市工矿企业中开展技术革新运动的指示》，组织发动群众性的技术革新运动，取得很多革新成果。仅 1954 年统计，就有 60 余项。这些成果主要是革新生产工具、改进生产方法和生产工艺，内容包括陶瓷原料、成型、烧炼、彩绘、包装各个方面，花钱少，见效快，实用强，对于提高劳动生产率、增加陶瓷产量、提高产品质量、改善劳动条件等方面具有很强的现实意义。

4. 开展科学研究和科学试验

1953 年，轻工业部组织部工业试验所、中国科学院冶金研究所配合景德镇陶瓷专业学校和各种试验小组成立"建国瓷制作委员会"，为景德镇的陶瓷科学研究机构的成立奠定基础。1954 年 8 月，成立景德镇陶瓷试验研究所，这是中华人民共和国成立以来最早建立的专业陶瓷研究机构，对景德镇陶瓷研究工作的开展发挥了重要作用。"一五"时期科研成果主要有：第一，收集和恢复高温颜色釉名贵品种。1954 年 8 月，景德镇陶瓷试验研究所为完成中国和德意志民主共和国技术合作资料任务，把一批从事颜色釉的老艺人从四面八方请到该所，开展名贵颜色釉的恢复研制工作，恢复和增加了28种高温颜色釉、12种低温颜色釉，创制了11种高温颜色釉、9种低温颜色釉。其中，对成功恢复的祭红、郎窑红、玫瑰紫、美人醉、宋钧花釉、窑变花釉、钧红釉、天青釉、豆青釉、影青釉、龙泉釉、霁蓝釉、乌金釉、茶叶末釉、法华三彩等19种高温颜色釉名贵品种进行科学总结。与此同时，还研制出一大批新器形和新画面，仅拿去外国展览的新品种就达1785件之多。第二，陶瓷生产工具方面，研制出机械成型辘轳车、自动排泥刀。第三，改造旧式柴窑，实现以煤代柴烧瓷；试制成功隧道式锦窑，改变以木炭烤花的工艺。第四，试制新产品，在1953年4月试制金水成功。1957年初，经轻工业部硅酸盐管理局鉴定，景德镇生产的金水质量可与英国墨鹤牌金水媲美。

5. 开展技术教育，加强技术管理

"一五"时期，景德镇市工业、劳动部门举办各种技术培训班，如陶瓷原料性能、烧窑技术操作和彩绘工艺等培训班，有针对性地分批轮训青年工人，为陶瓷生产发展培训技术骨干力量。仅1955年，在瓷业中就举办技术座谈会115次，签订师徒合同501对，互教互学合同4142对。

在大力开展技术教育的同时，还重视加强生产过程中的技术管理。1955年第一次工业会议以后，市政府工业局成立技术管理科，各大型瓷厂根据具体情况，配备一到两名专职技术管理干部，专门负责技术工作。同年还在陶瓷系统组织技术部门的干部，初步进行评定技术标准和技术等级，制订和试行技术操作规程，建立技术责任制度和检验制度。并采取措施在工人中宣传贯彻，不断提高瓷业工人的技术水平，促进陶瓷生产经营。

（三）"一五"陶瓷生产成效

到 1957 年，经过广大干部职工的努力，"一五"陶瓷生产计划绝大部分计划指标都已完成或接近完成，基本建设和技术改造取得许多重大成就。

1. 各项指标完成情况

（1）主要产品产量：日用瓷产量：1953 年 425645 担，1954 年 637691 担，1955 年 800000 担，1956 年 752274 担，1957 年 875642 担。据《景德镇陶瓷工业年鉴》按件计算，1953 年 11996 万件，1954 年 19692 万件，1955 年 25159 万件，1956 年 24595 万件，1957 年 27587 万件。1957 年产量创历史最高水平，比 1952 年增长 2 倍。

电瓷产量：1953 年 392 吨，1954 年 561 吨，1955 年 526 吨，1956 年 1383 吨，1957 年 2976 吨。1957 年比 1952 年增长近 9 倍。

瓷土产量：1953 年 4808 吨，1954 年 15186 吨，1955 年 34609 吨，1956 年 15986 吨，1957 年 20102 吨。1957 年比 1952 年增长 5 倍。

匣钵产量：1953 年 8964 吨，1954 年 12287 吨，1955 年 19401 吨，1956 年 14847 吨，1957 年 18903 吨。1957 年比 1952 年增长 2 倍多。

金水产量：1953 年 0.04 万瓶，1954 年 0.41 万瓶，1955 年 0.81 万瓶，1956 年 1.25 万瓶，1957 年 1.51 万瓶。1957 年比 1952 年增长 38 倍多。

瓷用颜料产量：1953 年 9.24 吨，1954 年 10.38 吨，1955 年 10.72 吨，1956 年 38.26 吨，1957 年 38.67 吨。1957 年比 1952 年增长 20 多倍。

（2）陶瓷工业总产值：1953 年 2083 万元，1954 年 3058 万元，1955 年 4561 万元，1956 年 5033 万元，1957 年 6680 万元。1957 年是 1952 年 3.9 倍。

（3）质量：1957 年瓷器折青率达 89.34%。细瓷在粗瓷中的比重由 1952 年的 27.26% 提高到 1957 年的 55%。

"一五"计划如期实现,陶瓷生产销售各项指标大幅增长。
图为三间庙昌江码头水运场景

（4）全员劳动生产率：1953 年 1324 元，1954 年 1600 元，1955 年 2007 元，1956 年 1949 元，1957 年 2316 元。1957 年比 1952 年提高 2 倍。

（5）陶瓷利润总额：1953 年 106 万元，1954 年 121 万元，1955 年 126 万元，1956 年 31 万元，1957 年 289 万元。1957 年比 1952 年增加近 3 倍。

（6）陶瓷销售税金：1953 年 184 万元，1954 年 212 万元，1955 年 286 万元，1956 年 362 万元，1957 年 413 万元。1957 年比 1952 年增加 5 倍多。

2. 基本建设和技术改造成果

1953 年至 1957 年五年中，由于大规模进行经济建设，注重了对陶瓷工业的投资，使景德镇瓷业生产能力得到显著提高，技术改造奠定了重要基础。

五年内用于发展陶瓷工业的投资共 536 万元，占整个工业投资的 44.7%。

"一五"期间，新建了机制瓷土厂、工艺美术瓷厂等四个主要工程项目；改建了建国瓷厂、公私合营第三瓷厂、第五瓷厂、第一、第二、第四制瓷社、匣钵厂、浮东瓷土矿、陈湾瓷土矿等较大的改造项目。除了计划由国家投资新建的景德镇瓷厂推迟到"二五"期间兴建外，其他项目均已先后投产使用。

陶瓷工业产品新增的生产能力有：日用瓷产量为 185200 担，瓷土为 18622 吨。

与陶瓷有关联的项目都超额完成。1954 年新建的董家山煤矿，当年建设当年见效，年底这个煤矿原煤产量达到 6880 吨，1955 年增加到 7888 吨；机制砖瓦

新增 17000 吨；发电量 204.7 万度，比恢复时期 65 万度增加 139.7 万度，这些项目为瓷业生产提供了充足的能源和原材料。

3. 景瓷出口量逐年扩大

"一五"时期，景瓷出口几乎从零起步，打破帝国主义封锁，取得重大成绩。

（1）**出口数量逐年增加**。1953 年为 263 担，1954 年为 18394 担，1955 年为 22230 担，1956 年为 84648 担，1957 年为 135926 担。以 1950 年为基数 100%，1953 年为 1.78%，1954 年为 127.68%，1955 年为 150.45%，1956 年为 572.80%，1957 年为 960.05%。由于出口数量逐年增加，出口创汇也逐年增加，1952 年创汇只有 2 万美元，1957 年达 487 万美元，五年累计创汇 894 万美元。

（2）**景瓷出口量占全国各地区出口量的首位**。如 1955 年，景瓷出口供货占全国总供货量的 44%，而潮汕只占 36%，广东石湾只占 18%。此外，福建德化、江苏宜兴、浙江温州有少量供货出口，1957 年景瓷占全国总供货款额的 46.50%。

（3）**景瓷出口的地区扩大**。景瓷出口除香港、澳门地区外，主要有越南、缅甸、泰国、印度、印度尼西亚、锡兰（今斯里兰卡）、尼泊尔、马来西亚、新加坡等，亚洲还有朝鲜、蒙古。在欧洲有东欧社会主义各国以及英国、比利时、瑞士、意大利、法国。在非洲有埃及、南非联邦。在大洋洲有澳大利亚。在美洲有加拿大、美国。

（4）**与日瓷竞争中夺回一部分市场**。在瓷器生产发展的基础上，景瓷出口价格逐渐得到调整，1956 年已改变景瓷外销价格高于日瓷的现象，增强景瓷的竞争能力。如据中国驻外机构 1956 年 9 月 25 日报道："日近受我广州来货打击，市场颇为滞销。"1957 年 1 月 19 日中国驻外机构复电："日本瓷器，近受我江西产品价格廉价影响，打击颇大。"再从缅甸市场来看，也可知景瓷竞争的能力在增强。1954 年景瓷出口比重只占该国出口量的 3.6%，1956 年则跃升为 68.8%，而过去占垄断地位的日瓷则由 96% 下降至 31%。

4. 按劳分配原则得到贯彻，职工生活进一步提高

1956 年，景德镇市在瓷业实行工资改革，革除旧的不合理的工资制度，按劳动者的技术素质、劳动数量、劳动质量支付报酬，逐步建立起社会主义工资制度，职工的年平均工资明显增加，1957 年比 1952 年增长 25.45%，年平均增长 4.64%。普遍推行劳动保险合同，加强各种劳动防护措施，设立食堂、医务所、托儿所、哺乳室、女工卫生室等后勤服务场所。开设活动室、俱乐部、职工夜校，丰富了职工业余生活，提高了文化水平。

第一个五年计划期间的陶瓷生产经营取得了巨大成就，对改变全市经济落后面貌，奠定社会主义工业化的初步基础，开辟适合景德镇市的陶瓷产业的发展道路，都具有极其重大的实践意义。

初步工业化

1958年，中共景德镇市委、市政府根据中共中央、江西省委的要求，积极组织广大干部职工紧紧抓住陶瓷技术改造的契机，加快更新企业组织，调整厂房、产品和劳动组织，完善原燃料保障及教育科研体系建设，推进景德镇陶瓷初步实现工业化。

（一）陶瓷工业化初步形成的条件

国内外市场的需求逐年递增，需要景德镇陶瓷向工业化生产的产业体系发展，特别是陶瓷出口任务的剧增，必须扩大生产规模，以保质保量，按期交货。例如1957年景德镇瓷器出口达13.59万担，1958年15.2万担，比1957年增长11.85%。出口对产业配套的要求也更高，迫切需要工业化、专业化、标准化生产。

国家大规模的社会主义建设高潮，促使景德镇陶瓷工业以空前的速度扩大基本建设规模。这期间，一批采用半机械化和机械化生产的大型瓷厂陆续建成投产，一批关键性的技改项目竣工投产。

企业规模的扩大，产品结构的调整，技术水平的不断进步，生产力的迅速增长，都促使景德镇陶瓷工业逐步建立起为其生产服务的原料制造、模型匣钵、瓷用化工、陶瓷科研等一系列配套体系。

（二）陶瓷工业化初步形成的过程

景德镇陶瓷工业化的初步形成，有一个逐步发展，逐步完善的过程。这一形成过程主要体现在以下几个方面：

1. 企业组织更新

通过改组、调整、新建等措施，不断扩大企业规模，完善生产流程，增加生产能力，实行产品分工。1958 年，根据生产发展的需要，将 10 户公私合营瓷厂、2 户合作社营瓷厂、9 户陶瓷手工业合作社合并改组为全民所有制的国营企业。按照瓷器器类分成建筑、宇宙、东风、华电、红旗、红星、新平、美术、建国等 9 个日用瓷厂和 1 个专门进行彩绘加工的工艺美术瓷厂，时称"十大瓷厂"，职工已达 3.8 万人。这期间在瓷业工人中实行计件工资制度。

在合并组厂的同时，从 1955 年开始，景德镇在东市区进行大规模的开发建设，陆续新建了雕塑、为民、景陶等日用瓷和建筑工业瓷厂。还新建了瓷用化工厂、耐火材料厂、陶瓷机械厂、瓷土厂等陶瓷配套企业。建成了我国唯一的陶瓷高等学府——景德镇陶瓷学院和全国最大的陶瓷应用科研机构——轻工业部景德镇陶瓷研究所。

2. 厂房、产品和劳动组织的调整

在并厂、建厂的同时，为改变老市区瓷厂与居民区混杂的状况，更好地进行瓷业生产技术改造，利用生产企业合并扩大，合作社转为国营两大变化的有利条件，对各瓷厂厂房和产品以及劳动组织进行大的调整，以适应瓷业生产不断发展的需要。

（1）厂房调整。根据城区规划，以厂为单位，结合各厂原有生产小组分布情况，分段划片。本着既使厂房相对集中，又使大多数企业生产规模变动不大，有利于生产发展的精神，先调整生产厂房，后调整其他用房。据此,将市内所有瓷业生产厂房按区域划分为 16 片,分属建国、建筑、华电、

景德镇市陶瓷美术生产合作社社址

红星、红旗等7个瓷厂,共规划调整生产厂房462幢,计5406间;柴窑42座,煤窑1座,厂房窑房总面积达9万多平方米。通过厂房调整,各瓷厂生产厂房相对集中,改变了过去各厂生产厂房互相交叉混杂的情况,充分发挥了现有生产厂房的潜力,有利于生产管理的组织,节省了企业的额外费用。仅各窑场、坯房之间所支出的短运力资补贴,每年即可节约两万余元。

（2）**产品和劳动组织调整**。随着厂房的规划调整,又相应地进行产品调整和劳动组织调整,促进了陶瓷工业体系的逐步形成。其中比较大的调整:

一是宇宙瓷厂4万担国家用瓷和出口瓷的生产能力和生产工人全部调出,青花技术工人分别调给建国瓷厂和第三瓷厂;成型生产能力大部分分别拨给建国、红星,彩绘瓷厂和第一瓷厂等。

二是华电瓷厂的青花产品工人调出给第三瓷厂;国家用瓷和出口瓷的7万担生产能力分批调出给各日用瓷厂。

三是各工业用瓷厂中的日用瓷生产部门和生产工人原则上全部调出,分别就近划给各日用瓷生产企业。通过厂房、产品和劳动组织的调整,景德镇各陶瓷生产企业的生产能力和专业化程度得到改善,布局更趋合理。与此同时,中共景德镇市委、市政府对陶瓷生产进行专题研究,进一步对各瓷厂生产品种进行调整和专业分工,确定各厂的生产品种,行业内的这种专业性产品布局,进一步丰富了陶瓷产业体系内涵。

（3）**原燃料基地建设**。景德镇的陶瓷工业原燃料,过去大部分依靠外地和邻县供应,如窑柴要靠鄱阳、余干;瓷土要靠星子、祁门、余干;金水、花纸要从英国、日本进口,或从上海、广州转购。中华人民共和国成立后,随着工农业生产的发展,各县大多自办瓷厂,对自有的瓷业原燃料充分利用,景德镇辖区所产原燃料不能满足瓷业生产日益增长的需要。为解决这一困难,景德镇采取自力更生为主,争取外援为辅的方针,大力开发原燃料生产,建设自己的原燃料供应基地。经过几年的努力,基本建成具有一定规模的自有原燃料基地。

①瓷土：1954 年，成立景德镇市瓷土矿山勘探工作队，1955 年景德镇建成机制瓷土厂，以后又相继扩建浮东、浮南瓷土矿，新建大洲矿等。至 1958 年，年产瓷土达 36402 吨，比 1952 年增长了 8 倍，自给率达到 50%。

②燃料：为解决瓷用燃料供应不足的问题，除组织力量上山下乡自砍自伐外，景德镇陶瓷从 1955 年开始，大力推广以煤代柴，发展煤窑，试烧煤气窑。为适应陶瓷烧炼的这一改革，景德镇开发仙槎、涌山、金家山等地的煤矿，建成了陶瓷燃料基地。

③金水花纸：1954 年，景德镇自建了一座瓷用化学工厂。1956 年，为尽快发展景德镇陶瓷工业，轻工业部将上海国华、鸿丰等陶瓷贴花纸厂迁至景德镇，与景德镇原生产陶瓷金水、颜料的厂（社）合并组建了我国唯一的陶瓷装饰材料综合性企业——景德镇瓷用原料化学工厂，先后试制成功黄金水、白金水、电光水，釉下贴花和镉硒红等瓷用原料，质量均达到了国际标准，不但可以自给，还可以支援其他产瓷区。

④重视陶瓷科研教育。1954 年，建成了景德镇陶瓷馆。1957 年 6 月，原景德镇市陶研所划归省轻工业厅，改名为江西省轻工业厅景德镇陶瓷研究所。1958 年 1 月，成立江西省陶瓷学校，同年 6 月，改名为景德镇陶瓷学院，设陶瓷工程系、陶瓷艺术系等系科。

⑤广开销售渠道。1955 年 9 月，景德镇成立中华全国供销合作总社景德镇陶瓷批发站，主管景德镇瓷器的内外销售。1957 年，成立中国土产出口公司景德镇陶瓷出口公司，1958 年 6 月，成立景德镇陶瓷联合公司，实行产供销合一。景德镇瓷器不仅满足国内人民需要，还销往世界几十个国家和地区，并在国际市场上占据一定优势。

这一期间在陶瓷生产技术和工艺方面实现成型流水作业线、双刀压坯、循环双管施釉等 1460 个新技术、新工艺，陶瓷工业又呈现出蓬勃发展的势头。为了与瓷业生产配套发展，国家从上海迁来生产颜料、花纸的瓷用化工厂；在原铁工厂的基础上改建陶瓷机械厂；改建耐火材料厂、匣钵厂；建设采用雷蒙粉碎机的市瓷土厂、浮南瓷土矿、大洲瓷土矿。至1964年全市煤窑129座，柴窑仅剩22座，逐步实现瓷器烧炼煤窑化，瓷厂进行瓷器成型从手工到机械，从自然干燥到人工干燥的一系列技术改造，陶瓷工业机动辘轳车达700多辆。

到1958年底，景德镇陶瓷产业经过近十年的建设和发展，陶瓷矿山开采、原料加工、陶瓷制造的半机械化、机械化程度不断提高，景德镇陶瓷经济获得迅速的发展，瓷业的社会主义工业化初步形成。并初步形成了包括有矿山开采、原料精制、产品成型、窑炉烧成、彩绘加工、成瓷检测、包装运输、内外销售等完整的生产销售过程，能生产日用瓷、电瓷、建筑瓷、纺织瓷、卫生瓷、陈设瓷、仿古瓷、理化瓷和各种工业用瓷，拥有众多的陶瓷机械制造、瓷用化工原料、耐火器材、石膏模具、竹篾器具、白铁五金加工等陶瓷辅助企业和陶瓷科研、教学等在内的比较完整的陶瓷产业体系。

陶瓷工业化生产体系，改变了分散落后的手工生产经营方式。改善了企业经营机制，实现景德镇陶瓷工业企业的集中统一管理和专业化的分工协作。建立陶瓷原燃料基地和各类配套工业，使景德镇陶瓷工业的社会化大生产得到了保证。陶瓷科研、教育和文化等机构的建立，为景德镇陶瓷工业技术开发应用和人才培养等创造了得天独厚的有利条件。

景德镇陶瓷工业化和产业体系的初步形成，增强了景德镇陶瓷生产的计划性，改善了陶瓷生产的综合平衡，有利于提高景德镇陶瓷的质量水平，有利于加强陶瓷新技术的研究、开发和应用，有利于开拓景德镇瓷器的国内外市场，提高了陶瓷行业的经济效益和社会效益。

调整整顿

20 世纪 50 年代末、60 年代中后期至 70 年代中期，景德镇陶瓷业受到了当时社会整体环境的干扰和影响。中共景德镇市委、市政府依据国家政策，分别于 1961 年至 1965 年和 1977 年至 1978 年，对景德镇陶瓷生产进行了调整和整顿。

（一）国民经济调整时期的措施与成效

从 1961 年开始，为贯彻中央"调整、巩固、充实、提高"的"八字"方针，中共景德镇市委、市政府对景德镇陶瓷进行了重大调整。调整的主要任务是，调整陶瓷工业内部的比例，提高产品质量，降低生产成本，提高劳动生产率，建立正常的生产秩序。

1. 陶瓷产业调整的措施

（1）生产指标的调整。从 1961 年秋季开始，景德镇市委、市政府以中央"调整、巩固、充实、提高"的"八字"方针为依据，按照社会主义建设的客观规律、国民经济发展的正常速度和发展比例，以及国民经济各部门之间的相互协调的要求，贯彻"积极可靠，留有余地"的原则，对陶瓷生产指标进行积极稳妥的调整，促使景德镇陶瓷产量、产值、质量、利润、成本、全员劳动生产率等各项指标，逐步回到与现实条件和生产能力相适应的轨道上来，确保陶瓷生产稳定发展。

（2）产品结构的调整。景德镇市委、市政府贯彻中央和省委关于加强

国民经济调整时期，瓷业工人顾全大局，响应党的号召，接受精减安排。图为女职工被精减后自找出路，开展生产自救，不增加政府负担

小商品生产的指示，采取"一停、二转、三利用、四清查"（"一停"即停止工业瓷生产；"二转"即转电瓷、卫生瓷生产为日用陶瓷生产，转压缩的非生产人员为扩大日用瓷生产能力；"三利用"即利用厂房设备、现有匣钵、非生产人员劳动力；"四清查"即查劳动、技术、工具设备、原材料）和限制燃料分配的措施，调整景德镇的陶瓷产品结构，扩大日用瓷生产比例。使景德镇日用瓷生产在原燃料供应十分紧张的情况下，得到显著增长。

（3）企业规模的调整。景德镇陶瓷工业企业在1957年以前，几经改组合并，已达到相当规模。1957年底，全市有瓷业生产单位57个，职工

28849人，其中：国营3户3411人；合作社营2户1256人；公私合营10户14017人；手工业生产合作社（组）9户10112人；个体户33户53人。除个体户外，陶瓷生产企业平均职工人数为1200人。1958年以后，全面改变企业的所有制性质，不断扩大陶瓷生产企业的规模。到1960年，景德镇陶瓷企业规模发展到最高峰，2000人以上的企业有9个，5000人以上的企业有3个（红旗瓷厂、华电瓷厂、艺术瓷厂）。尽管企业规模日益扩大，职工人数不断增加，生产设备得到更新和增添，生产费用支出也大幅增加，陶瓷工业的劳动生产率不仅没有增长，反而明显下降。对此，1961年，根据陶瓷工业企业分布特点，结合精简压缩职工和城市人口的工作，景德镇陶瓷实施了适当划小企业规模的调整措施。1961年8月1日，中共景德镇市委发出通知，决定将红星瓷厂划分为红星瓷厂和光明瓷厂；将华电瓷厂划分为华电瓷厂和华昌瓷厂；将红旗瓷厂划分为红旗瓷厂和景兴瓷厂。1962年，遵照中央"拆架子""收摊子"，大刀阔斧地对工业企业进行关、停、并、转的指示精神，景德镇市进一步调整企业规模，并将原属于集体所有制性质的企业重新转为集体所有制。1962年5月，将从红星瓷厂划出的红星二厂改为陶瓷合作工厂，将雕塑瓷厂改为雕塑合作工厂，从艺术瓷厂划出一部分成立曙光合作工厂，另划出一个普通粉彩车间成立彩绘合作工厂，并将以上四个厂划归手工业系统领导。经过调整，全市日用瓷生产企业共划分为15个，其中轻工业系统9个（建国瓷厂、新平瓷厂、东风瓷厂、红旗瓷厂、光明瓷厂、景兴瓷厂、艺术瓷厂、宇宙瓷厂，红星瓷厂）；机械系统1个（华电瓷厂）；建筑系统1个（建筑瓷厂）；手工业系统4个（陶瓷合作工厂、雕塑合作工厂、曙光合作工厂、彩绘合作工厂）。企业规模趋于合理，全市陶瓷工业职工总数为22200人，平均每个企业有职工1480人。

（4）大力精减职工和压缩城市人口。为了扭转国民经济的被动局面，中央要求各地千方百计地精减职工，减少城镇人口，并妥善地安置精减人

国民经济调整时期，景德镇市在陶瓷产业中采取
"填平补齐、工程配套、设备成龙"的做法，投资兴建
了一批"以煤代柴"的倒焰煤窑。图为烧炼工人烧窑
情景

员。根据景德镇市委的决定，景德镇陶瓷工业在 1961 年和 1962 年开展精减职工、压缩城市人口的工作。两年中，经过几次精减压缩，企业非生产人员过多，规模臃肿的状况有很大改观。据景德镇陶瓷工业企业、基建、科研等单位的统计，从 1961 年到 1962 年 8 月底止，共精减压缩 21212 人（包括职工家属），大多数都做了妥善安置；压缩城镇人口 8688 人。职工的精减压缩，促进了企业规模的调整。到 1962 年底，全市陶瓷工业生产、基本建设和科研等单位职工总数已由 1960 年底的 4 万多人精减到 22992 人，精减了职工近 50%。陶瓷工业企业非生产人员大大减少，技术工人归队，增加了直接生产的力量；理发、保育、子弟学校等福利部门划出厂外，各陶瓷企业的非生产人员的平均比例由 1960 年的 40% 左右下降到 1962 年底的 11.44%，其中管理干部占 6.63%，服务人员约占 3.72%，其他人员约占 1.09%。以新平瓷厂为例，1961 年初该厂职工总数为 2758 人，其中非生产人员达 1185 人，占职工总人数的 43%。经过精减，到 1962 年 8 月初，该厂非生产人员已减少到 309 人，占职工总人数 1885 人的 11.8%，其中干部 86 人，占职工总数的 4.5%。

（5）基本建设规模的调整。从 1961 年 9 月起，景德镇贯彻中央"调整、巩固、充实、提高"八字方针，大力调整基本建设规模，同时又从实际出发，把陶瓷工业的基本建设和技术改造作为重点，千方百计予以保证。陶瓷工业基本建设在全市基本建设中所占的比重除 1962 年外都比较大，景德镇陶瓷工业仍然得到稳步发展。在调整陶瓷工业基本建设规模的过程中，具体采取"填平补齐、工程配套、设备成龙"的做法，取得了良好的效果。1961 年初安排全市基本建设项目时，盘子定得很大，基建项目有 100 余个，上半年经过压缩，减少到 36 个，下半年又进一步压缩，仅保留高级美术瓷厂、景德镇瓷厂、电讯瓷厂等 5 个重点项目。由于调整及时、有力，保证了工程进度，基本建成了高级美术瓷厂（为民瓷厂）和电讯瓷厂。还建成了倒焰煤窑烟囱八座，安装各种机械设备 56 台，配建干燥烘房 55 间，

经过 1961—1965 年的调整，陶瓷原料制造
采用了动力碓和雷蒙机粉碎、水波池淘洗和榨泥
机、真空练泥机。图为工人操作榨泥机

改建成型厂房 7540 平方米等。1962 年，陶瓷工业基本建设投资大
幅度下降，几乎没有大的基建项目。陶瓷工业内部通过挖掘潜力，
使用四项费用投资共 158.6 万元，新建倒焰窑 25 座，窑房 3300 平
方米，大修窑房 7250 平方米，保证了瓷业技术改造急需项目的完成。
1963 年至 1965 年，陶瓷工业基本建设的重点转向填平补齐、配套
成龙，除继续兴建景德镇瓷厂和改建高频瓷厂外，基本建设投资
主要用于建设瓷土矿山和"以煤代柴"的倒焰煤窑、各瓷厂的原
料精制及窑房的修建。随着国家对景德镇陶瓷工业基本建设投资
的逐年增加，陶瓷生产能力达到年产 1.7 亿件以上，技术装备和工

艺水平也有了相应的提高。

（6）陶瓷企业所有制的调整。1958年以前，景德镇陶瓷生产企业的所有制形式有国营、合作社营、公私合营和个体等多种。1958年后，全市瓷业生产单位合并组建成"十大瓷厂"，企业的所有制形式全部转为全民所有制的国营企业。除了原资本家尚有定息外，全部照搬国营企业的经营管理制度。但也带来了三个问题：一是职工人数增加过快，二是劳保福利费用增长过多，三是不利于调动职工的生产积极性，产生所谓"铁饭碗"的供给制思想和吃"大锅饭"的平均主义弊端，影响了陶瓷生产的发展。1961年，根据中央"关、停、并、转"一部分企业的精神，结合精减职工和压缩城市人口，景德镇对陶瓷工业的部分企业所有制进行了适当调整。1962年5月至8月，先后将原转为全民所有制的雕塑瓷厂重新转为集体所有制，将从红星瓷厂和艺术瓷厂划分出的红星二厂、曙光合作工厂及彩绘合作工厂由全民所有制转为集体所有制。同时，允许城市街道将精减的陶瓷职工组织起来，组建集体所有制的陶瓷加工厂。陶瓷工业企业所有制的适当调整，改变了原先单一的国营经济结构，为陶瓷工业的发展注入了活力。尽管集体企业的规模和生产能力比较小，但经营灵活，有利于转型发展。

（7）陶瓷工业企业的整顿。1962年4月以后，在大力调整国民经济的同时，景德镇陶瓷工业企业全面展开贯彻《国营工业企业工作条例（草案）》（即"工业70条"）的工作，着力对国营工业企业进行整顿。整顿的重点落在"五定五保"、技术管理、成本管理、财务管理等几个方面。"五定五保"方面，主要是定产品方案和生产规模，定人员和机构，定主要原燃材料、动力、工具设备的消耗定额和供应来源，定固定资产和流动资金，定协作关系。保证产品的品种、质量、数量，保证不超过工资总额，保成本计划，保证完成上缴利润，保证主要设备使用年限；技术管理方面重点抓制订与贯彻质量标准，制订与贯彻工艺流程，制订与贯彻设备使用规程和维修、保养制度，严格检验制度，建立技术作业记录和技术档案保管制度，实行瓷器产品出厂负责制等工作；成本管理方面，1963 年 3 月，景德镇陶瓷工业局制订《陶瓷工业产品成本计算试行细则（草案）》，在陶瓷工业企业普遍推行厂部、车间、班组三级经济核算制度，充分发挥成本核算的作用，加强企业的成本管理；财务管理方面，除了广泛推行三级核算制度外，陶瓷工业企业在财务管理方面还着重抓好定期经济活动分析，健全定额管理，改进和统一成本核算规程，健全会计核算制度和财务组织，健全固定资产、原燃材料和低值易耗品的验收、保管、领发制度等。同时还从 1964 年 1 月起，陶瓷工业企业全面贯彻执行轻工业部《日用细瓷和普通瓷质量等级统一标准》，促进陶瓷工业企业加强技术管理、规范工艺流程、建立和健全检验制度等工作。

2. 国民经济调整取得的成效

经过 1961 年至 1965 年的不懈努力，景德镇陶瓷工业实行"调整、巩固、充实、提高"的方针取得成功，很快陶瓷工业生产经济指标恢复或超过 1957 年的历史水平。特别是 1963 年以后，通过合理调整陶瓷产品结构，大力贯彻《国营工业企业工作条例（草案）》（即"工业 70 条"），全面开展陶瓷工业企业的整顿等措施，有效扭转陶瓷生产下降的趋势，并在调整中得到稳步发展。

（1）陶瓷生产走出低谷，经济效益明显提高。以工业总产值衡量，1961 年至 1965 年景德镇陶瓷工业平均每年增长 35.8%；以工业总产量衡量，1961 年至 1965 年景德镇陶瓷工业平均每年增长 24.24%。出口瓷生产的发展步伐加快，从 1961 年至 1965 年景德镇出口瓷生产平均每年增长 33.37%，1965 年与 1957 年相比景德镇的出口瓷生产增长了 102.99%。陶瓷工业的劳动生产率也大为提高，1961 年至 1965 年景德镇陶瓷工业全员劳动生产率平均每年增长 14.88%，由 1961 年的人均 2058 元增长到 1965 年的 3534 元。陶瓷工业企业的效益也明显好转，1961 年至 1965 年

　　经过调整，1965 年，各项管理制度逐渐恢
复和健全起来，陶瓷生产逐步走上正常。图为
建国瓷厂机压成型生产线生产景象

景德镇陶瓷工业企业上缴利税平均每年增长 16.07%，五年上缴利税总额共 4763 万元，比第一个五年计划期间上缴利税总额翻了一番多。在日用瓷一级品率、出口瓷合格率、能源消耗、可比产品成本、销售收入等方面，都比 1961 年前有很大进步。

（2）陶瓷工业内部结构有所改善。经过五年的调整，景德镇陶瓷工业内部结构得到改善。从 1958 年到 1965 年，景德镇陶瓷积极开展生产技术革新，开始实现半机械化和机械化生产。成功之处，首推窑炉的改革，一是在 1951 年开始的中小型瓷窑以煤烧瓷的基础上，1957 年试制、试烧大型倒焰窑成功。二是在 1965 年试制、试烧连续烧成的隧道窑成功，这种窑炉具有生产连续化、周期短、产量多、质量高、降低燃料消耗 50%、减轻劳动强度的特点。窑炉改革结束了千年以来以柴烧窑的历史，每年能节约近 30 万立方米木材。同时成功促进陶瓷工业多门类的发展，如建筑瓷及电瓷、耐酸瓷、纺织瓷、砂蕊、瓷手模、瓷球磨坛和球磨子等工业用瓷的生产，陶瓷工业发生了巨大的变革和发展。到 1965 年，景德镇有倒焰煤窑 131 座，用煤烧炼瓷器的数量占当年日用瓷产量 17402 万件的 70%，基本上实现了以煤代柴的技术转变。

在改造窑炉、改变烧成方式的同时，景德镇陶瓷工业完成了成型从手工到机械，从自然干燥到人工干燥的改造，完成了从单刀辘轳车压坯到双刀和滚压成型及压力注浆成型；原料制造采用动力碓和雷蒙机粉碎、水波池淘洗和榨泥机、真空练泥机、球磨机精制坯料和釉料，生产方式发生革命性的转折。日用瓷、电瓷、建筑瓷和其他工业用瓷的比重也发生了变化。1965 年，日用瓷年产量已达 17402 万件，日用瓷产品品种逐年恢复和增多，由 1961 年的 317 个，增加到 1962 年 511 个，1963 年增加到 668 个，1964 年达 753 个，比以前最多年份的 1957 年还增加 27 个。

（3）陶瓷生产能力大有增长。经过几年的调整，景德镇陶瓷特别是日用陶瓷的生产能力有了很大提高。到 1964 年初，全市从事陶瓷生产的工人近 3 万人，其中从事日用瓷生产的职工有 19282 人。日用瓷生产企业有建国、红旗、红星、光明、景兴、东风、新平（新华和人民）、艺术、宇宙、陶合、雕塑、建筑、高级美术（为民）等 13 个瓷厂。全市有柴窑 22 座、煤窑 129 座、煤气窑 1 座。日用瓷实际年生产能力达 54 万担（约 1.6 亿件），建筑卫生瓷的年生产能力达 6 万担。到 1965 年，全市日用瓷年生产能力已突破 1.74 亿件。

（4）人才队伍迅速壮大。全市陶瓷工业有工程技术人员 740 名，其中陶瓷工程制造方面 388 名（工程师 16 名，技术员 231 名，助理技术员等 141 名）；陶瓷工艺美术方面 228 名（陶瓷美术家 27 名，设计师 49 名，设计员等 152 名）；机械、电力等其他工程技术人员 124 名（工程师 7 名，技术员 71 名，助理技术员等 46 名）。在生产工人中，拥有技术操作熟练的技艺工人共 15370 名，其中 1—3 级技工 7477 名，4—5 级技工 7203 名，6—8 级技工 690 名。

1961 年以后，在全市陶瓷工业企业中开展以"四化"（原料精制化、成型辘轳化、彩绘印贴化、运输车辆化）为中心的技术革新和技术革命，加快陶瓷工业生产方式的变革。到 1964 年，全市日用陶瓷工业的机压成型能力达 28.6 万担（约 8580 万件），注浆成型能力达 3.8 万担（约 840 万件）；手工成型能力达 21.58 万担（约 6474 万件），机压成型和注浆成型占全部能力的 60%。数字表明，通过贯彻"调整、巩固、充实、提高"的方针，在恢复和发展景德镇陶瓷经济方面取得了很大的成绩。

（二）陶瓷行业初步整顿的措施与成效

从 20 世纪 60 年代中期至 70 年代中期，景德镇陶瓷生产遭到较大的干扰和破坏。

1976 年底到 1977 年初，景德镇市委、市政府贯彻中共中央《关于加快工业发展若干问题的决定》，围绕恢复秩序、恢复生产开展企业整顿。1977 年和 1978 年两年陶瓷工业生产迅速恢复，并得到较快的发展。

1. 整顿措施

针对企业领导班子不纯、企业规章制度缺失、企业管理混乱、陶瓷生产各环节之间的比例关系严重失调等主要问题。1977 年，景德镇对陶瓷企业进行初步整顿，整顿的主要措施有：

（1）重新起用一大批思想纯洁、作风正派、治厂有方的领导干部，较好地解决了领导班子的"软、懒、散"问题。1977 年，景德镇市委调整和充实江西省陶瓷工业公司领导班子。江西省陶瓷工业公司又对所属 23 个企业领导班子进行组织整顿，仅这一年就清理和调整 48 名厂级领导干部和 113 名中层干部，从而使大多数企业有一个比较好的领导班子。

（2）打击贪污盗窃、投机倒把、刑事犯罪，营造安定祥和的生产生活秩序。江西省陶瓷工业公司共收集偷窃、贪污、利用职权犯罪等问题线索 2141 起，被列入专案审查的有 119 人。

（3）在工业学大庆中，恢复和建立必要的规章制度，使企业的生产秩序逐步走向正常。1977 年 4 月，北京召开工业学大庆会议，提出要建设大庆式企业、普及大庆式企业。景德镇市瓷业系统内认真开展学习活动，按大庆式企业的标准对企业进行整顿。大庆的许多好经验，对当时陶瓷企业的整顿，发挥了积极作用。

（4）贯彻中共中央《关于加快工业发展若干问题的决定》，景德镇市委、市政府紧紧围绕"工人、技术人员和干部的社会主义积极性是否调动起来；以责任制为核心的各项规章是否建立和严格执行；企业机构是否精简；产量、品种、质量、消耗、劳动生产率、成本、利润、流动资金占用等八项经济技术指标和各种设备的完好情况，有否显著进步"等企业整顿"六条标准"开展整顿。1978 年市委下发 20 号文件，提出整顿企业的措施和要求，并确定全市第一批共 13 个整顿的重点企业，其中陶瓷企业有 8 个。

同年，市委还组织工作组进驻雕塑瓷厂、宇宙瓷厂、艺术瓷厂、景兴瓷厂、光明瓷厂、电瓷厂、瓷用化工厂、瓷土矿等单位，帮助企业开展整顿工作。与此同时，其他陶瓷企业通过分期分批的整顿和检查验收，大多数企业的面貌发生较大的变化。

（5）进一步理顺瓷业生产各环节之间的关系，重点抓好矛盾突出的原料供应和职工培训工作。江西省陶瓷工业公司从两方面着手解决瓷土供应问题：一是加强矿山管理，增加瓷土产量，江西省陶瓷工业公司所属四个瓷土矿山，1977年开始连续三年瓷土年产量平均递增率达到20.72%；二是加强地质勘探，积极开发新矿点，根据瓷业生产发展需要，1976年12月成立景德镇市地质队，负责勘探市区范围的陶瓷原料矿藏资源，为开辟新矿点做了大量工作。针对技术熟练工青黄不接的问题，各陶瓷企业都通过办好各种类型的学习班，加强对青年工人的培训。江西省陶瓷工业公司还恢复和创办高、中级陶瓷专业学校，加速培养人才。1978年在"七二一"工人大学的基础上创办景德镇陶瓷职工大学，由开始的一个专业，发展到后来的十个专业。不久又恢复了停办的江西省陶瓷学校（后改名为江西省景德镇陶瓷学校），设立6个专业，能容纳500多名学生。这两所陶瓷高、中级专业学校的兴办，为景德镇陶瓷，乃至全国各大产瓷区的发展，提供了大批实用型优秀人才。

2. 整顿效果

经过初步整顿，陶瓷企业的领导班子得到调整，生产秩序走向正常，各项管理制度得到恢复和健全，职工队伍经过短期培训，思想和业务素质有显著提高，陶瓷生产各环节之间的衔接情况也有所改善。1977年、1978年，江西省陶瓷工业公司连续两年实现了经济回升、生产增长、扭亏为盈的局面。

（左页图）经过初步整顿，1977年，陶瓷工业公司系统工业总产值、日用瓷产量、劳动生产率等指标都迅速恢复或超过历史最好年份。图为为民瓷厂彩绘车间生产场景

1977 年，江西省陶瓷工业公司工业总产值、日用陶瓷产量、劳动生产率等指标都迅速恢复和超过历史最好年份。日用瓷一级品率、出口瓷合格率很快回升：分别比 1976 年提高近 20 个百分点，在 1~4 月份亏损额达 435 万元的情况下，到年底实现扭亏为盈，扎差后盈利 220 万元。1978 年，陶瓷生产方面的主要经济指标又比 1977 年有较大幅度的提高，实现产值 14131 万元，比 1977 年增加 1472 万元，增长 11.62%；完成日用瓷产量 27432 万件，比 1977 年增加 2290 万件，增长 9.1%；一、二级品率恢复到 70.48%，比 1977 年提高 8.57 个百分点，盈利达 1027 万元，比 1977 年增长 3.6 倍。

第二章
工商改造　建立体制

　　1953 年到 1957 年是国民经济第一个五年发展计划时期，也是我国开始有计划进行社会主义建设时期。这一时期，景德镇陶瓷的基本任务是在初步建立社会主义工业化基础的同时，完成对陶瓷业民族资本主义工商业和个体手工业者的社会主义改造，建立陶瓷业生产资料社会主义公有制经济。因此，景德镇市陶瓷业生产资料私有制的社会主义改造，是"一五"时期两个重要的经济特征之一，并且是影响景德镇陶瓷生产发展的一个重要因素。

瓷社成立

个体手工业者是劳动者，同时又是生产资料的私有者，且个体手工业是一种生产力非常落后的生产方式。为了促进手工业生产的恢复，避免个体手工业者的两极分化，通过引导他们走合作化道路，改变个体手工业者的生产关系。尽管这一时期的瓷业合作社集体经济规模不大（股金仅有 5036 元）、参加人数不多（共 567 人），但为以后的陶瓷业个体手工业社会主义改造的顺利进行探索了路子，积累了经验，也为景德镇解放后到 1952 年底的陶瓷业的迅速恢复和发展起到了促进作用。

（一）瓷业合作社集体经济的建立过程

瓷业合作社集体经济的建立经历了两个阶段，第一个阶段是景德镇解放到 1951 年 2 月，第二个阶段是 1951 年 3 月到 1952 年底。

1. 合作社集体经济建立的第一个阶段

中华人民共和国成立后，景德镇一些个体瓷业手工业者自发组织合作社。到 1951 年 2 月止，先后组织的合作社有：陶瓷生产合作社、陶瓷琢器生产合作社、陶瓷针匙生产合作社、陶瓷加工运销合作社、陶瓷包装合作社，但这些合作社除陶瓷包装合作社是 1950 年底筹办，跨过 1951 年外，真正保持下来的只有陶瓷针匙合作社一家。其余陶瓷生产合作社、陶瓷琢器生产合作社、陶瓷加工运销合作社等，建立不到一年就解散。

这一阶段建立的瓷业合作社发展不顺利，从合作社内部来看：一是缺乏集体企业经营管理的手段和方法。参加合作社的人员是个体生产劳动者，他们精于生产而不精于管理，特别是集体经营大大超出了过去个体经济的范围，管理者沿用个体经营的那套办法，甚至连基本的会计人员、会计制度都没有，所以一时难以应付不断变化的市场形势；二是社员入股的股金定得很低，而且所缴股金大多数以瓷器折抵，缴现金的很少，有的社员对入社顾虑重重，入社金的筹措远远不足，日常开支难以维持。在当时物价波动较大的情况下，还有的社员自动放弃权利，无形中减掉股份，导致瓷业合作社资金短缺的情况更为严重。为了解决这一困难，市政府工商科与浮梁专区贸易公司联系，由陶瓷包装合作社和陶瓷针匙合作社代销贸易公司的一部分粮食盐油、布匹日用品等，按利润的30%计算，付给这两个合作社作为经济收入。这一措施虽然解决了暂时的困难，但终因社员思想不稳定，缺乏强有力的领导，加上少数奸商为逃避征税而加入合作社，使社员怕赔本的心理十分强烈，纷纷抽股离去而被迫解散。

　　从合作社的外在因素来看，一是政府对瓷业合作社集体经济的建立重视不够，支持不多。当时政府经济工作的重点，是发展地方国营经济和恢复瓷业生产，未能充分认识到发展集体经济是开展群众生产自救的有效形式，因此较少采取有效措施加以扶助。二是国营陶瓷企业与合作社集体企业之间缺乏必要的相互支持和帮助，使合作社集体企业陷于孤军奋战的困境。比如，陶瓷生产合作社、陶瓷加工运销合作社发生困难时，市政府没有促使陶瓷国营企业予以支持，而是转而代销粮食和日用百货；陶瓷针匙生产合作社因未能按时交货，竟遭景德镇瓷业公司的巨额罚款，致使该社资金周转十分困难。三是对合作社缺乏分类指导，是集体经济发展缓慢的重要原因。市政府工商科在"1950年合作工作总结"中，介绍了全市合作社的发展情况：1950年底，全市有7个合作社，即工人消费合作社、郊区农民供销合作社、教职员工消费合作社、妇女供销社、浮梁军区供应合作社、陶瓷针匙生产合作社、陶瓷包装合作社。这7个合作社除陶瓷业的两个合作社是生产性质的以外，其余 5 个都是带有福利性质的消费合作社。

景德镇市针匙生产合作社产销统计表（1950 年 6 月）

品名	种类	色别	单位	上月结存	本月产量	售出	结存
加大	白胎	青	筒	104	1190	1159	135
加大	白胎	色	筒	52	91	/	143
加大	白胎	脚	筒	31	72	20	83
加二	白胎	青	筒	1	852	744	109
加二	白胎	色	筒	12	123	120	15
加二	白胎	脚	筒	9	44	10	43
二号	白胎	青	筒	/	1348	1286	62
二号	白胎	色	筒	9	66	/	75
二号	白胎	脚	筒	4	45	/	49

这一阶段陶瓷合作社的建立虽然不十分成功，但这是建立陶瓷合作社集体经济的最初尝试，对以后陶瓷合作社的发展起到了重要的借鉴作用。值得一提的是这一阶段还有少数合作社能幸存下来，尤其是陶瓷针匙生产合作社不仅生存下来，而且还得到一定程度的发展。陶瓷针匙生产合作社是景德镇最早的陶瓷合作社集体企业之一，在吸取社员时，做到宁缺毋滥，而且必须先缴股金再入社，股金尽可能以现金支付。该合作社刚成立时只有 17 人，其组织形式与管理方法基本与前两个合作社相似，所不同的是陶瓷针匙生产合作社直接生产针匙等陶瓷产品，而不是买白瓷加工。1950年 5 月投产，6 月份就初见成效。

1950 年 6 月的统计表表明，陶瓷针匙生产合作社当月的产量达 3831筒，当月销出 3339 筒，产品质量也较好，折青率高达 89.88%。到 1950年年底，陶瓷针匙生产合作社发展到 19 人，股金 273.6 元，人均股金 14.4 元，全年生产针匙 59560 筒，营业总额达 618.84 元，按当时的平均销售利润计算，可盈利 1000 元左右，为巩固集体经济、扩大生产打下了基础。根据生产状况，1952 年年初，又吸收了 17 名社员入社，社员总数发展到 36 人。

该社的经营成功，为合作社的扩大积累了经验，也为广大个体手工业走合作化道路树立了信心。

2. 合作社集体经济建立的第二个阶段

从 1951 年 3 月开始到 1952 年底，由于政府的提倡和鼓励，景德镇一些个体瓷业手工业者，按照"自主、自愿、互利"的原则，以窑为单位，先后组建了 14 个私私联营厂，景德镇市瓷业合作社有了新发展。1952 年全市有生产合作社 9 个，其中陶瓷加工合作社 3 个，陶瓷生产合作社 5 个，另外一个是纺织生产合作社。共有社员 567 人，股金 5036 元，占整个陶瓷经济比重的 2.57%。这一时期，陶瓷合作社集体企业之所以能顺利建立起来并得到一定程度的发展，从内在因素来讲，这些手工业合作社已改进了经营管理。从外在因素来看：一是政府重视并加强了对合作社的领导。1951 年 3 月，市政府成立了合作科，4 月份成立了合作社筹委会，开始整社与建社工作。合作社由过去的自发组织，发展到由政府出面推动，整个陶瓷合作社的组建开始纳入政府工作计划，因而发展迅速。二是陶瓷合作社得到国营企业的支持和扶助。这一时期，随着对陶瓷合作社认识的提升，国营瓷业公司把扶助合作社集体企业作为自己的一项责无旁贷的任务，提出要对合作社集体企业"主动在业务上和技术改进上进行联系和帮助，使其成为经济战线上的有力助手"，因而采取了种种扶助措施：瓷器收购上尽量争取以合作社集体企业为对象建立特约与订购关系；在手续上多予方便，减少瓷业合作社集体企业产品积压；在原料供应方面做到优先；在销售方面组织联营联销，给予短期赊销优待等。

（二）瓷业合作社的组织形式与经营管理

按照《陶瓷生产合作社章程》规定，恢复时期瓷业合作社的组织形式和经营管理情况如下：

1. 建社的目的和社员入社的条件

建社的目的是提高生产技术，提高生产效率，增加社会财富，保证劳动所得利润，提高工人福利，减除中间环节与成本。社员入社的条件是：必须有陶瓷生产加工的技能并愿意遵守合作社章程，要由区级政府及总工会或本社社员2人以上介绍并经社员会议讨论同意，要缴纳入社基金。入社基金各社有不同的标准，陶瓷生产合作社规定每人为0.1元。

2. 手工业合作社的组织机构

最高权力机构是社员会议，凡是涉及合作生产安排、经营业务、账目审核、有关全社利益等重大问题的决策，均由社员会议裁决议定。最高业务负责人为经理、副经理。经理、副经理在社员中推选产生，对外为合作社代表，对内则负责贯彻社员会议决议，推进合作社各项工作的有效落实。合作社的组织机构是在经理、副经理之下设若干股，股下面设若干组。以陶瓷生产合作社为例，其组织机构是：经理，副经理之下设有：①经济股：内设会计1人，事务1人，出纳1人，会计的职责是负责一切业务账目，按月结清向社员会议报告，以便审核；事务的职责是负责全社各项采购、配置、贮备、保管等事项；出纳的职责是负责全社资金出入存贷及有关出纳事务。②营业股：内设外交3人，业务员3人。外交的职责是负责向各客商、公司、行帮进行接洽、承揽生意及有关外交事项等；业务员的职责是负责门市方面的销售进货等有关门市事务。③设计股：由社员中推选有高超艺术才能者若干人充任，负责制造彩饰方面的设计工作。④化学股：由社员中推选有这方面造诣的人从事制造彩饰诸方面化学问题的研究。⑤生产股：负责陶瓷生产创造工作，生产股下面根据工作性质不同又分为若干组，计有美术人物组、美术山水组、美术花鸟鱼藻组、美术图案组、书写组、美术绘像组、印版粉彩组、洋彩组、刷花组、设色组、彩饰立体人物组、粉定雕塑组、烧炉组、装潢组等。

3. 经营管理方式

落实会议制度，合作社通过召开各种会议协调全社事务，安排生产经营和解决生产经营中的问题。陶瓷生产合作社规定每月召开一次社员会议，每个星期各股召开一次会议，每半个月召开一次各股联席会议；严格账目管理，陶瓷生产合作社要求各组每半个月要将各种收付情形开列清单交由经济股会计汇集，再于每月届满时将各股账目清算总结交由社员会议审核；调度安排生产，根据合作社的经济状况、队伍素质、原材料供应的具体情况对生产经营做出详细的安排；设专人负责产品销售，有必要时在外埠设立分销处以达成扩大销售的目的。

4. 分配形式

分为工酬和红利两种，陶瓷生产合作社的工酬按景德镇市一般标准当时给付，红利年终发给，对于一些复杂劳动的工价则另立协议。合作社各股组负责人的待遇，由经理根据每个人工作任务的大小，综合本社的经济能力拟定相应标准，交由社员会议裁决。分配总的来说是以利益均沾为原则。

个体手工业改造

国民经济恢复时期，景德镇陶瓷个体手工业者的社会主义改造初步展开，试办了一些个体手工业合作社集体经济组织，为陶瓷个体手工业者接受社会主义改造做了初步的尝试。但是，参加这些合作社的人是少数，大部分陶瓷手工业者仍然是个体的、小私有的独立劳动者。过渡时期总路线公布以后，陶瓷个体手工业的社会主义改造成为"一五"时期的一项中心工作，对陶瓷经济的发展产生了重大影响。

（一）陶瓷个体手工业者社会主义改造的方式和进程

1. 改造方式

陶瓷个体手工业者的社会主义改造方式是组织生产小组和生产合作社，生产合作社大都由生产小组发展而成。

由于合作化形势的迅猛发展，1955 年成立的生产合作社，大多数是由瓷业个体手工业者直接组成。生产合作社是瓷业个体手工业者接受社会主义改造的主要形式。建立生产合作社的基本原则是："社员入社完全出于自愿，社员必须直接参加劳动，按平均工资入股，民主选举理、监事会，主要生产工具公有（社员集体所有），雇工人数有一定的限制，按劳取酬。"参加生产合作社的社员必须交缴股金，股金的标准是：制瓷社定额为 6 个月的实际工资的平均数；画瓷社为 5 个月的实际工资平均数。社员缴纳股金的来源和办法为：手工业雇工和学徒入社的股金，有的是事先与业主协商，取得业主同意后，由业主代交，股权属于雇工和学徒，以后不予退还给业主。有的因业主资金困难，没有能力交出应缴的股金数，则由工人入社后在工资中继续扣缴；手工业独立劳动者本身参加合作社，需将自己所有的生产资料全部带进合作社抵缴股金，多出部分便存入合作社，合作社按银行贷款的利率计息，如遇特殊困难，可向合作社取回。

2.改造进程

"一五"时期，景德镇在对陶瓷业民族资本主义工商业进行社会主义改造的同时，全面开展了陶瓷业个体手工业的社会主义改造，陶瓷业个体手工业合作化得到迅速发展，手工业生产小组、手工业生产合作社普遍建立起来了。

1953 年，有制瓷生产合作社 4 个，画瓷社 2 个，模型社 1 个，社员约占陶瓷个体户总人数的 8%。4 个制瓷生产合作社 1953 年生产瓷器 18435 担。

1954 年，在全省第一次工业会议的推动下，景德镇市首届一次手工业代表大会召开，陶瓷手工业合作社有了新的进展。至年底，全市成立生产合作社 31 个，供销生产小组 24 个。其中，制瓷生产合作社 7 个（由237 户组成），社员 3534 人，占应进社总人数的 58.4%，有柴窑 11 座、坯厂 162 个、红炉 42 个，辘轳车 66 部、琢车 781 部。画瓷社 17 个（由483 户组成），社员 1404 人，占应进社总人数的 52%，有红炉 57 个。画瓷生产小组 11 个（由 60 户组成），组员 336 人，有红炉 3 个。当年，陶瓷业参加合作化的总人数为 5274 人，所占个体户总人数比重，已由 1953 年的 8% 上升到 50.2%。制瓷社瓷器产量为 89788 担，制瓷社、画瓷社、画瓷生产小组年总产值为 54.13 万元。

1955 年，根据中央"统筹兼顾,全面安排,积极领导,稳步前进"的方针，景德镇市个体手工业社会主义改造工作，在 1954 年的基础上得到了进一步的巩固和发展，全市共成立 54 个生产合作社。其中，陶瓷业制瓷社 16

第 0823 號

歸檔 地號 0836 類別碼 164 系 ...政

1955年　月　日

江西省景德鎮市人民委員會通知稿

事由	判行
為轉知省人委將"團結資本主義工商業聯營"及"對資本主義工商業改造"統一名稱，對資本主義工商業聯營改造"稱謂由。	主核 主任

科長

擬稿人　稿擬稿

附件

抄送機關：

送機關： |

接江西省人民委員會五五年十月三日（五）團字第一四五四號通知：抄轉團務院九月廿日關於"為求更能指當地表達團結對資本主義工商業改造修任務，中央批准對資本主義工商業改造的名稱，一律改為"對資本主義工商業社會義改造"簡稱"對資改造"等因。

茲決定本會所屬"團結資本主義工商業社會義改造辦公室"，簡稱"對資改造辦公室"，自五五年十月十九日起改為景德鎮市人民委員會對資本主義工商業改造辦公室，簡稱"對資改造辦公室"。特此通知。

1955年10月市人委"对资本
主义工商业改造办公室"统一名称

00104

个、画瓷社 15 个、参加合作化人数达 8373，占陶瓷个体手工业者总人数的 95.74%。制瓷社 1955 年实现年产量 20.87 万担、年产值 783.85 万元。画瓷社实现年产值达 193.14 万元。

1956 年，在全国农业合作化高潮及北京等大城市基本实现个体手工业合作化的影响下，景德镇市也掀起了个体手工业合作化高潮。1 月 14 日又一次批准了 14 个行业 1842 户、3879 人参加的合作社。至此，景德镇市和全国其他地方一样，基本上也全部实现了合作化。此后，经过调整合并，到 1956 年全市共有手工生产合作社 35 个，生产小组 5 个，入社人数 11847 人，占全市个体手工业者总人数的 97.9%。其中，陶瓷业有制瓷社 9 个、画瓷社 2 个，年产值达 244.48 万元。

（二）对陶瓷个体手工业者进行社会主义改造的措施

1953 年底，在全国第三次手工业生产合作会上，系统地总结中华人民共和国成立以来个体手工业合作化运动的基本经验，提出"积极领导，稳步前进"的个体手工业社会主义改造方针。1954 年底，全国第四次手工业生产合作会议又将这个方针发展为"统筹兼顾，全面安排，积极领导，稳步前进"。为了完成陶瓷业个体手工业的社会主义改造任务，景德镇市采取了以下措施：

1. 加强对手工业及其合作化的领导

1954 年为适应广大手工业者要求组织起来的积极性，市委成立手工业工作委员会，市政府成立手工业管理局，选拔 500 多名优秀干部以"联烧窑""合作社""合作小组"为基点，在个体手工业者中开展大量的组织教育工作。1956 年 1 月，市委成立五人小组，下设"个体手工业改造"和"民族资本主义工商业改造"两个办公室，进一步加强了对个体手工业合作化工作的领导。

2. 健全社、组管理体制

1954年12月23日，中共景德镇市手工业工作委员会批转手工业管理局《关于手工业生产合作组织领导问题的几点意见》，规定第一至第六制瓷社和第一至第三画瓷社归市手工业生产联社和手工业管理局直接领导与管理，其他制瓷、画瓷社、组及以联烧窑为龙头组织起来的新社、组划归各区管理。

1954年3月26日，景德镇首届一次手工业代表大会资料

3. 明确新建社（组）与转并社（组）的批准权限

1955 年 2 月 10 日，市委手工业工作委员会办公室公布《关于新建社（组）与转并社（组）的批准权限决定》的文件规定：新建生产合作社、生产小组，需报经市委手工业工作委员会批准；凡属市手工业生产联社管理范围内的，需要转并社（组）时，由市生产联社批准；凡属各区管辖范围的，需转并社（组）由各区委批准。

4. 对手工业社（组）进行扶助

在个体手工业合作化过程中，对陶瓷手工业社（组）的扶助主要体现在：协调国营公司在加工订货、扩大产品销路、解决原燃料供应困难等方面给予必要的支持，目的是逐步割断小生产者与资本主义的联系；从财政、信贷、税收上予以支持和照顾。以 1954 年为例，银行对陶瓷生产社（组）贷款额为 33.18 万元；税收方面仅交 34.5% 的所得税，1954 年上缴所得税金额为 11.58 万元。通过上述支持和扶助，合作社（组）生产得到发展，普遍都有盈利。1954 年，陶瓷手工业合作社（组）盈利达 22.78 万元，显示了合作化的优越性，促进了景德镇陶瓷经济的发展。

5. 结合生产开展整社活动

根据江西省第三次手工业改造会议提出的"掌握巩固一批、准备一批、发展一批"精神的要求，景德镇市委召开第一次手工业工作会议，决定从 1955 年 6 月开始，对全市手工业合作社（组）进行整顿。整顿的重点是建立健全各项管理制度、实行生产负责制（即实行三级负责制）、整顿内设机构、纯洁社员队伍等。整顿的目的是巩固健全社、提高中间社、整顿不健全社。通过这次整顿，至 1955 年底一至六制瓷社和第一、第三画瓷社、美术工艺社及郊区瓷土社达到了健全社的标准；一、二区的直属社健全社为 40%，中间社为 40%，不健全社为 20%；三区的直属社健全社为 50%，中间社为 25%，不健全社为 25%。通过整顿，纯洁合作社内部组织，建立各项管理制度，严格生产责任制，促使合作社进一步的巩固和发展。

工商业改造

按照国家政策，景德镇通过宣传、教育，在私营企业资产进行普查、登记、评估的基础上，进行公私合营，建立企业管理制度，促进了陶瓷生产体制的变化，扩大了生产规模，完成了陶瓷资本主义工商业社会主义改造。

（一）陶瓷业民族资本主义工商业社会主义改造的条件

1. "利用、限制、改造" 政策的宣传与贯彻

1949 年 3 月党的七届二中全会提出对民族资本主义工商业实行"利用、限制、改造"的政策，其主要精神是：国家对民族资本主义工商业采取利用、限制和改造政策。国家通过行政机构的管理、国营经济的领导和工人群众的作用，限制它们的不利于国计民生的消极作用，鼓励和指导他们转变成各种不同形式的国家资本主义经济，逐步以全民所有制经济代替民族资本主义工商业生产资料私有制经济；利用、限制、改造政策，不是使用暴力没收民族资本主义工商业者的财产，而是改造中实行赎买；对民族资本主义工商业者不是进行武力强制，而是团结教育等。这个政策的宣传与贯彻，稳定了人心，大大减少了改造的阻力，有力地推动景德镇市对陶瓷业民族资本主义工商业的社会主义改造的顺利进行。景德镇陶瓷业民族资本主义工商业者在没有理解这一政策前，普遍对社会主义改造存有疑虑和恐惧心理，有的公开抽逃资金，有的变生产资料为生活资料，任意挥霍浪费。

通过宣传教育，耐心说服动员，特别是严格执行政策，以及全国对民族资本主义工商业的社会主义改造形势的影响，景德镇市的大多数民族资本主义工商业者表示愿意接受社会主义改造。据记载，在公私合营高潮中，"有许多民族资本主义工商业者主动将账外资金、房屋、黄金、白银、银圆、贵重存货等投入企业，迎接合营"。有些民族资本主义工商业者还三番五次申请参加公私合营，"当他们听到批准合营的消息后，立即写信给中共景德镇市委报喜，表示感谢"。

2. 对陶瓷业民族资本主义工商业进行登记和普查

从 1949 年景德镇解放到 1953 年底，景德镇市工商行政管理部门根据 1950 年政务院颁布的《私营企业暂行条例》和 1951 年政务院财经委员会颁布的《私营企业暂行条例办法》的精神，先后四次以民族资本主义工商业（其中陶瓷业占大部分）为重点，对不同所有制的工商业企业进行了全面登记、普查，并在登记普查的基础上加强管理。这四次登记普查是：第一次，1949 年 4 月至 12 月，对民族资本主义工商业进行清理，并颁布了《景德镇市工商业登记管理暂行办法》；第二次，1950 年 7 月 10 日开始至 25 日止，景德镇市人民政府工商科对全市民族资本主义工商业进行全面审查登记和重新发证，全市登记发证的民族资本主义工商业共有 6350 户，其中陶瓷业和各种手工业有 4930 户。第三次，1952 年为切实掌握中华人民共和国成立两年多以来，全市民族资本主义工商业的发展变化情况，对全市民族资本主义工商业进行了普查。当年景德镇市陶瓷业民族资本主义工商业（包括个体工商业）有 2500 户。第四次，1953 年开展大规模的民族资本主义工商业登记工作，当年登记的陶瓷业民族资本主义工商业（包括个体工商业）有 2216 户。这个时期对民族资本主义工商业进行登记管理，是贯彻"利用、限制、改造"政策的具体体现，为下一步完成对民族资本主义工商业的改造奠定了基础：摸清了陶瓷业民族资本主义工商业的户数、人数、资金等基本情况，为陶瓷业民族资本主义工商业进行社会

1951 年 8 月 20 日景德镇市人民政府颁布
《景德镇市私营企业重估财产调整资本办法》

主义改造提供了可靠数据；通过登记管理，限制民族资本主义工商业的盲目发展，引导他们在登记许可的范围内，守法经营，发挥其有利于国计民生的积极作用，限制其不利于国计民生的消极作用；审查民族资本主义工商业的盈余分配，根据国家政策规定，把民族资本主义工商业的利润限制在一定的限度范围之内。

3. 重估私营企业财产

根据政务院颁布的《私营企业重估财产调整资本办法》精神要求，1951 年 8 月 20 日景德镇市人民政府发布了《景德镇市私营企业重估财产调整资本办法》的布告，在市工商管理局的主持下，开展对陶瓷和其他行业的私营企业的财产重估工作。在全市 6 千多户私营工商业中，共核定重估户 909 户，其中陶瓷业 411 户；全市重估前资金总额为 240 万元，其中陶瓷业 147 万元。重估后全市增资总额达 367 万元，增幅达 150%，其中瓷业增资 243 万元, 增幅为 160%。在重估财产的过程中, 在党的政策的感召下, 许多民族资本主义工商业者响应账外资金归队的号召, 纷纷将抽逃资金转回企业扩大生产, 有的主动将隐藏的金银、房产、土地、证券等拿出来投资, 全市共有黄金 5305.23 两, 白银 6658 两, 银圆 24594 块, 房屋 1597 幢, 土地 40536 平方丈。其中陶瓷业投出黄金 2317.64 两, 白银 2112.37 两, 银圆 5858 块, 铜圆 1606.05 市斤, 铜铁锡器 925.95 市斤, 土地 31872 平方丈, 房屋 974 幢。这次重估达到防止民族资本主义工商业者抽逃资金、动员账外资金投入生产经营, 为下一步开展的清产核资和进行社会主义改造奠定了基础的预期目的。

4. 私私联营的发展

解放初期, 景德镇制瓷企业的规模极小而且非常分散。1949 年, 全市共有私营瓷厂 2493 户, 每户平均不足 5 人（其中规模最大的厂家——余鼎顺瓷厂也只有工人 137 人, 最小的厂家仅有工人 1 人）。为便于管理和改造, 1951 年市委、市政府决定引导这些私营企业分 3 批进行私私联营:

第一批, 从 1951 年 1 月 2 日起至同年 5 月底止, 先后组建 5 个私私联营企业: 国光瓷业产销股份有限公司（后更名为国光瓷厂）, 由 460 户坐商、行商集资组成; 裕民陶瓷生产股份有限公司（后更名为裕民瓷厂）, 由 204 户行商集资组成; 建中瓷厂, 由 15 家中、小富户及 4 家转点行商户组成, 后于 1952 年 7 月解散; 大器匣钵厂, 由 43 家小型匣钵厂组成; 小器匣钵厂, 由 36 家小型匣钵厂组成。

第二批, 自 1952 年 1 月 25 日开始至同年 7 月 31 日止, 先后组建华光、群益、民安、建华, 赣华、新生、永新、永和、兴中, 大中、建新等 12 个私私联营瓷厂。这 12 家联营瓷厂由 164 家大、中、小圆器、琢器、烧窑户私营企业组成。这些联营瓷厂共集中资金近 120 万元, 各厂拥有职工 120~300 人不等、柴窑 1~3 座。

第三批, 自 1953 年 11 月开始至 1954 年 8 月止, 先后组建光大、黎明、

手工业管理局提出为《关于手工业生产合作组织领导问题的几点
意见》送市委和各厂矿领导同意，今发给有关部门参考执行。

此致

中共景德镇市手工业生产合作社...

意见：

关于手工业生产合作组织领导问题的几点意见：

此市合作社是手工业方面政治思想领导和行政业务领导关系很复杂...
委明确们根据市委第四次工业会议精神...

第一、一至六制瓷生产社一至三和美术瓷社等十四单位不...政治思想...

第二、第七制瓷社和今后新...从...为单位...以...政治思想领导及管理...

1954 年 11 月 16 日景德镇市手工业
管理局《关于手工业生产合作组织领导问
题的几点意见》的拟文

裕华、民生、民建、利生等 7 个规模较大的私私联营瓷厂。这 7 家联营瓷厂由 112 个制瓷小厂、19 个瓷器加工小厂、47 个转点行商户、2 个摊贩户、6 个其他商业户组成，共有人员 1969 人。其中，职工 1496 人，资方从业人员 473 人。各厂拥有柴窑 1~3 座，均能独立生产。1953 年春，各私私联营瓷厂又先后吸收了 42 家私营中、小型瓷厂。同年 8 月，市人民政府将 70 多家 10 人以上的瓷厂分别并入公私合营和私私联营瓷厂，并将江帮达南货店拆并转入建民、裕华、民生 3 个私私联营瓷厂。

5. 组织领导上的保证

1954 年 9 月 20 日，市委、市政府组建对民族资本主义工商业社会主义改造的专门机构——景德镇市国家资本主义办公室，它的主要任务是：摸清民族资本主义工商业的户数、人员、资金以及生产经营的基本情况；掌握各行业资金来源及其运用情况；帮助民族资本主义工商业适当提供原燃料和货源；积极创造条件，采取不同形式，促使陶瓷业民族资本主义经济逐步转变为国家资本主义经济。

1956 年 1 月，根据中共江西省委扩大会议的精神，中共景德镇市委成立五人小组，下设"个体手工业改造"和"民族资本主义工商业改造"两个办公室，各专业公司成立公私合营筹备委员会，负责完成包括陶瓷业在内的民族资本主义工商业全行业的公私合营任务，以及合营企业的清产核资、经济改组、民族资本主义工商业者的教育改造等工作。

（二）陶瓷业民族资本主义工商业社会主义改造的形式与过程

景德镇市的陶瓷业民族资本主义工商业的社会主义改造分两步走：第一步是把民族资本主义转变为国家资本主义；第二步是把国家资本主义转变为社会主义。国家资本主义有初级和高级形式，初级形式是加工订货（特约包销）、经销代销等，高级形式是公私合营。而初级形式和高级形式的出现，从时间上来说，并不是完全按照先有加工订货，后有公私合营这样的顺序来进行的，两者几乎是同时展开，但结果都是国家资本主义的初级形式被国家资本主义的高级形式所取代。

1. 公私合营前陶瓷业民族资本主义工商业的社会主义改造，主要是通过特约包销、协议批购和代销等形式来实现的

（1）特约包销。特约包销是陶瓷业民族资本主义工商业加工订货的一种特殊表现形式，也是陶瓷业民族资本主义工商业社会主义改造初期的主要形式之一，具体形式有两种：一种是直接包销，如陶瓷行业的圆器（灰可器、二白釉、脱胎等），由国营瓷业公司根据不同情况给私营瓷厂预付25%左右的预付款，直接与私营陶瓷企业签订包销合同。私营陶瓷企业按照国营瓷业公司提出的产品规格、质量标准、生产数量等要求进行生产，明确规定所生产的瓷器产品只准卖给国营瓷业公司，不准卖给私商，产品经验收后，由国营瓷业公司直接通过银行付款。另一种是间接包销，如陶瓷行业的琢器（粉定、大件、针匙、雕塑等），因为瓷器产品需要加工，瓷器产品是通过国营瓷业公司调拨，由陶瓷加工店加工后送国营瓷业公司仓库验收。瓷器货款由国营瓷业公司付给陶瓷加工店后再转付瓷厂，不需要加工的瓷器则由仓库验收后直接付款给生产企业，在订货时不需预付定金。

1953年开始对私营联营瓷厂实行特约包销。当年，特约包销有160户，包销量占全市私营瓷器总产量的50%。1954年是特约包销大发展的一年，第一季度发展特约包销户530户，至4月底，扩大为808户，较1953年底扩大5倍以上。其中，除地方国营1户，公私合营2户以外，其余为私营805户，占全市私营实有总户数849户的95%。除了地方国营的烈军工属瓷厂、贫民瓷厂及合作社自产自销外，私营瓷厂在自由市场上自行销售的只有44户。1954年对特约包销户（私营部分）的生产品种进行较为细致的排队，结果是：圆器170户，其中圆器综合业28户，灰可器43户，白釉 24 户，青釉 37 户，酒令盅 13 户；琢器 627 户，其中琢器综合业 2 户，粉定 256 户，大件 24 户，针匙 148 户，雕塑 193 户，灯盏 4 户；其他 8 户，合计 805 户。接着，为供应出口需要，又对人物雕塑厂和其他行业转向瓷业生产的厂户签订包销合同。到 6 月中旬止，共计有特约包销户 837 户。至 1954 年底，私营陶瓷厂的产品（日用瓷）已实行全面包销。

（2）协议批购。私商通过工商联由同业公会集体向国营瓷业公司签订协议，工商联及同业公会监督计划执行情况，私商按计划向国营瓷业公司进货并按国营牌价出售。如需改变要货计划，应于每月初提出计划变更理由，由国营瓷业公司予以修改。国营瓷业公司在货源供应上，对协议批购商业户较一般的商户给予优先照顾。到 1954 年 11 月，陶瓷业私人批购商业户仅剩 2 家。

（3）代销。国营瓷业公司把商品委托私商代销，私商按规定的牌价出售，从国营瓷业公司领取手续费。1955 年，陶瓷颜料行业已全部实现代销。

2. 公私合营发展过程

公私合营是实现国家资本主义的最高形式。景德镇陶瓷业民族资本主义工商业走向公私合营，经历个别企业的公私合营、公私合营的普遍发展、全行业公私合营三个阶段。

（1）个别企业的公私合营。同景德镇其他行业一样，在恢复时期，景德镇陶瓷业个别企业的公私合营已经开始出现。根据记载，陶瓷行业公私合营，最早在瓷土业中产生，代表企业是南河瓷土厂。该厂 1951 年 12 月合营，拥有资金 37600 元，公股占 59.02%，私股占 40.98%；此外，在制瓷业中也已开始组织公私合营的代表企业有两个：裕民瓷厂，1952 年合营，公股占 14.86%，私股占 85.14%；国光瓷厂，1952 年合营，公股占 14.8%，私股占 85.2%。此外，还有 1952 年成立的公私合营匣钵厂。

促使个别企业实现公私合营的原因，一是私人企业经营发生困难，由国家投资作为公股合营；二是由没收民族资本主义工商业者的违法所得转为公股合营。当时的公私合营企业还是初创阶段，很不完善：公私合营规模较小，一般仍由原来的民族资本主义工商业者或其代理人继续管理；没有建立新的管理制度，同私人企业没有多大区别。裕民、国光瓷厂的公股是没收民族资本主义工商业者的违法所得，数量很少，虽然事实上已属公私合营企业，但当时没有正式宣布。

（2）公私合营全面推进。从1953至1955年底，景德镇市开始有计划地推进陶瓷业的公私合营步伐，使公私合营普遍发展起来。

1953年，根据"投入少量的资金，进而改变生产关系，逐年改变资本主义私有制，从而取得整个企业"的方针和"少而精，稳步前进"的原则，对景德镇匣钵厂、人民铁工厂（陶瓷机械制造厂前身）实行公私合营。1953年9月、11月又分别正式宣布国光、裕民两瓷厂为公私合营企业。当年，公私合营企业的经济比重为5.84%，瓷器产量达22183担，占全市瓷器产量的5.6%。

1954年，选择华光、赣华、益民、建华、民光五个基础较好的大型瓷厂实行公私合营。同时还将9户10人以上的私私联营瓷厂并入各公私合营厂。这样，公私合营瓷厂共有资金75万元，职工2554人，年产瓷达10.7万担，占有全市瓷器产量的17%，经济比重由1953年的5.84%上升为22%。

1955年5月，遵循"统筹兼顾，全面安排"的方针，又有5家私私联营瓷厂扩展为公私合营瓷厂，如：以永红瓷厂为主，吸收北窑、谭义陶、孙恒茂、集义顺等瓷厂组建成立的永红瓷厂，共有工人及私方从业人员511人，资金13.9万元；以新生瓷厂为主，吸收程秋顺、周龙顺等瓷厂组建成立的新生瓷厂，共有工人及资方从业人员442人，资金10.49万元；以群益瓷厂为主，吸收袁兴记、马栅宝、马永昌、谭天室、冯泰来等瓷厂组建成立的群益瓷厂，共有工人及私方从业人员336人，资金11.61万元；以永和瓷厂为主，吸收江雅兴、姜振昌、程协盛、复新窑等瓷厂组建成立的永和瓷厂，共有工人及私方从业人员 392 人，资金 12.94 万元；同年 7 月 1 日，以华电瓷厂为主，吸收益华电瓷厂、华陶电瓷厂组建成立公私合营的华电瓷厂，共有工人及资方从业人员 1598 人，资金 16.7 万元。7 月下旬该厂又吸收 5 家瓷厂和 1 家窑厂加入。此后，私私联营的建成瓷厂也实行公私合营。

至 1955 年底，全市制瓷业共有公私合营瓷厂 13 户（不包括辅助企业），拥有职工 7676 人，资金 215.62 万元，产值 849.57 万元；公私合营瓷厂的产值占全市陶瓷企业产值的 75.15%，基本上实行全行业公私合营。在陶瓷商业方面，有 22 户资本主义商业企业和 83 户摊贩成立公私合营邵户兴瓷店，有门市部 10 个。

景德镇陶瓷业私营企业实行公私合营后，生产得到不同程度的发展，经济效益普遍得到提高。比如：华光瓷厂合营前的 1954 年上半年，生产任务仅完成 41%，正品率只达 87%，合营后下半年超额 4% 完成全年生产任务，正品率提高到 90%，企业利润超过 1952 年的 41%。1954 年产量为 2.96 万担，1955 年为 3.80 万担，增长 28.4%。永和瓷厂合营前的 1—5 月份正品率为 83%，合营后的 6—9 月，则提高到 86%，永新瓷厂合营前的第二季度费用开支为 9092 元，合营后的第三季度则降为 6517 元，降低成本 28.3%。合营前有的瓷厂还有亏损，合营后绝大多数的合营瓷厂都有盈利。比如，华光瓷厂利润率占资金总额的 22.4%，建华瓷厂占利润总额的 18%，益华瓷厂利润占资金总额的 20.18%，裕民瓷厂利润占资金总额的 20.66%，民光瓷厂利润占资金总额的 14.65%，赣华瓷厂利润占资金总额的 20%，匣钵厂利润占资金总额的 37.33%，颜料厂利润占资金总额的 29.17%，明光瓷厂利润占资金总额的 20.8%，这些利润绝大部分都按"四马分肥"的原则进行分配。即：国家所得税、企业公积金、职工福利费、资方红利。

全行业公私合营。1955 年底，中共景德镇市委根据江西省委"全面规划，加强领导，把对资本主义工商业的改造工作推向一个新的阶段"的指示精神，对全市的民族资本主义工商业的社会主义改造进程做了安排。

1955年12月6日，全市共组建了16个陶瓷生产合作社、13个画瓷合作社、7个画瓷合作组。这些合作社共有人员9082人，占当时全市陶瓷业总人数的95.74%。

1956年1月20日，又将16个陶瓷生产合作社并为9个瓷器工艺合作社，将13个画瓷合作社和7个画瓷合作组合并为10个画瓷工艺合作社。

1956年1月22日下午，市政府在灯光球场召开全市私营工商业实行全行业公私合营大会，庆祝全市包括陶瓷行业在内的私营工商业实现全行业公私合营。

全行业实现公私合营后，为了贯彻对民族资本主义的赎买政策，开展了如下几项工作：

一是清产核资确定股权。从有计划地开展公私合营时起，就对民族资本主义工商业参加公私合营的生产资料进行了清理估价，以确定私股股额。1956年1月20日到1月24日，在5天内突击开展了全面的清产核资工作。清产核资的原则是"公平合理，实事求是"，对于资本家的资产估价及债权债务问题，原则上采取"宽"和"了"的方针。"宽"就是对财产清估中有关公私关系问题，一般从宽处理；所谓"了"，就是对原来的债权、债务、呆滞物资、职工借支等，尽量在合营前了结。民族资本主义工商业者对公欠款，确实无力偿还的，适当减免；对资不抵债的民族资本主义工商业户，尽量不宣布破产，保留少量私股，维护公私合营。其方法是"先主后次，先大后小，先易后难，先固定后流动"，整个工作分三步进行：

第一步：准备。清估财产前训练干部，召开各专业公司经理会，部署工作。召开民族资本主义工商业者上层人士会议，反复说明政策，广泛征求他们的意见，并通过他们回去传达，说服动员其他民族资本主义工商业者。与此同时，青年团、工会、妇联也紧密配合：工会组织青年工人突击队，青年团组织了青年服务队，妇联召开资方家属大会，加强教育。然后以公私合营厂、矿为单位成立清产核资小组，抽调专人分别组成清点、复查、估价工作组，分工负责，开展清估工作。

第二步：自报与清点。凡申请并批准合营的民族资本主义工商业户均应在职工监督下，将本厂、矿的现金、产品、原料、器材、家具、房屋等财产价值，由自己做实事求是的清点，自己估价，填写表格，交由评议小组评议，再由行业工作委员会批准。与此同时，政府组织人员对参加合营的民族资本主义工商业原企业的实有财产进行清点。在清点过程中，采用"公方领导，私方负责，职工参加，充分协商"的办法，按分工范围，划片包干，边清点，边登记，标明资产新旧程度，编号记载，以防止重复遗漏。在清点结束后，又按类汇总，经公私双方审查无误，协商通过。

第三步：估价。根据清点结果，研究统一计算价格标准，一边由估价小组确定估价原则与计算方法，交清产核资小组讨论，取得一致意见后进行核定。

通过清产核资，核实全陶瓷行业公私合营投资人1676人（户），投资总额271.51万元。其中，公私合营投资进厂人员596人，投资额为203.33万元；厂外投资人员1080人（户），投资额为68.173万元。

二是定息。就是由国家根据核定的私股股额，按期发给固定的股息。这在个别企业公私合营阶段，是按照"四马分肥"的原则进行分配的。其中，国家所得税必须得到保障，以限制资方过肥。企业利润的具体分配比例，按照国家规定：所得税占34.5%，福利费占15%，公积金占30%，资方红利占20.5%。如1954年全市以陶瓷为主体的14家合营企业都有盈余，利润总额为22.47万元，其中所得税为76890元，占利润总额的34.2%，公积金78506元，占利润总额的34.9%，职工福利费25017元，占利润总额的11.2%，资方红利为4274元，占利润总额的19.7%。

1956年7月，改"四马分肥"为定息。按照国家规定全国公私合营企业的定息利率统一为年息5厘，定息从1956年1月1日算起，期限为7年。景德镇市从1956年起到1962年止，根据陶瓷企业生产经营的具体情况，将定息利率定为：瓷土厂4厘、匣钵厂4厘、颜料厂4厘、瓷厂3.5厘。

三是人事安排。主要从两方面来开展这一工作：一根据"把原来企业中的一切在职人员包下来的方针"和"量材录用，辅以照顾"的原则，妥善安排资方和原企业在职人员的工作。对于资方子女和家属，凡是有业务水平、有一定技术和具有初中文化程度以上，且具有劳动能力的均予安排工作。如不具备上述条件，个别家庭生活困难，也可根据企业需要，适当照顾，个别安排；对于年老体弱，不能胜任现职工作的，调换适合的工作；对个别丧失劳动能力的，给予办理退休，退休后如生活发生困难，企业或政府予以酌量的救济。由此，全市陶瓷行业的民族资本主义工商业者及其从业人员基本上都得到了安排。比如，第三瓷厂有资方管理人员97人，符合条件的85人全部安排了工作，其中参加行政管理工作的资方管理人员有43名（民族资本主义工商业者27名，资方子女16名）。安排生产岗位的资方从业人员有139名（民族资本主义工商业者11名，资方子女69名）；二对有代表性的陶瓷业民族资本主义工商业者，经过考察，根据其政治态度、代表性和业务能力，安排他们担任各级领导职务，有的担任合营瓷厂的厂长，有的担任科长或车间主任。据统计全市10个公私合营瓷厂，由民族资本主义工商业者担任正副厂长的有28人（正厂长1人），正副科长16人，车间主任5人，仅第三瓷厂就安排了资方副厂长5人，车间主任4人，科长2人；对个别不能从事实际工作，但在社会上有一定声望的老年民族资本主义工商业者，为了照顾社会影响，安排诸如董事、董事长之类较高的名誉职务。

安排资方代表人物担任各级领导职务后，各公私合营瓷厂在日常工作中均能注意尽量发挥他们的积极作用，但也存在一些不正常现象：一种现象是对资方干部的工作缺乏必要的支持和帮助，名义上安排了他们的职务，实际上却把他们摆在一边无事可做，结果工人不听指挥，他们不敢负责，实际上没有落实好职权统一问题；另一种现象是放任自流，对资方干部缺乏必要的监督和检查，以致有些人仍用旧的一套方法管理企业，严重的甚至发生"以公肥私"的行为。为了扭转上述不正常现象，调动资方干部的工作积极性，市委、市府要求各公私合营瓷厂的公方干部坚持与资方干部一道工作的共事制度，改善与资方的共事关系。这主要表现在以下几方面：坚决贯彻资方干部"有职有权""守职尽责"的原则，在分工上明确资方干部职责，公方干部充分给予信任，大胆放手让他们处理分工范围内的日常工作；公私两方面干部加强协商合作，在企业生产经营等重大问题上，一般通过厂务会议的形式讨论解决，公方干部应主动与资方干部交换意见；让资方干部阅读有关文件和参加主持有关会议，凡行政系统的文件和企业业务方面的文件、报表，都按规定给职务相当的资方干部阅看；党组织有关会议，如讨论行政、生产和经营等问题，经请示上级党委后，可安排资方干部列席参加，党内民主生活会一般都邀请资方干部列席；帮助处理资方人员与职工群众的关系，在教育职工尊重他们合法行使应有职权的同时，教育资方干部要认真学习贯彻党的路线、方针、政策，依靠职工做好工作等。

3. 全行业公私合营后的企业改组和改革

景德镇陶瓷业实现全行业公私合营后，资本主义企业的性质已经发生根本性的变化，但长期以来形成的资本主义的经济组织和企业管理的许多东西已经不适合生产发展的需要，民族资本主义工商业者也有待于进一步教育和改造。因此，全行业实行公私合营后，紧接着进行的工作是：继续搞好经济改组，改革经营管理制度，教育改造民族资本主义工商业者。

（1）企业改组。陶瓷企业的经济改组，重点是并厂并机构、调整人员，具体做法是：根据企业之间的距离，窑厂与坯厂的配合以及资金、技术、设备的合理运用等情况，坚持以"先进带落后、以老带新、互相取长补短"的原则，将分散的、落后的企业变为集中的全能厂，也就是将新批准的 6 个公私合营厂和原有的 13 个公私合营厂，合并为 10 个瓷业生产全能厂。这种全能厂，从原料精制、成型、烧炼、加工、直到包装，囊括制瓷业整个生产过程。为保证并厂工作的顺利开展，各厂都成立并厂委员会，下设若干并厂小组划片分工，包干负责。先并组织、机构、人员、任务，后并财产、设备、股份，然后从上而下有步骤地分头进行接收工作。19 个公私合营厂除国光、裕民两瓷厂单独经营没有合并外，其他瓷厂合并情况为：华光、群益、光大瓷厂合并，有从业人员 1550 人，资金 22.85 万元，1955 年瓷器产量 6.9 万担，产值 188.81 万元，有窑 8 座；赣华与永新瓷厂合并，有从业人员 1211 人，资金 29.44 万元，1955 年瓷器产量为 6.62 万担，产值 142.50 万元，有窑 8 座；新生与益民瓷厂合并，有从业人员 1110 人，资金 25.77 万元，1955 年瓷器产量 6447 担，产值 108.28元，有窑 8 座；民生与建华瓷厂合并，有从业人员 1066 人，资金 34.81万元，1955 年瓷器产量 4.7 万担，产值 147.95 万元，有窑 5 座；黎明与民光瓷厂合并，有从业人员 801 人，资金 17.89 元，1955 年瓷器产量 3.17万担，产值 109.363 万元，有窑 3 座；建民与华电瓷厂合并，有从业人员 1759 人，资金 166.7 万元，1955 年日用瓷产量 24144 担，电瓷产量 260 吨，产值 106.13 万元，有窑 2 座；裕华和永和瓷厂合并，有从业人员 846 人，资金 21.446 万元，1955 年瓷器产量 3.88 万担，产值 89.55 万元，有窑 3 座；明光与永红瓷厂合并，有从业人员 1596 人，资金 50.51 万元，1955 年产值 207.86 万元。这些厂合并后，根据地域分布情况，分别取名为公私合营第 1—10 瓷厂。

（2）制度建立。陶瓷业实现全行业公私合营后，陶瓷企业都较重视加强管理工作，积极改革企业经营管理办法，建立必要的管理制度，归纳起来主要有以下几方面：

建立党委领导下的厂长负责制。1953年个别企业公私合营后，政府派出干部充任公方代表，担任企业的领导工作，负责企业的生产经营。从1954年起，在企业实行"一长制"及"三级负责制"，即厂长、车间主任、生产组长负责制，进一步完善了企业管理体制，明确了各级领导人的职责范围。1956年全行业公私合营后，根据党的"八大"精神和省委工业会议的指示，在公私合营企业推行以党委为核心领导的集体领导和个人负责相结合的领导制度，废除"一长制"，建立党委集体领导制度，实行党委领导下的厂长负责制。

推行计划管理。这是一项很重要的企业管理制度改革。资方干部在开始阶段大多数不能理解，有的说："有原料供应就行了，何必要订供应计划。"有的说："我做了几十年的窑，也没有订一个计划，还不是一样做过去吗？"通过耐心的说服教育，特别是在计划管理实施后，在生产面貌焕然一新的事实面前，他们终于认识到计划管理的优越性。一资方干部说："以前真是糊里糊涂，生产好坏，质量高低，赚钱亏本，要到年底才晓得，现在只要看生产和财务报表就能了解情况，过去我们就不晓得用这种办法来管理企业。"1955年以后计划管理得到推广，1956年全行业公私合营后进一步完善。计划管理的核心是推行生产作业计划，以克服生产的盲目性，使企业生产及时得到调控。生产作业计划既有年度计划，也有季度、月度计划，不仅有年度产值、产量、质量、主要原材料消耗等经济技术指标，还有完成指标的方法和措施以及季度、月度的计划进度，使生产得到均衡发展。计划管理工作的重要性，通过宣传和学习后，得到广大职工和资方干部的理解和支持，计划观念开始深入人心，计划管理工作逐步走上轨道，推行得比较顺利。

除上述两项重要管理制度的改革外，还建立和实行了几项新的管理制度:逐步实行经济核算制，评定了技术标准，制定和试行了技术操作规则，建立了技术责任制和检验制度，推行向国营企业看齐的工资制度等等。

（3）**教育转化**。全行业公私合营后，十分重视对民族资本主义工商业者的教育和转化工作，把企业的改组改造和人员的教育转化结合起来，用社会主义的原则去教育和转化民族资本主义工商业者的思想和作风，主要做法是：组织民族资本主义工商业者学习，不断提高他们自我转化的自觉性。经常组织学习班，将市工商联委员、同业公会正副主任、各工厂正副厂长集中在工商联学习，其他人员则以工厂为单位组织学习。对一般文化程度较低的民族资本主义工商业者进行时事政策和社会发展史的基本知识教育。还开办业余文化学习，普及文化教育等；在企业改革过程中推动他们接受教育和促进转化，促使他们主动搞好公私共事关系，继续完善共事制度。公私双方明确分工，大胆使用和支持资方干部工作，并加强对他们的领导和监督；教育职工与资方干部合作共事，建立一些必要的工作制度，通过制度来加强联系，帮助资方干部做好工作，公私双方通过座谈和个别谈心，增进彼此间的相互了解，消除隔阂，培养共事感情；动员全体党员、干部和职工，发挥各种组织的作用，共同搞好对民族资本主义工商业者的教育和转化工作；发动民族资本主义工商业者参加社会主义竞赛，通过提高他们的积极性和主动性，发挥他们的技术专长和生产管理经验，逐步培养新的劳动态度和劳动观念。

国企组建

中华人民共和国成立后，景德镇在恢复瓷业生产和改造资本主义工商业中，逐步建立了社会主义公有制经济。1952 年，全市已有建国瓷业公司（建国瓷厂）、景德镇市瓷业公司、瓷土公司等三家全民所有制陶瓷企业，成立了三个陶瓷加工合作社、五个陶瓷生产合作社等集体所有制企业，以及带有公有制经济成分的若干公私合营陶瓷企业。这些企业的建立，代表了景德镇瓷业的发展方向。建国瓷业公司和景德镇市瓷业公司是景德镇最早成立的地方国营陶瓷工业企业和商业企业，在国民经济恢复时期，对全市陶瓷生产发展和市场营销产生了重大影响。后续是"十大瓷厂"建立，为景德镇陶瓷生产工业化奠定了坚实基础。

（一）景德镇建国瓷业公司

1. 景德镇建国瓷业公司的建立和演变过程

建国瓷业公司的前身是"江西瓷业公司"。辛亥革命推翻了清王朝统治后，景德镇专门制造宫廷用瓷的御窑厂失去了存在的意义。1912 年在北京任国会议员的康达，看中了御窑建筑，便依靠国会中的安福系的支持，取得民国政府的同意，由他带着民国政府拨给的开办资金，到景德镇接收御窑厂坯房、柴窑，创建了江西瓷业公司，并在彭家弄口新建了一幢房屋，作为公司的办公地和门店，坯房和柴窑则转租给私人经营。此时的江西瓷业公司，拥有厂房 2200 平方米，西南有彭家弄、东司岭等厂房和柴窑，东北有薛家坞、罗汉肚等厂房和柴窑。其中，柴窑分别为复兴窑、徐家窑、邑山窑、欠板窑等。

中华人民共和国成立后，中共浮梁地委认定江西瓷业公司属官僚资本，决定将其没收，筹建国营瓷厂，遂于1949年8月16日成立临时性的"试验瓷厂"，原江西瓷业公司门市部改为试验瓷厂的办公地址。

新成立的试验瓷厂，由浮梁地委、专署、军分区共同拨给一笔专款和150担大米作为恢复生产的资金。180名工人没有固定工资，在食堂集体吃饭，同时发一些大米作为养家糊口之用。为了尽快恢复生产，工人们发扬艰苦创业精神，自己动手修补柴窑、检修设备，挖"脚板"泥、取晒架塘，开始生产蓝边碗、二白釉等粗瓷。

经过半年多的生产自救，试验瓷厂的职工发展到219人，其中：职员15人，技术工人2人，工人和学徒202人，固定资产7060元，流动资金33309元，组成普通厂、花瓶厂、餐具厂、针匙厂、蓝边厂、白釉厂、粉定厂、灰器厂、瓷板厂和窑厂，已经基本具备正常生产条件。1950年4月1日，正式宣布成立"景德镇市建国瓷业公司"。

1951年1月5日和25日，景德镇市人民政府又没收九窑公会头目邵裕如窑房1幢、坯房3幢和旧浮梁参议员向德槎窑1座、坯房8幢，连同所雇工人全部交由建国瓷业公司接收。同年9月，建国瓷业公司又接管被政府没收的旧商会会长赖淮清的2座窑房和全部坯房。1952年10月，地处戴家弄的"军烈属瓷厂"并入建国瓷业公司。至此，公司拥有资金18374元，占陶瓷生产企业资金总额的12.5%，职工822人，成为当时全市实力最强、规模最大的陶瓷企业。1952年10月27日，更名为景德镇建国瓷厂，厂名一直沿用至今。三年恢复时期，该公司生产发展迅速，工业总产值增长2.7倍，年均增长率为92.8%。

2. 景德镇建国瓷业公司的管理改革

建国瓷业公司成立后，在基本完成以"废除旧制、纯洁队伍、建立制度"为主要内容的民主改革基础上，多方面地进行了生产管理改革。

（1）**实行经理负责制，采用垂直管理体系**。经理直接指挥各专业厂的生产，各厂不设车间，而是成立若干个生产小组。生产小组长由工人民主推荐，经厂长同意，报公司经理任命。形成公司经理—专业厂厂长—生产小组长的垂直管理体系。公司业务科室只起参谋、监督和对外联系业务的作用，不直接指挥生产，不具备管理生产的职能。

1953年初，建国瓷业公司（改名为建国瓷厂）将原有四个民主管理委员会合并，正式成立厂职工民主管理委员会，对企业生产计划、重大建设、福利事业等参与讨论和管理，民主管理的水平进一步提高，为工厂的进一步发展奠定良好的基础。

（2）**建立以生产定额为核心的计划体制**。建国瓷业公司的生产定额分为三个层次：一是生产工人的定额，规定每个工人不论技术高低，每天应完成的产量以及质量和应控制的破损率；二是生产小组的定额，以组内工人定额为基数，汇总后减去必要的破损数量制订而成，其目的是促进工人之间的互助，保证生产不受影响；三是对坯厂和窑厂的定额，包括产量质量、破损率、成本等的指标定额，相当于制订生产计划。这三个层次的定额之间均存有机联系，构成了公司的计划管理体制。

（3）**建立以会议制度为主的生产调度方式**。建国瓷业公司的主要会议制度有：生产小组会议，规定在每次开窑后召开。根据开窑后生产成品的数量和质量状况，在小组会议上总结经验教训，研究改进的措施；生产小组长联席会议制度，每月在专业厂厂长的主持下召开两次，通报生产进度，提出各生产小组之间的协作要求，研究解决生产中的问题；生产检查会议，每周召开一次，解决生产中的突出问题和薄弱环节，以便及时加强调度；公司生产会议，不定期召开，主要是沟通与协调产销之间、厂与厂之间的联系，调整生产计划。这些会议制度的坚持，为实现生产计划起了重要的保证作用。

（4）建立以成本分析为主的经济核算制度。1951 年，建国瓷业公司在公司和专业厂两级设立成本会计，按月核算生产成本，并经常召开经济活动分析会议，进行成本分析，对控制成本发挥了一定的作用。（见附表，单位为人民币旧币）。

（5）建立以质量为中心的生产责任制。1952 年建国瓷业公司创造"按脚交坯、保坯下匣、保瓷入库"的生产责任制，把质量管理贯穿于生产的全过程。按脚交坯，即坯厂每道工序向下道工序要交出合格的瓷坯；保坯下匣，即保证每个瓷坯完好无损地装进匣钵，以便送进窑炉烧炼；保瓷入库，即进入仓库的瓷器要保证质量合格。

（6）实行按劳分配原则的工资制度和福利制度。改革之前工资发放对象分为职员、技工、工人、学徒四大类，每类若干级不等。职员月薪最高为 27 万元（旧币，以下同），最低为 20 万元；技工最高为 36 万元，最低为 30 万元；工人最高为 36 万元，最低为 4 万元；学徒一律为 3 万元。实得工资以每日必须完成九个半小时的任务计算，缺额计扣，超额不加。改革后，建国瓷业公司实行新的工资制度，在保留原来四大类若干级的同时，增加"技师"一个大类。计酬形式改计时制为计件制，即以生产定额为基本依据，完不成生产定额和相应的质量、破损率等的考核指标，则按缺额扣发工资；超额完成定额任务的，如果工厂的利润超计划完成，则按工人超额数计发超额奖，如果工厂利润未完成计划，则不发超额奖，只发给工资。

1951 年 2 月建国瓷业公司蓝边三大碗每全成本计算表

（1）原料				（2）人工				（3）各项费用			成本计算（元）
名称	数量	单价（元）	成本（元）	类别	工资率	分值	成本（元）	项目	分配率	成本（元）	1.制造毛成本：6777.43
釉果	1块	1500	312.50	直接	35	2963	1037..05	膳食费	63	808.84	（1）原料：1323.15
南港	1块	650	404.25	间接	8.33	346.82	246.82	原料消耗	17.5	224.48	（2）人工：1283.87
高粱	1块	400	354.40					管理费	49	629.10	（3）各项费用4170.412
颜料	1两	12000	252.00					烧炼费	17.5	2244.60	2.加损耗：破损率5% 338.87
								保险费	5	64.19	3.制造纯青成本：7116.30
								文教费	2	25.68	加折青 折青率15%
								救济金	1	12.84	1067.45
								杂项	12.5	160.48	折青成本8183.75
合计			1323.15				1283.87			4170.41	

（7）开展以提高职工素质为目的的教育培训和群众性的劳动竞赛。随着职工文化技术素质的不断提高，建国瓷业公司开展以"找窍门、学窍门"活动为主要内容的增产节约劳动竞赛。在劳动竞赛中，邵念龙生产小组的产品质量连续三年达到全市最高水平；陈茂林小组创 100 件瓶注浆工艺后，在百件天球瓶、莲蓬壶、烟具等 70 多个品种中推广应用；老艺人李永兴创造的"印贴代堆雕"和邵同利试验成功的"刻花模型"新工艺，分别提高工效 7 倍和 80 倍。

（二）景德镇市瓷业公司

景德镇市瓷业公司是景德镇第一家地方国营陶瓷商业企业，它的建立和发展，为全市陶瓷产品打开了销路，在平抑瓷价、扶助生产、创取外汇、吸引资金等方面发挥了举足轻重的作用。

1. 景德镇市瓷业公司的建立过程

1949 年下半年，由于大部分瓷厂复工，瓷器销路曾一度大升，瓷价猛涨，但是这一短暂的繁荣现象是在高成本支撑下实现的。时隔不久，由于枯水季节的到来，水运产生困难，其他产瓷区价格较低，来镇瓷商突然减少，瓷器大量积压，不少坯厂和窑厂纷纷倒闭。为了改变这种局面，1949 年 8 月 16 日浮梁专区贸易公司设立了由 13 人组成的陶瓷部，派专人赴苏北，开辟以瓷器交换粮食的业务。同时，积极筹集资金收购瓷器，并四处收购陶瓷生产所需原、燃材料，对扭转陶瓷生产的困难局面起到一定的作用，但终因人员少，资金短缺（整个贸易公司仅有资金 14500 元），业务范围十分狭小，难以打开工作局面。1950 年 5 月 4 日，在总结前段经验教训的基础上，由省土产公司拨款和银行贷款共筹集到 10 万元资金，对陶瓷部进行改组，成立"景德镇瓷业公司"。自此，景德镇第一家地方国营的陶瓷商业企业成立。

新成立的景德镇瓷业公司的主要职能是"收购成瓷，供应原料，疏畅运销，平稳瓷价，扶助生产，繁荣经济，提高品质，复兴国瓷，换取外汇"。围绕这 36 字的职能定位，公司职员增加到 46 人，在市内建立五个仓库和一个原料经营部，并先后成立南京、芜湖中心推销组。经过一年时间的努力，公司业务额达到 160 万元，瓷器收购量占全市生产总量的 36.65%，基本上掌握了瓷器市场的主动权。

1951 年 3 月，景德镇瓷土公司成立，这是继景德镇瓷业公司之后成立的第二家地方国营陶瓷商业企业。由于瓷土公司的成立，景德镇瓷业公司把收购瓷土的职能转过去，保留继续经营窑柴、颜料的业务。同年 8 月，将南京、苏州两个中心推销组合并改组为南京货栈，并在全国各地建立 20 多个代销点。

1952 年 3 月，根据市政府"统一经营"的原则，建国瓷业公司接收窑柴公司、信托公司，改为公司领导下的原料部和信托部。市瓷土公司的购销业务重新划给景德镇瓷业公司，其主要职能转向瓷土生产。在市政府的支持下，景德镇瓷业公司把临时雇工改为固定工，正式成立了包装厂和贴花厂，并将南京货栈改为办事处，接收了建国瓷业公司在上海的仓库，划归南京办事处使用，同时在天津、广州等市和中南、西南等地建立了固定推销点。至此，景德镇市瓷业公司已形成实力雄厚、网络健全、自成体系、信誉良好的陶瓷商业企业，1952 年 10 月，划归省土产公司领导，成为省属企业。

2. 景德镇瓷业公司内部管理制度

随着生产的发展和贸易额的增长，景德镇瓷业公司的经营管理水平也不断提高，形成一整套内部管理制度，其主要内容有：

（1）**计划管理制度**。公司的计划分为收购计划和销售计划两部分，收购计划以销售计划为基础，以收购计划的执行进度来调整销售计划。销售计划分解到各推销组、推销员和公司业务股；收购计划的执行则通过与厂家签订的收购合同来实现。

（2）**价格管理制度**。景德镇瓷业公司对各产品价格做制度规定：一是色面差价，规定"外销各地区每个色面菱草以 93 扣计算，装箱以 94 扣计算，本市则按 92 和 93 扣计算"；二是季节差价，规定"全年不超过 15% 为原则，淡季尽可能做到生产保本，照顾生产者合法利润"；三是批零差价，规定"以 1000 元为分界线，以零批作为基价计算，其与整批相差最多不得超过 8%"；四是地区差价，规定"要精确计算各种费用，必须做到物资不倒流和价格不倒挂"；五是牌价，规定由公司统一掌握，在业务股内设立物价组，计算出生产成本后提出制订牌价或调整牌价的依据。

（3）**统计制度**。景德镇瓷业公司把统计作为改善经营管理的有力依据，规定各推销组和仓库以及有关科室都要坚持月报，以便及时掌握经营情况和业务进度。

（4）检查分析制度。主要是对商品周转率、资金周转率及其费用进行按季检查和分析，以便发现问题，及时改进。实际上，这是控制销售成本和库存产成品资金占用的一项有效措施。

（5）仓库管理制度。包括瓷器的进出登记、分类、手续等内容，它以货物配运计划为中心，实行分码堆放，按期配运，有关业务人员全部下仓库集中办公，提高了工作效率。

（6）岗位责任制度。采取"推销有定额，超额有奖励"的办法，落实岗位责任。

3. 景德镇瓷业公司与私营陶瓷商业企业的关系

景德镇瓷业公司成立以前，瓷器的营销均由私人瓷商所垄断，这些瓷商来自全国各地，到景德镇采购瓷器后，又回去推销。景德镇瓷业公司成立后，当年成交的184万元的交易额中，有180.3万元的销售对象是全国各地的国营商业企业，占全年销售总额的97.99%；仅与私商发生3.7万元的交易额，仅占全年销售总额的2.01%。

由于当时景德镇瓷业公司的整体实力还比较弱，私商在全国各地拥有多年形成的销售网络，他们在景德镇的瓷器收购量占到全市瓷器收购总量的80%左右，加上国内其他产瓷区的竞争，如不处理好与私商的关系，势必严重影响景德镇陶瓷生产的恢复和发展。因此，景德镇瓷业公司采取了以下措施来处理与私商的关系：

（1）利用私商的销售渠道，建立代销关系。景德镇瓷业公司主动与全国20多个城市的私商洽谈，以公司不建门市部为条件，委托私商代销，实行就地批发，让私商节省了因远涉景德镇所需支付的采办、运输等费用而得到合法利润，从而稳定了一部分私商，促使他们乐意为公司服务。

（2）实行旺季让售，使私商有利可图。每当旺季来临时，景德镇瓷业公司则主动让出市场，让私商采购，增强了私商对国营公司的信任，打消了他们的顾虑。

（3）守合同，讲信誉，不断扩大批发业务。在物资交流会上，景德镇瓷业公司尽量与私商直接接触，做到价格合理，保证质量，按期交货，使私商越来越多地成为公司的批发客户。平时，则采取发函联系的办法，争取私商订货。1952年，景德镇瓷业公司先后发出200多封函件，都一一得到了答复，而且订货热情也远比国营公司恳切。为扩大影响，景德镇瓷业公司还采取押汇办法，及时提供瓷器，赢得了私商的赞誉。

（4）实行牌价制度，发挥国营商业企业对私商的引领作用。景德镇瓷业公司以"一切服从牌价"为指导方针，从1951年9月开始，实行了公开挂出收购牌价的制度，贯彻以质论价的原则，按不同色面，把瓷器分为四等（特、一、二、三等），明确亮出色面差价。改变过去当面议价、不分等级、价格混乱的状态，较好地发挥了国营商业企业既对生产起指导作用，又对市场销售起引领作用的优势。

（5）改代销为调拨，向全面经营发展。随着销售能力的不断提升，1951年8月以后，景德镇瓷业公司逐步把代销改为调拨，批发业务迅速扩大。至1952年底，沿海地区已基本结束了代销。1953年推广到全国各地，景德镇瓷业公司在景德镇收购的瓷器，已占销往全国瓷器总量的大部分，已能全面掌握景德镇的瓷器销售市场。

4. 景德镇瓷业公司对陶瓷生产的促进作用

景德镇瓷业公司作为生产与消费之间的纽带，在景德镇陶瓷业中具有十分重要的地位和作用。1952年与1950年相比，景德镇瓷业公司的瓷器收购量增长4.5倍，收购金额增长5倍，瓷器销售量增长10.5倍，销售额增长14倍，三年累计创汇15万美元，占当时全国陶瓷出口创汇总额的10%左右。瓷器收购量占全市生产总量的比重，也由1950年的14.8%上升到1952年的51%。

（1）贯彻"淡季多收，旺季多销"的原则，保护生产企业的利益。景德镇的陶瓷生产季节性较强，素有"七死八活九翻身"之说。春节过后一直到旧历七月，是陶瓷销售的淡季。由于季节不同，瓷器销价波动很大。针对这一情况，景德镇瓷业公司确定"淡季多收、旺季多销"的原则，以此来扶助生产。1951 年至 1952 年，当淡季出现时，公司坚持按牌价收购，收购量有的月份竟占当月全市生产总量的 90% 以上，有效地防止产地价在淡季狂跌的现象，使私商收购价一直在牌价下限的 7% 以内浮动，保护陶瓷生产企业的利益。进入旺季时，公司以不超过牌价 29.5% 的价格适量收购，主要是配齐销售计划的差额和有关品种，不参与收购竞争。并通过批发吸引一批瓷商参与抢购，防止了旺季价格的暴涨，使原来很多望而却步的瓷商与景德镇重新恢复了业务关系。

（2）平价提供原燃材料，实行预约生产。解放初期，陶瓷生产所需瓷土、窑柴、颜料等十分匮乏，原燃材料价格飞涨，生产成本大幅度上升，严重影响生产的正常进行。景德镇瓷业公司从产销两利的角度出发，组织力量四处采购原燃材料，帮助陶瓷生产企业恢复和发展生产。瓷业公司向生产厂家平价提供原燃材料，在确保厂方有 15% 以上销售利润的前提下，预订窑位。同时，瓷业公司还组织一部分粮食与瓷厂以粮易瓷。采用这些方式，仅 1950 年就使 170 余家瓷厂受惠，并为瓷业公司本身提供了稳定的瓷器货源。到 1952 年，瓷业公司当年向生产企业提供的原燃材料达 70 多万元，占全市陶瓷生产（不包括建国瓷厂）总成本的 13.16%。

（3）以销定产，改变生产企业盲目生产的状况。景德镇传统生产方式是"闭门生产，坐等买卖"，产销不能直接见面，生产带有很大的盲目性。在市场发生内销增长、外销阻滞变化后，景德镇陶瓷生产企业的产品结构未做及时调整，仍然继续盲目生产，致使大量瓷器库存积压。景德镇瓷业公司利用业务联系较为广泛的条件，及时召集各瓷厂召开市场需求情况交流会，介绍醴陵、唐山转产品种的经验，并对盲目生产的产品予以拒收，刺激企业改进生产。通过调查研究，公司发现生产料边罗汉汤碗的工艺、

江西省陶瓷工業公司發文稿紙

會簽：		核稿：
簽發：		主辦單位 和擬稿人：

事由：根据地方国营11—16、18、19瓷厂命名请速审查批复以申呈事

發送機關：市人委

附件：附地方国营11—16、18、19瓷厂命名表一份

打字：	校對：

發文 2份私留 字第 50 號 1958年 7月 3日封發

1958年7月3日，景德镇市工业交通局第11—19
瓷厂（第17瓷厂除外）命名的请示

0035

中國共產党景德鎮市委員会　（通知）

怱号（58）0091　　　　　　机密程度

主送
　　市委工業部

抄送
　　市人委、市工交局、存檔

　　　　　　　　　　　　　　（共印 4 份）

本件 1 頁　中共景德鎮市委　1958 年 6 月 5 日印發

　　　　　　几個問題的通知

市委五月廿九日、六月四日會議研究決定：

　　（1）鍊厂改为耐火器材厂。

　　（2）第七瓷社與華电瓷厂合併。名称为" 景德鎮市華电瓷厂"。其生產任务主要为电瓷。合併的具體問題由市委工業部與有关部門研究解決。

　　以上兩点。希即执行。

　　　　　　　　　　中共景德鎮市委員會

1958 年 6 月 5 日，中共景德镇市委组建
耐火器材厂、华电瓷厂决定

设备可以转产灰可器，于是找了三家瓷厂试点，实行包产包销，结果十分理想，很快就在其他厂家推广，较好地适应了市场变化的需要。

（4）为陶瓷生产企业实行配套服务。景德镇瓷业公司下设贴花厂和包装厂。为了发挥这两个厂在陶瓷生产中的示范作用，组织包装工人创造一种新的茭草包装方法，工效提高68.42%。贴花厂组织工人专门研究新的贴花技术，设计新颖的图样，既降低成本，又扩大销路，从而带动了陶瓷生产企业的工艺改革。除此之外，公司还成立金水试验小组，研制金水，并于1953年4月20日试制成功，为扭转金水严重短缺的困难做出了贡献。这样，景德镇瓷业公司不仅在陶瓷销售方面，为陶瓷生产的恢复和发展创造了有利条件，而且在原燃材料的供应、生产技术的改进、产品结构的调整等多方面提供了服务，充分显示了社会主义公有制商业企业的优越性。

（三）其他国营瓷厂

中华人民共和国成立以后，景德镇陶瓷业的生产资料所有制形式发生变化，私营和个体经济成分逐步缩小，全民和集体经济成分不断壮大的变化，至1956年初，全市陶瓷业全部实现公私合营。在此基础上，景德镇陶瓷业也同全国各行业一样，把公私合营转为地方国营企业，把各种合作社经济组织"升级"转厂为全民所有制企业。

1958年7月1日，经景德镇市人民委员会批准，景德镇市第一至第九制瓷社依次改称"厂"，同美术瓷厂、美术彩绘瓷厂一起，全部转为地方国营。

1958年9月，中共江西省委同意将景德镇市华电瓷厂、市化工厂、市瓷土厂、市耐火器材厂等公私合营的陶瓷企业或陶瓷工业辅助企业转为国营企业。

1958年12月31日，景德镇陶瓷手工业合作社和其他行业手工业合作社一起，宣布过渡为地方国营企业。

1959年1月，景德镇市人民委员会批准将美术雕塑瓷厂、曙光瓷厂、出口彩绘合作工厂、红光瓷厂四个合作工厂，由集体所有制转为全民所有制。至此，景德镇陶瓷行业所有企业均成为全民所有制的国营企业。不久，景德镇市人民委员会又按产品结构和地域分布等情况的不同，对全市国营陶瓷企业调整合并组建为九个大型的全民所有制的地方国营陶瓷企业，即：红星瓷厂、建筑瓷厂、宇宙瓷厂、红旗瓷厂、新平瓷厂、东风瓷厂、华电瓷厂、艺术瓷厂、工艺美术瓷厂，包括建国瓷厂在内，时称"十大瓷厂"。

随着形势的发展，这"十大瓷厂"的名称、规模、企业性质与管理体制不断变化：新平瓷厂1965年分为人民瓷厂与新华瓷厂；红旗瓷厂1960年分出红旗一瓷，1961年改名光明瓷厂；红星瓷厂1961年分出红星二瓷厂，1962年改名陶瓷合作工厂（集体所有制），1968年更名红光瓷厂；艺术瓷厂1962年1月分出彩绘合作工厂（集体所有制），1979年改名新光瓷厂；陶瓷局实验组与红星、艺术两个车间1962年组合成立曙光瓷厂（集体所有制）；工艺美术瓷厂1961年12月改名雕塑瓷厂（转集体所有制）；华电瓷厂1962年分出景兴瓷厂，后划归工业系统，改名电瓷电器公司；建筑瓷厂1960年划归建材系统改名建筑卫生瓷厂，1964年6月更名景德镇陶瓷厂；此后，还新建高级美术瓷厂（1965年投产，1966年改名为民瓷厂）和景德镇瓷厂（1967年投产，1969年撤销）。

20世纪60年代初，市政府对各大型瓷厂的产品分工进行了调整：人民瓷厂以生产青花瓷为重点；建国瓷厂以生产色釉瓷为重点；东风瓷厂以生产各种壶类产品为重点；景兴瓷厂以生产内销日用瓷为重点；红旗瓷厂以生产釉下彩瓷为重点；光明瓷厂、红光瓷厂以生产玲珑瓷为重点；红星瓷厂、宇宙瓷厂以生产出口盘类和杯类为重点；为民瓷厂以生产出口杯和咖啡具为重点；新华瓷厂以生产民族用瓷为重点；曙光瓷厂以生产仿古瓷和大件陈设瓷为重点；艺术瓷厂以生产高中级粉彩瓷为重点；新光瓷厂以生产普通粉彩瓷为重点；雕塑瓷厂专门生产雕塑瓷；建筑瓷厂专门生产建筑卫生瓷；华电瓷厂专门生产高低压电瓷。

对 1958 年底以前实行转厂升级的企业，市政府在资产处置、劳动分配、工资福利、工厂管理等方面做了具体规定：资产处置——原有社内一切资产均列表造册，按账面价值上缴市财政，再由市财政根据生产需要核定下拨，作为工厂基金；劳动分红——地方国营（或合作工厂）一律取消分红制度；工资福利——参照 1956 年评定的等级标准，全部改为计时工资制，一般应维持 1957 年的平均工资水平，其他福利维持现状，不得急于调整；工厂管理——坚决贯彻执行党委领导下的厂长负责制，社员大会改为职工大会，原理事会改组扩大为工厂管理委员会。

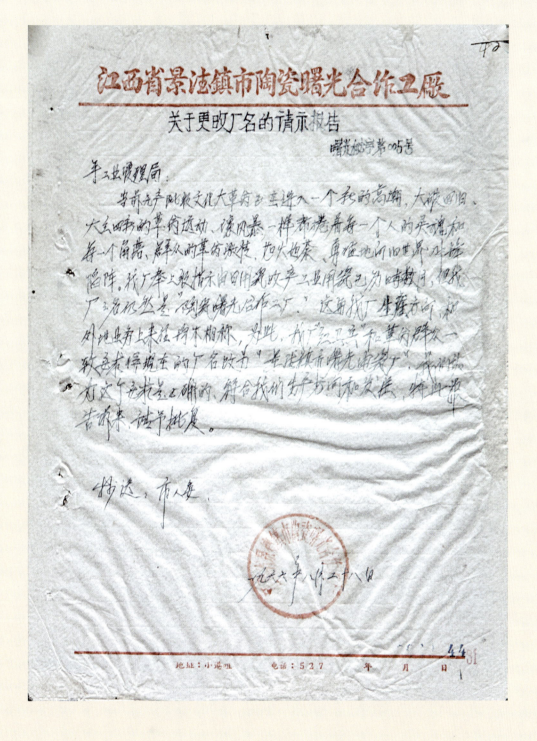

江西省景德镇市陶瓷曙光合作工厂

关于更改厂名的请示报告

曙光秘字第005号

轻工业管理局：

当前无产阶级文化大革命正在进入一个新的高潮，大破四旧、大立四新的革命运动，像风暴一样荡涤着每一个人的灵魂和每一个角落，群众的革命激情，如火如荼，猛烈地向旧世界冲锋陷阵。我厂奉上级指示由日用瓷改产工业用瓷已为时数月，但我厂之名称仍然是"陶瓷曙光合作工厂"，这同我厂生产方向和外地业务上来往很不相称，为此，我厂全体职工和革命群众一致要求将现在的厂名改为"景德镇市曙光瓷厂"。我们认为这个要求是正确的、符合我们生产方向和发展。特此事告示来，请予批复。

转送、市人委。

一九六六年八月二十八日

地址：小港嘴　　　电话：527

44
01

1966年8月20日，曙光合作工厂更名请示

中國共產党景德鎮市委員会 （通知）

总号 (58) 0107　　　　　　　机密程度

主送

市委工交部

抄送

市委組織部、市人委、市工交局、存档

本件 1 頁　中共景德鎮市委　1958 年 6 月 30 日印發　　（共印 5 份）

兩個問題的通知

常委十七次會議研究决定：

　　(1)華电瓷厂改为地方國营華电瓷厂，具體手續由該厂即與有关部門研究辦理。

　　(2)成立華电瓷厂党委會，原華电、七批党总支撤銷。党委會的人員編制等問題由党委與有关部門研究解决並報市委備案。

　　特此通知

1958 年 6 月 30 日，中共景德镇市委将华电瓷厂
改为地方国营的通知

0104

中國共產党景德鎮市委員会 （通知）

总号（58）0196　　　　　　　　机密程度

主送

　　市委工交部

抄送

　　市人委、市委組織部、市工交局、存檔 ✓

　　　　　　　　　　　　　　（共印　5　份）

本件 1 頁　中共景德鎮市委　1958 年 9 月 24 日印發

常委九月廿四日會議決定：

　　匣鉢厂改名为"瓷用耐火材料厂"，党的組織名
稱亦隨之变更。

　　工艺美術彩繪工厂與出口瓷加工厂合併为"艺術
瓷厂"，原機構撤銷，成立"艺術瓷厂总支"。

　　　将此通知

　　　　　　中共景德鎮市委員会

1958 年 9 月 24 日，中共景德鎮市委决定
将匣钵厂改为瓷用耐火材料厂等文件

0091

中國共產党景德鎮市委員会 （通知）

总号（58）0157　　　　　　机密程度

主送

景瓷工交都

抄送

市人委、市工交局、存查

（共印 4 份）

本件 页　中共景德鎮市委　1958 年 9 月 1 日印發

瓷厂合併問題的通知

景瓷21次定期管組決定：

華電瓷厂、二厂、五厂合併为"華電瓷厂"，成立党委會；

建國瓷厂、景德鎮瓷厂合併为"建國瓷厂"，成立党委會；

建國瓷厂、四厂、十三厂合併为"宇宙瓷厂"，成立党委會；

二社、五社、六社合併为"建筑用瓷厂"，成立党委會；

耐火器材厂划分为二個，即：匣鉢厂、耐火器材厂，其領導干部由你部提出意見報市委決定。

特此通知，希即研讨予領。

中共景德鎮市委員会

096

　　1958 年 9 月 1 日，中共景德鎮市委关于
若干瓷厂合并的通知

第三章

夯实基础　完善体系

　　从 1949 年到 1978 年，景德镇陶瓷工业经历了从小到大、由弱变强，从分散凌乱到集中统一，从手工作坊到规模化、机械化生产的发展过程，并通过对老厂房、老矿山的改造和新建以及相关辅助行业的配套完善，形成了日用陶瓷、陈设艺术陶瓷、建筑卫生陶瓷、工业陶瓷、高科技电子陶瓷等门类齐全的陶瓷工业体系。与此同时，逐步完善原燃料保障体系、工贸体系和教科文博体系，培养了一大批陶瓷美术类、工程技术类、企业管理类人才，造就了一支规模庞大的技术工人队伍，为景德镇陶瓷工业的创新发展奠定了坚实基础。通过组织相关机构人员和与国内外陶瓷产地进行广泛的陶瓷文化交流和技术合作，取得丰硕成果。至 1978 年，景德镇形成了完整的现代陶瓷产业体系，陶瓷科研、教育、文化也取得巨大的成就。

新建生产企业

中华人民共和国成立后，市政府为了恢复和发展陶瓷产业，通过没收官僚资本，私私联营、公私合营、对资本主义工商业和个体手工业的社会主义改造，利用原有的厂房，经过合并、调整，逐渐形成了成建制的建国、艺术、新平、东风、红星、红旗、建筑等瓷厂。1954—1978 年间，先后投资新建 6 个大型瓷厂、迁建 4 个以生产电子陶瓷为主要产品的"三线"单位，陶瓷产业规模和技术水平发生了巨大变化。这些新建瓷厂和"三线"单位是：

（一）传统陶瓷企业

宇宙瓷厂 宇宙瓷厂前身为建国瓷厂分厂。1954 年下半年，中共江西省委、省人民政府经过反复调研，决定开发景德镇东郊地区，由建国瓷厂在里村童街后山设立分厂，逐渐建设一个年产 1000 万件，机械化程度高的新型陶瓷企业，改写景德镇千年以来手工制瓷的历史。新厂占地约 12 万平方米，建筑面积超过 7 万平方米。同年 8 月 25 日，经上级有关部门批准通过《江西省景德镇市建国瓷厂新厂扩建初步设计书》，并成立基建指挥部，指挥部设在里村童街马家祠堂楼上。

1956 年，第十三制瓷社、黎明瓷厂等合并，厂名为"第四瓷厂"。1958 年 9 月 1 日，经中共景德镇市委批准将第四瓷厂并入建国新厂成立"景德镇市宇宙瓷厂"。经过几年的艰苦努力，宇宙瓷厂在全市率先建起煤烧

20 世纪 70 年代的宇宙瓷厂大门

圆窑，率先形成机械化成型生产作业线；率先对原料工艺进行改造，提高了泥釉料质量。主要生产杯、盘、碟及各式中西餐具、茶具、咖啡具。1964年，该厂产品一级品率高达87.20%，居全市第一，位列全国同行业第二。1970年12月，第一条煤烧隧道窑建成并投入生产。

雕塑瓷厂 雕塑瓷厂原名景德镇市工艺美术瓷厂，1956年下半年，由市工艺合作社、市美术合作社、市雕塑合作社三社合一，首批员工23人。同年下半年，国家拨款40万元筹建新厂，厂址选在东郊曹家岭东金鸡山，那时的金鸡山是曹家岭下一片荒丘，远离市中心。仅用半年多时间，就建成砖木结构的车间和简陋的宿舍，基本建设只花27万元，留下13万元作为生产流动资金。

1957年3月1日，580名员工入驻到新厂。组成成型、彩绘两个车间，设置原料组、烧炼组、装坯组、红炉组、选瓷组、模型组，创作人员纳入模型组管理。生产品种主要有罗汉类、三星类、观音类、关公类、八马、狮子等。

1956年，根据上级指示，刚诞生的工艺美术瓷厂组建工业瓷手模试验组，解决我国乳胶和塑胶行业所用进口铝质模具受经济封锁进货困难及价格高昂的问题。1959年建厂3周年，就上缴利润41.25万元，建厂9周年上缴利润41万元，到1966年，雕塑瓷厂总计上交国家利润189万元，是国家投入建厂资金的4.7倍，几乎每年赚回半个雕塑瓷厂，且换回了大量外汇。在困难时期，职工群众尽一切努力为企业的生存而辛勤劳动，生产了一批批工农兵塑像，塑造了一座座2至4米的巨型伟人塑像，创作了一朵朵直径2至3米的大型葵花群雕。1970年，逐步开始恢复传统动物、人物瓷雕的生产。

1973年以后，工人克服种种困难，努力设计创新和描制恢复不少传统人物瓷雕品种，如60多英寸大型《三星》《天女散花》《观音》和《寿童扛桃》等高档作品，其间还创作、生产各类陶瓷工艺品如灯台、烟缸等，大量投放市场后，深受顾客们的喜爱。工业瓷生产规模进一步扩大，年产值近 200 万元。

1978 年，由体制变革带来的社会生产进步，雕塑瓷厂的产品品种更加丰富，效益逐年提升。

为民瓷厂　原名国营高级美术瓷厂，于 1957 年开始筹建，1965 年正式投入生产，专门生产新彩出口杯碟和高级美术瓷。1965 年 1 月正式投产后，主要生产单件品种和少量的餐具，有异风咖啡具、异风合具、金瓜水简、正德汤碗、汤盘等。1966 年 6 月 6 日，正式更名景德镇市为民瓷厂，是景德镇新彩日用瓷出口重点企业之一。20 世纪 60 年代末，为民瓷厂成为生产出口瓷的主要企业之一。随着出口订货量的增加，除部分高档陈列瓷和礼品瓷保留手工绘制外，其余产品全部转为贴花。其间，相继生产"高美牌"高中档新彩中西餐具、茶具、咖啡具、茶杯、盘类和部分陈设瓷、礼品瓷等。

为满足国际市场需求，为民瓷厂充分发挥科技人员的作用，1970 年，自己设计、施工的第一条煤烧隧道窑建成投产。随着生产规模不断扩大，生产条件不断改善，生产技术进一步得以提高。美研室、试验组人员自行设计，开发出大量适合中东、欧美国际市场需要的中、高档配套产品。

20 世纪 70 年代初为民瓷厂生产的一种茶杯，采用高白釉原料，造型挺拔，线条秀丽，杯体与杯盖结合得体，给人一种轻松愉悦之感。1972 年，这种茶杯被选为美国总统尼克松首次访华的接待用瓷，后被人称为"尼克松杯"。

1977 年 4 月，中央召开"工业学大庆"会议，提出要"建设大庆式企业、普及大庆式企业"。为民瓷厂被市委、市政府列入首批创建大庆式企业之一。

景德镇陶瓷厂　景德镇陶瓷厂位于东郊毛家坂，是全国最早生产建筑陶瓷企业之一，具有从矿山采掘、原料加工、釉料精制、成瓷检包成龙配套的生产线。主要产品为"三角"牌釉面砖和"景德镇"牌卫生瓷。

景德镇陶瓷厂是由建筑瓷厂演变而来。1952年，成立景德镇市瓷器手工业社第二生产合作社，厂址在犁头嘴。1954年迁至茅家坂，改名市瓷器手工业生产合作社联合社。1958年易名为景德镇市建筑瓷厂，增加卫生用瓷生产，1960年易名景德镇市建筑卫生瓷厂，成为江西省第一家建筑卫生用瓷生产企业。1969年，开始转产釉面砖。1972年9月，国家计委在《景德镇陶瓷厂改建计划任务书》批复中，同意建设一条年产18万件卫生陶瓷生产线。

景德镇瓷厂　景德镇瓷厂是国家第二个五年计划的重点项目，是1958年由国家直接投资、捷克斯洛伐克设计、在东郊茅家坂筹建的远东第一大瓷厂。

早在第一个五年计划期间，省、市领导就筹划在景德镇建设一座现代化的新型瓷厂，取名为"示范瓷厂"，厂址选在市区西北四图里，筹建处设在龙缸弄，但不久后计划被取消，主要原因是根据中央领导的指示，要搞规模大一些的瓷厂，并要求景德镇报规划。

根据上级领导的指示精神，景德镇组建"建厂委员会"，着手开展工艺试验，起草建设方案。1955年省轻工业厅上报了一份总投资998万元，年产918万件日用瓷的计划任务书。1956年2月，国家计委发函致轻工业部和江西省计委同意计划书的设计意见，并答复计划书中"提请捷克斯洛伐克设计和制造部分设备，已经国务院原则批准"，"投资在（57）年度计划和第二个五年计划内确定"。

1957年，为了加快景德镇瓷厂建设，省轻工厅、景德镇市委做出决定，撤销建厂委员会，重新组成一个"十人小组"，办公地点设在景德镇陶瓷试验研究所（1957年6月18，改为江西省轻工业厅陶瓷研究所）并于6月8日挂牌办公，同时分别在市委党校和陶院要来一批应届毕业生，成立办事组、设计组、施工组，开始了接待援助专家，进行工艺试验和合作谈判工作。

1959 年 12 月，国家计委以（59）计轻顾字第 129 号文批准"景德镇瓷厂扩大初步设计"，投资总额控制在 1580 万以内。在计划设计和建设景德镇瓷厂过程中，景德镇先后聘请过 6 位捷克斯洛伐克专家。

1962 年 1 月，由于国家经济形势的变化，景德镇瓷厂列为停缓建项目，工程暂停。1963 年，国家建设步入正常轨道，景德镇瓷厂恢复建设，由轻工业部直属，改名为"国营景德镇瓷厂"，列为国家重点项目。

经历 9 年时间，1967 年，景德镇瓷厂建成投产。全厂职工 1573 人，拥有 3 条 97 米隧道窑，主厂房占地面积 3 万平方米，生产性建筑 6 万多平方米，成型、烧炼、彩绘、耐火材料、煤气发生站、金工、石膏锻制和木工组等 10 个生产车间，设计年生产能力一亿件，投产后年产能 2700 万件。另有生活性建筑 3 万多平方米。

由于国家和地方的重视支持，景德镇瓷厂生产工艺达到国内领先地位，从原料精制到产品包装整个陶瓷生产工序实现了"十化"，即：原料精制自动化，压坯机械化，注浆流水作业化，漂釉喷釉机械化，石膏粉生产机械化，装坯工艺吸坯下匣化，烧窑煤气隧道化，彩绘贴花喷花化，烤花辊底隧道化，包装纸箱化。

1969 年 12 月，市革委会根据省有关指示决定撤销景德镇瓷厂，全厂1573 名职工除 87 人送南昌洪都机械厂培训外，其余职工及有关机械设备被调出分配给各瓷厂，生产厂房和生活区全部移交给新迁入的昌河机械厂。

华风瓷厂 1969 年 12 月景德镇瓷厂被迫撤销后，景德镇市委一直要重建一座现代化瓷厂，1973 年 8 月，江西省陶瓷工业公司便向中央第三机械工业部、轻工业部和有关领导部门写过报告，要求国营昌河机械厂（372 厂）迁出归还原景德镇瓷厂厂房设备和保存下来的建筑物，恢复和重建景德镇瓷厂，发展景德镇瓷业生产。同年 10 月，江西省计划委员会和省国防工业办公室也向国家计委和国务院国防工办写过报告，同意江西省陶瓷工业公司的意见，要求恢复和重建景德镇瓷厂。

1974年6月，江西省陶瓷工业公司与昌河机械厂洽谈。双方同意将原景德镇瓷厂的固定资产由昌河机械厂做账面移交外，再请求上级从军工投资中拨2000万元给江西省陶瓷工业公司，新建一座相当于原景德镇瓷厂规模的新型现代化瓷厂，同年7、8月间，轻工业部领导同意由国家另行投资在景德镇再建一个新瓷厂，投资2000万元、年产2000万件，取名"华风瓷厂"。

1974年10月，江西省陶瓷工业公司设计室根据上级指示，收集资料，研究方案编制华风瓷厂设计任务书。1978年4月7日，轻工业部批准江西省计划委员会报送的"华风瓷厂计划任务书"，同意新建华风瓷厂，经江西省轻化工业局、江西省设计院会同景德镇市建设委员会先后勘察景德镇市东西南北8个地点。最后确定将华风瓷厂建在西郊丁家洲。6月中旬，经景德镇市革委会批准成立筹建处，启动华风瓷厂建设。

县区瓷厂　中华人民共和国成立后的三十年中，除国家、省市投资兴建的大型瓷厂外，景德镇县区、街道也相继建立一批陶瓷企业，如跃进瓷厂、红卫瓷厂、永红瓷厂、立新瓷厂、昌明瓷厂、昌虹瓷厂、向阳瓷厂、胜利瓷厂、东方美术瓷厂、青花文具瓷厂、鱼建彩绘瓷厂、美术瓷厂、竞雕瓷厂，昌江电瓷厂、昌化电瓷厂，纺织瓷件等，他们有的进行陶瓷日用、陈设瓷、电瓷、纺织瓷制造，有的专门购进瓷胎加彩，是景德镇陶瓷生产的重要组成部分。

（二）电子陶瓷企业

景华无线电器材厂（又称九九九厂）　1964年6月，国家第四机械工业部投资，将景德镇市东郊何家桥的江西高压电瓷厂，改建为江西高频瓷厂，代号为九九九厂。同年9月，南京七一四厂高频瓷车间迁来并入。

1965 年 12 月，经国家验收合格正式投入生产，是全国第一个开拓电子陶瓷生产的专业厂。

主要生产品种有高、中、低频压电陶瓷滤波器系列产品，压电换能器件、临销器、陷波器、声表面滤波器件、小型微调瓷介电容器、厚膜混合集成电路、衰减器、压电蜂鸣片和各种高铝瓷、滑石瓷等，品种达 520 个。

国营景光电工厂（又称七四〇厂） 1966 年，由南京华东电子管厂（741 厂）包建，1970 年建成，并由国家验收正式投产，是以生产电真空器件为主的电子工业企业。1975 年以来，逐年扩大生产规模，发展成为我国电真空器件制造行业的大型骨干企业，被国家列为第一批机电产品出口的基地企业，厂址在鹅湖区湘湖乡龙船洲。

主要生产的产品有金属陶瓷发射管、微波小陶瓷三级、四级管；超高频器件；气体激光器件；真空、激光应用产品等 5 大类 130 多个品种。产品畅销国内 29 个省、自治区，直辖市并远销欧美市场，厂生产的景光牌产品，有 12 个产品获江西省、电子工业部优质产品称号，FC-10FT 金属陶瓷荣获国家银质奖。为国家运载火箭、科学实验卫星等重大科研项目提供高可靠的优质产品，受到国防工委、电子工业部的多次嘉奖。

国营万平无线电器材厂（又称八九七厂） 1966 年 8 月，南京无线电厂第 18 车间（可变容器车间）从南京搬迁到景德镇市建立八九七厂，是电子工业部原部属唯一生产可变电容器的专业厂。科研、生产设备先进，技术力量雄厚，担负着各类可变电容器（包括空心、真空、玻璃、塑料薄膜等有机和无机介质主调、微调、预调电容器）和真空继电器、真空接触器、真空开关管的研究、设计、试制和生产任务，厂址在鹅湖区新平乡樟树坑。

生产的各种薄膜介质可变电容器容量曲线有国际通用的 A、B、C、D、E、F 和 P、Q 等多种，外形尺寸有 16 毫米 ×16 毫米、20 毫米 ×20 毫米、25 毫米 ×25 毫米焊片和正、反插入等各种安装形式的 50 多个品种，产品质量达到国际标准（IEC 标准）。各种空气、玻璃、真空介质可变电容器均按国际先进标准（美国军用的 MIL 标准）进行生产和质量控制，品种齐全。各种陶瓷真空继电器品种有 23 个，质量达到 MIL 标准。产品有 300 多个品种和 1000 多个规格型号。产品不仅在国内市场占有很大比重，而且在国际市场上享有较高声誉。自 1973 年产品进入国际市场以后，年出口量逐步增大，由 1~2 个品种，逐渐发展到薄膜介质可变电容器系列、薄膜介质微调电容器系列、陶瓷真空电容器系列、陶瓷真空继电器系列、陶瓷真空开关系列等 5 大类 15 个品种的产品出口，产品经由香港转销东南亚国家和欧美市场。

邮电部景德镇通讯设备厂 1958 年，邮电部在黄泥头建电讯瓷厂，1969 年，电讯瓷厂改建，易名电信总局五二三厂。1973 年，为邮电部五二三厂，1979 年，更名邮电部景德镇通信设备厂。

1958 年以来，以生产电讯用瓷为主。1979 年，从生产隔电子改为半导体器件、陶瓷滤波器、继电器等电子元器件，进入电子工业行列。主要产品 HPX 系列配件、架箱陶瓷滤波器达到国内外先进水平。

此外，还有一些其他工业用瓷制作厂。例如：景德镇市兴龙瓷厂，它是景德镇唯一专业生产瓷质球磨子的乡镇企业。主要生产高铝瓷球磨子和普通瓷质球磨子，普通瓷质球磨子的年产量 8000 多吨。

原燃料供应

随着景德镇陶瓷工业产能的不断扩大，陶瓷原料用量也随之增大。为保证原料供应，市、县、乡先后投资改建、扩建和新建一批陶瓷原料生产基地，组建了本市9个原料厂，新建了外地4个矿山，且矿山开采和原料加工的机械化程度不断提高，使景德镇陶瓷原料供应保障体系得到强化。同时，组建了江西省陶瓷工业公司原燃材料供应处，进一步提升了陶瓷原燃料的供给保障水平。

（一）瓷土矿厂

1949年4月，浮梁县境内经营瓷土和釉果的矿产主近300家，其中，东乡地区经营釉果、高岭和寿溪瓷土的共有70多家；西乡地区经营大洲高岭土的有10多家；南乡地区经营南港瓷土的有80多家。加上祁门、余干、鄱阳等邻近县的瓷土供应，基本保证景德镇陶瓷生产的需求。瓷土和釉果的经销方式由矿产主直接与制瓷户挂钩进行购销，或矿产主与景德镇瓷土行挂钩，通过瓷土行收购后售给制瓷户。

1949年以后，景德镇市人民政府十分重视陶瓷原料产地的生产，在改造原有矿山的同时，兴建一批新矿，提升装备水平，不仅解决了供需矛盾，还适应了以煤代柴烧炼技术改革所引起制瓷原料配方的变化。

景德镇市瓷石矿　中华人民共和国成立后，为保证陶瓷原料的正常供应，市人民政府立即动员原有的水碓、土坑老板和股东开会恢复生产。在

景德镇地区瓷业远景规划

一、天石岭山远景规划

二、天石岭的远景规划

1955年制定的景德镇地区瓷业远景规划

—5—

—6—

此基础上，1950年组建市瓷土公司，在原料产地进行瓷土矿石开采和维修水碓业务，逐步恢复停工多年的东港高岭土原料的开采。

1951年，成立公私合营景德镇市南河瓷土产销厂。1957年，厂址迁至东郊曹家岭，易名景德镇市机械瓷土制造厂，属地方国营企业。1958年7月改名景德镇市瓷土厂，1972年，改称景德镇市瓷石矿。

浮南瓷土矿 1951年创办，矿山位于距市22公里的湘湖乡东流村。原由江西省浮梁军分区管辖，1956年改归江西省公安厅劳改局。全矿占地面积673300平方米，生产用房建筑面积38055平方米，动力机械总能力6802千瓦。年产瓷土2万吨左右，供应市内各瓷厂，同时还生产日用陶瓷。

大洲瓷土矿 1958年，景德镇大搞以瓷代钢和工业用瓷，高岭瓷土一时供不应求。为适应瓷业生产的需要，开始在浮梁县黄坛乡筹建大洲瓷土矿，1959年建成投产。该矿占地面积22万平方米。经勘探，精矿储量为45万吨，先后开采的有茅山、黄土岭、龙潭、青山排、沙帽、板坑、沙阳、小岭7个矿区。1961年因瓷土质量差而一度下马。1963年恢复生产。1969年因在矿区附近建造大洲水电站而再度下马。1972年又恢复生产。为提高瓷土质量，该矿后来采用双水分离工艺，使瓷土细度大为提高，达到99.5%，为生产高岭瓷土的主要基地之一。

三宝蓬瓷石矿 矿山位于距市区不到10公里的竟城乡三宝篷村。该矿开采历史悠久。中华人民共和国成立后江西省陶瓷工业公司原料总厂在此设立三宝蓬矿区，并投资对其进行了改造。这个矿年开采瓷石6000吨，加工瓷土2000吨。三宝篷瓷土是制作大件产品不可缺少的原料之一，制作大件品，如果坯料中没有加进它，烧出的产品就会"过缸"（发裂）。

浮东瓷石矿 浮东瓷石，亦称釉果，为石灰质釉。矿山位于景市浮梁县瑶里乡境内，该矿开采历史甚久。中华人民共和国成立后，国家投资在这里扩建了二矿区和新建三矿区。浮东矿瓷石以青水下的最佳。直到20世纪60年代，这里仍在大规模地进行开采。后来烧瓷的燃料由柴改为

三宝蓬古瓷石矿遗址

煤,石灰质釉被长石质釉所取代。在这种情况下,该矿规模便骤然缩小,产量大幅度下降。这个矿后来并入了景德镇市瓷土厂,再后为江西省陶瓷工业公司原料总厂所属的一个小型矿区,年加工釉果 300 吨左右。

枫源瓷土矿　枫源瓷土矿位于乐平县（今乐平市）枫源村与白塔之间。该矿开采历史久远,全盛于明代,以后几经兴废。1958 年景市在这里办起了十里岗瓷土厂（又名枫源瓷土矿）,并投资对它进行了改造。该矿所产高岭土纯度不高,只能用于烧制普通瓷。

南河瓷土厂　1964 年创办,属湘湖乡办企业,主要生产瓷石瓷土。占地面积 400 平方米,生产用房建筑面积 190 平方米,动力机械总能力 57 千瓦,产品供销市内各瓷厂。

黄潭瓷土矿　1972 年开工投产,属黄潭乡办企业。企业占地面积 1240 平方米,生产用房建筑面积 32 平方米,主要生产瓷土,产品供应市内各瓷厂。

荷塘垦殖场瓷土厂　1973 年建立,隶属昌江区林业局。企业占地面积 3370 平方米，生产用房建筑面积 126 平方米，主要生产瓷土，产品销往市内各瓷厂。

20 世纪 50 年代，景德镇本地区所产的原料不能满足瓷业生产日益增长的需要，景德镇市委、市政府研究决定兴建外地矿山。

余干瓷石矿　1950 年 8 月，景德镇市瓷土公司到余干投资开办白土站，有矿工 21 人。1954 年，白土站改为瓷土制造厂，人员增加到 400 余人。1956 年，市瓷土公司将瓷土制造厂转归余干县管辖，改名余干瓷石矿。1972 年，余干瓷石矿再次划归江西省陶瓷工业公司领导，矿址在余干县梅港乡老虎口。

陈湾瓷石矿　1951 年建立陈湾瓷土制造厂，1956 年 4 月改称陈湾瓷石矿。1957 年 2 月，与波阳县（今鄱阳县）手工业合作社瓷土厂合并，归波阳县管辖。1964 年后，改归江西省陶瓷工业公司。1969 年 11 月，划回波阳县管辖。1972 年 6 月又重归于江西省陶瓷工业公司。1974 年 4 月，矿部由波阳县礼城迁至市鲇鱼山乡。主要生产陈湾瓷土和加工陶瓷原料，产品销往景德镇各瓷厂和省内外产瓷区。

星庐瓷土矿　星子瓷土制造厂，厂址在星子县庐山南麓山下海会镇，距星子县城滨湖 8 公里。1954 年建厂。隶属景德镇市瓷业原料公司。1955 年 2 月改属瓷土矿产公司。1956 年 11 月改属陶瓷工业公司供销处。管理人员 4 名，工人 63 名。出产星子高岭瓷土。1957 年归口地方，移交星子县接管。1962 年与庐山瓷土矿合并，改名为"星庐瓷土矿"。

抚州瓷土矿　1965 年，景德镇市制订的十年（1966—1975）发展规划中要求，到 1975 年景瓷年产量要达到 3 亿件，年需高岭土 3 万吨。按照规划要求，高岭土的供需存在着明显缺口。为填补这一缺口，1965 年市委、市政府决定在临川县云山乡建设抚州瓷土矿。经过几年的建设，于 1969 年建成投产。经勘探，该矿高岭土精矿储量为 40 万吨，1970 年 7 月正式投产，产品供应景德镇各瓷厂。

1951 年至 1960 年瓷土采购供应情况

品种	单位	1951 采	1951 供	1952 采	1952 供	1953 采	1953 供	1954 采	1954 供	1955 采	1955 供	1956 采	1956 供	1957 采	1957 供	1958 采	1958 供	1959 采	1959 供	1960 采	1960 供
釉果	吨	2140	556	2780	432	3285	1920	5317	3837	6854	6824	6502	3	8580	2	6300	3192	4160	3968	4158	3969
星子瓷土	吨	6560	367	6910	117	7462	354	1089	1917	13202	8336	13696	13920	15950	8	15430	15232	20590	8499	23650	21912
余干瓷土	吨	10720	568	10940	37	10503	2537	13914	9676	19735	14367	16377	9161	17540	18	7320	8293	9480	6110	9836	7263
南港瓷土	吨	3800	1075	4960	1514	5841	1540	9455	4602	11618	9445	14557	931	18500	1491	22160	1486	27500	169	37623	1119
陈湾瓷土	吨	2100	763	2740	320	2637	677	3488	1817	4281	3240	4315		50000	5	3080	3886	760	919	1738	2062
寿溪瓷土	吨	80		100	12	103		138	23	613	188	1283		100		280	212	140	117	889	503
余江瓷土	吨	1210		1210		1160		1535		1689		953	1406	1210		490	995	600	1032	1019	2094
石头口瓷土	吨	100		110		130	6	174		381	3994	729	289	890	2221	1170	2396	3100	1336	6172	5758
三宝蓬瓷土	吨	1300	362	1700	636	2002	336	3241	3016	3062	3155	3038	337	4460		2720		4320	8	5867	2
明沙瓷土	吨	90	3	120	13	145	86	235	414	296	419	375		60		36	331	123	1134	1050	1080
祁门瓷土	吨	840		1040		1216		1964		1976	2357	4120	3437	6280	1109	4240	22	2860	467	745	772
黄溪瓷土	吨															400	394		329	3537	3524
灰釉	吨		13		22		30		54		71						228		293		
安仁滑石	吨	42		37		44		47	204	35	1585					1945	18				
其他瓷土	吨	76		48		22	4	51	174	137	231	158	89					348	169	432	252
大洲瓷土	吨																				5884
石膏	吨																	1500	279	6497	3235
合计	吨	29058	3707	32695		34550	7490	50428	2594	63879	54212	66103	29573	28590	6799	63544	36015	25092	25092	103033	60486

品种	单位	1961 采	1961 供	1962 采	1962 供	1963 采	1963 供	1964 采	1964 供	1965 采	1965 供	1966 采	1966 供
星子瓷土	吨	16012	6398	10512	13404	8887	14166	10392	14108	11493	11969	11375	11755
余干瓷土	吨	2751	5528	4464	3441	6834	6954	3689	4620	5230	5564	5571	5386
南港瓷土	吨			456	549			54	52	66	190	2090	779
大洲瓷土	吨			313	309			20	22				
贵溪瓷土	吨	1776	1323	64	592	210	105	92	103		181		56
长石	吨	1862	1656	1510	1465	1379	119	962	2064	2666	2095	1835	2158
石英粉	吨		173	326	153	426	710	1098	880	886	994	2013	1745
渭石粉	吨							338	328	383	366	542	485
渭石子	吨	456	782	24	29	241	15	3	17	97	271	310	286
球子	吨									833	355	510	352
氧化锌	吨							32.95	33.2	16	14.6	17.5	9.5
长石釉	吨												
球砖	吨												
大同砂	吨												
祁门瓷土	吨	252	501	886	812	954	1054	1512	1299	2002	1957	1906	1457
明沙湾瓷土	吨			542	354				169				
陈湾瓷土	吨		601	1916	691		843	81	538	568	929	540	922
釉果	吨			4044	4112			186	405		37		26
程家门瓷土	吨			201	171			6	18	4	7		
湖北瓷土	吨							7.7	7.7	217	217		
安仁滑石	吨			9	9					111	111	218	203
石头口瓷土	吨	853	120		68	130	1017	327	115	54	167	52	330
合计	吨	23962	17082	25270	26158	19061	24983	18760.65	24778.9	23626	25424.6	26979.5	25849.5

续表

品种	单位	1967 采	1967 供	1968 采	1968 供	1969 采	1969 供	1970 采	1970 供	1971 采	1971 供	1972 采	1972 供
星子瓷土	吨	7358	9198	11501	10071	728	611	9150	10443	8330	8581	14443	12938
余干瓷土	吨	4240	4867	4546	4446	147	329	2830	2828	5617	5518	6618	6106
南港瓷土	吨		709	1352	49		456	10	1534	22	53		
大洲瓷土	吨												
贵溪瓷土	吨												
长石	吨	747	979	1321	1087	2128	2742	795	867	1276	1233	4901	4289
石英粉	吨	1263	1163	1793	1569	1395	1709	917	1247	1534	1313	3570	2566
滑石粉	吨	947	571	722	369	388	555	218	662	861	855	996	923
滑石子	吨	171	146	357	356	325	354	64	86	75	70	275	244
球子	吨		181		70		157		145	4	184	364	289
氧化锌	吨	12	15.78	8.6	12.5	16	17.5	24	8.3	23	38	79	64
长石釉	吨	768	809	735	637	800	934	488	528	484	463	108	112
球砖	吨												
大同砂	吨												
祁门瓷土	吨	1281	517	1102	971	1009	1331	861	1116	639	1708	744	598
明沙瓷土	吨							44	44				
陈湾瓷土	吨	723	1495	438	763	260	861		166	92	92	9	9
釉果	吨						44		84				
安仁滑石	吨	334	350	453	246	96							
石头口瓷土	吨												
丰源瓷土	吨			13	13	603	603	1173	1129	2460	1970	1438	1304
抚州	吨							44	44		799	4023	3563
合计	吨	17844	21000.78	24341	20659.5	7895	10824.5	16618	20931.6	21417	22877	37168	33005

续表

品种	单位	1973 采	1973 供	1974 采	1974 供	1975 采	1975 供	1976 采	1976 供	1977 采	1977 供	1978 采	1978 供
星子瓷土	吨	12574	14000	11554	11325	15765	15771	13101	12840	16027	16330	12904	12913
余干瓷土	吨	2668	3281	2280	2275	3545	3262	2475	2343	4095	4282	5271	5220
南港瓷土	吨			212		959	166	772	185	14	1646	90	50
大洲瓷土	吨											2087	2087
贵溪瓷土	吨							60	60	227	227	403	403
长石	吨	4554	4825	3565	3516	1433	1506	2593	2580	3869	3924	5779	5673
石英粉	吨	742	1725	1154	1149	402	550	1340	997	1262	1389	1961	1936
滑石粉	吨	1186	1020	197	321	617	756	1150	996	1807	1522	1304	1304
滑石子	吨	278	314	224	224	117	117	176	176	245	245	300	297
球子	吨	588	709	720	653	494	539	360	372	547	556	790	664
氧化锌	吨	4	8	51	45	92	98	96	81	162	162	129	136
长石釉	吨	636	577	324	104	183	242	300	371	243	462		
球砖	吨	85	110	196	180	267	307	47	11	215	184	294	279
大同砂	吨												
祁门瓷土	吨	987	1113	1188	944	887	901	215	466	44	87		
明沙瓷土	吨												
陈湾瓷土	吨												
丰源瓷土	吨	1416	1473			1523	1715	1263	1382	1845	2029	2464	2585
抚州瓷土	吨	2926	3386	3959	3952	1810	1816	1187	1187	1614	1607	4281	4288
其他	吨	1.7	33.2	2.7	36.7	5	4.9	28.3	18	51.4	33.5	3335.3	311.8
合计	吨	28645.7	32601.8	25626.7	24724.7	28099	27740.9	25163.3	24065	32294.4	34685.5	38392.3	38146.8

（二）燃料基地

景德镇的烧瓷燃料从 1949 年到 1978 年先后经历了"以煤代柴""以油代煤"的变革和"以煤气代重油"的变革，燃料采购范围也不断扩大。

窑柴供应 1951—1955 年，主要产区分布在浮梁、鄱阳两县有资源的山区。其次在邻近的乐平、万年、婺源、都昌县和安徽省的祁门等地也组织生产。1956 年，景瓷恢复发展迅速，窑柴消耗不断增加，原有产区不足供应，由原 7 个县的生产地区扩大到由两省、4 地区、22 个县生产供应。具体分布有本省上饶地区的浮梁、乐平、鄱阳、万年、婺源、德兴、贵溪、东乡 8 县。九江地区有都昌、彭泽、湖口、安义 4 县。抚州地区有金溪、资溪等 4 县。吉安地区有吉安、吉水、峡江、新干 4 县。安徽省有祁门、至德两个县。至 1957 年达到历史上窑柴生产高峰，运输量年达 472 万担。这为当时景德镇陶瓷生产的飞跃发展提供了强大而又雄厚的能源保障。

1951 年 3 月，浮梁专区窑柴联营公司建立，隶属浮梁专区木材公司。同年下半年，窑柴联营公司改为国营企业，易名景德镇窑柴公司，后并入景德镇瓷业公司。其主要职能就是采购和调运窑柴。

煤炭供给 1957 年景德镇为解决窑柴资源短缺的矛盾，开始以煤代柴的试烧试验，担负后勤物资供应工作的供应处也同时开始了烧瓷用煤的购销业务。1957—1961 年，以本省的董家山矿，萍乡高坑矿、钟家山矿、天河矿、丰城矿、仙槎矿煤炭供应为主，其次是以少量贾汪矿的优质煤做补充。1962 年，中央领导对景瓷生产十分重视和关心，经周总理亲自批准，国家计委开始安排景瓷生产用优质淮南矿煤炭、大同矿煤炭、峰峰矿煤炭的煤炭计划，为景瓷生产和产品质量的提高提供了优越的物质条件；与此同时，在江西省又扩大了新余花鼓山煤矿、桥头坦煤矿、萍乡鸣山煤矿的优质煤炭供应。1964 年，为了统一地方煤炭的经营管理，经上级决定，属本市地区的董家山矿、仙槎矿的煤炭（由矿到市直达运输）划由市煤建公司经营，凡市外采购供应的煤炭仍由供应处负责采购、中转运输和供应分配。逐年又扩大淮北、大连、山东枣庄等矿的煤炭供应。1972年后陆续又增加山西路安矿、万山矿的煤炭来源。历年来，先后有18个大中型煤炭企业支援景瓷生产，其中省外有8个煤矿，省内有10个煤矿（不包括民办小窑煤矿）对景瓷生产发展给予有力支持。焦炭为当时陶瓷烤花、机械翻砂不可缺少的燃料，其来源于董家山矿、新余花鼓山矿、萍乡高坑矿、鸣山矿、湘潭钢铁厂等单位。

1958 年至 1969 年煤炭采购供应情况

品种	单位	合计数量	其中											
			1958	1959	1960	1961	1962	1967	1964	1965	1966	1967	1968	1969
淮南煤	吨	227572					7030	67134	27081	53397	34504	31715	4816	1891
贾汪煤	吨	6437	4854	1583										
峰峰煤	吨	4082				3398	648							
萍乡煤	吨	101740	10280	30599	18945	36592		4681					643	
丰城煤	吨	154833	190	5310	716	66149	37933	27758	13262	1309			2196	
天河煤	吨	36793	5807	14131	6188		6028		146	180			3373	
大同煤	吨	5867				560	305					2323	2679	
新余煤	吨	11245					11156			89				
钟家山	吨	223168	7016	57503	96711	19018	19598	22409			788	120		
董家山	吨	65231	7520	11394	28084	16749	1364						120	

续表

品种	单位	合计数量	其中											
			1958	1959	1960	1961	1962	1967	1964	1965	1966	1967	1968	1969
涌山煤	吨	96511	36	20561	65660	10251			3					
鸣山煤	吨	30799				3420	300		2935	9452	602	3321	10769	
其他煤	吨	3777	1322				1555		202				698	
焦炭	吨	1228								630	396	142	60	
合计（采购）	吨	969276	37025	141081	216304	156137	85128	121992	30367	76950	37599	17621	25354	1891

1972 年至 1977 年煤炭采购供应情况

品种	单位	1972		1973		1974		1975		1976		1977		1978	
		采	供	采	供	采	供	采	供	采	供	采	供	采	供
淮南矿	吨	65148	61654	101722	107403	77854	75665	105064	104337	87976	83076	105225	106450	96116	99793
鸣山煤	吨	44856	40362	45158	50818	20192	19026	17412	17412	29374	29374	33382	33481	45351	38908
焦炭	吨	61	61	184	184										
丰城煤	吨					2175	2175								
淮北煤	吨					1240	1240								
钟家山煤	吨													3485	4385
万山煤	吨													2989	2989
合计	吨	110069	102077	147064	158405	101461	98106	122476	121749	117350	112450	138607	139931	147941	145175

重油调拨 景德镇陶瓷生产从 1976 年开始以油代煤的能源变革。陶瓷系统先后建成不同类型的油窑 26 座,其中烧炼瓷器的油烧隧道窑 17 座、油烧辊底烤花窑 9 座。日用重油 100 吨,年耗量达 3.6 万吨。重油计划由国家计委统一安排,分期调拨。供应地区主要有广东茂名、浙江镇海、江西九江炼油厂以及湖南岳阳炼油厂等。

陶瓷工业油煤烧炼设备情况

厂名	窑炉设备总计	油窑合计	92米	81米	70米	滚地烤花油窑	煤烧	92米	81米
人民瓷厂	3	1	1				2		2
新华瓷厂	2						2		2
艺术瓷厂	1	1		1					
建国瓷厂	1	1		1			3	1	2
东风瓷厂	4	1				1	1		1
景兴瓷厂	3	2		1		1	2	1	1
红旗瓷厂	3	1		1					
光明瓷厂	4	4	2			2			
红星瓷厂	4	3		2		1	1		1
红光瓷厂	2	1	1				1		1
宇宙瓷厂	8	5	3			2	3	2	1
为民瓷厂	5	4	1	1		2	1	1	
玉风瓷厂	1	1			1				
窑具厂	1	1		1					
建新瓷厂	1						1		1
工业瓷厂	1						1		1
景耐瓷厂	1						1		1
合计	45	26	8	8	1	9	19	5	14

（三）管理机构

江西省陶瓷工业公司原燃材料供应处，是江西省陶瓷工业公司直属的一家专门负责为陶瓷工业生产所需主要原燃材料，进行采购、运输、供应、储存的物资保障部门。

1950 年景德镇市人民政府把瓷土行商组织起来，成立景德镇市瓷土公司，属全民性质。1951 年 3 月，始建浮梁县专区窑柴联营公司，属公私合营性质。当年 8 月，公司退还私方股金，由国家拨款经营，改称浮梁专区景德镇窑柴公司。1952 年 5 月，两公司并入景德镇市瓷业公司。1954 年 2 月，原料部划出、组建景德镇瓷业原料公司。1955 年 2 月，瓷业原料公司一分为二，一是成立景德镇市瓷土矿产公司，二是恢复景德镇市瓷业公司原料部（同年 9 月改称江西省供销合作社景德镇窑柴经理部）。1956 年 11 月，再次合并成立江西省陶瓷工业公司供销处。1957 年 6 月，供销处改名景德镇市陶瓷工业物资供应处。1959 年 4 月，窑柴经营划归景德镇农业垦殖局管理，成立窑柴供应处。同年 11 月，陶瓷工业物资供应处与窑柴供应处合并，成立景德镇市工业原燃料管理局。1960 年 9 月，撤销工业原燃料管理局，成立景德镇市陶瓷工业原燃料管理处。1964 年，为江西省瓷业公司供应处。1969 年，改成江西省陶瓷工业公司供应组。1973 年 2 月，恢复成立江西省陶瓷工业公司原燃材料供应处。

供应处成立以后，坚持为陶瓷生产服务的宗旨，每年根据江西省陶瓷工业公司制定的年产瓷计划的生产实际需要，负责煤炭、重油、化工原料以及包装材料的采购订货、计划分配、运输储存和保障供应。

产业配套体系

在加强陶瓷原燃料基地建设的同时，景德镇陶瓷还持续加大耐火材料、陶瓷窑炉、陶瓷机械、瓷用化工等辅助行业的建设力度，完善配套体系，推动产业发展。

（一）耐火材料

为适应窑炉建筑事业发展的需要，景德镇于1958年创建耐火材料厂，同年10月正式投产。景德镇市耐火器材厂是全市唯一生产耐火材料的地方国营企业。其前身由景德镇卫星耐火材料厂和景镇石岭耐火砖厂合并而

20世纪70年代的耐火器材厂成品场一角

成，隶属省冶金厅。1960 年由市工业局管辖，1962 年划归省陶瓷工业公司管辖。经过多年的改造和建设，这家企业的固定资产、年产能力、产品种类都有快速增长。主要生产黏土质、高铝质耐火砖、轻质黏土高铝砖、铬渣砖、堇青石泡沫砖、耐火泥等，共分为标、普、异、特异四大类计 30 多种型号。产品应用于陶瓷、冶金、石油、化工、玻璃等工业，作为这些工业热工设备的建筑材料，具有耐高温、耐腐蚀、抗震动、耐磨损等优越性能，同时具有保温、隔热、高温体积稳定等特点。产品主要为全市陶瓷工业生产服务，并远销省内及四川、贵州、湖北、湖南、广东、福建、安徽、江苏、北京等省市计 500 多家用户。

（二）石膏模具

陶瓷石膏模具厂前身为景德镇瓷厂石膏生产车间，于 1964 年正式投产。1969 年 10 月，石膏生产车间并入陶瓷机械修配厂，成为一个专门生产石膏粉的车间。为提高石膏的加工质量，1970 年在景德镇瓷厂石膏车间的基础上组建一家石膏模具厂，专门从事瓷用石膏的加工与供应。各瓷厂所需石膏粉均到这个厂购买，该厂后从国外引进了先进设备，加工出的石膏不仅颗粒较细，而且强度高，受到用户的欢迎。

（三）陶瓷窑具

景德镇市匣钵厂前身是 1951 年由 50 多户制作匣钵作坊组成的大器和小器两个联营匣钵厂。由于当时资金不足、产品滞销，1952 年 8 月市政府拨款将两个联营厂合并为公私合营匣钵厂。1955 年上半年转为地方国营企业。（1985 年 12 月更名为景德镇市窑具厂）

20 世纪 50 年代初，江西以当地老土、黄土、田土为原料，生产硅铝质黏土匣钵，该匣钵耐火度低，使用寿命短。1954 年，景德镇市匣钵厂祝春生、王发生等人在制匣原料中加入柳家湾耐火土熟料，开始生产硅镁质匣钵，使匣钵性能和质量有所改善和提高。1957 年 5 月，景德镇推广"以坯定匣"的大器匣钵，可扩大装窑容量，对降低瓷器烧炼费用起到了很大作用。到 1959 年，大器匣钵约占生产能力 70%。50 年代以前，制匣全靠手工，干燥仍靠太阳。从 60 年代起，匣钵制造逐步向机械化过渡，采用机械粉碎、机械练泥、钢模成型、辘轳成型、蒸气干燥、隧道窑烧成。

1964 年，景德镇市匣钵厂在大器匣钵泥料中加入石岭硅石，生产出含硅量较高的硅铝质匣钵，可适应煤烧倒焰窑的烧成需要。至 1978 年，该厂生产的匣钵主要有四种：（1）硅铝质匣钵。这类匣钵有两种，一种为高铝质匣钵，一种为黏土质匣钵。高铝质匣钵机械强度、高温荷重软化点和热稳定性均较高，故使用寿命较长，在 1400℃以下的隧道窑中，使用次数可达 30 次左右。黏土质匣钵易烧结，强度较高，但荷重软化温度、热稳定性差，在 1350℃以下的隧道窑中，使用次数仅为 10 次左右。（2）硅铝镁质匣钵。它的热稳定性较好，收缩小，膨胀系数较大，适合 1400℃左右的温度下使用。（3）熔融石英质匣钵。这种匣钵的膨胀系数低，热稳定性好，使用寿命较长，每只匣钵可使用 65 次左右，适合于 1350℃左右的温度下使用。（4）碳化硅质匣钵。机械强度较高，导热性良好，膨胀系数较低，使用寿命较长，用它装坯，落渣极少，但价格较高。

（四）瓷用化工

陶瓷化工原料包括瓷用颜料、金水、花纸、碗青（氧化钴）等。中华人民共和国成立以前，景德镇市极少生产，主要通过上海洋行从德、英、美、日等国进口供应。1953 年，市瓷用原料化学工厂建立，以生产"合作"牌瓷用金水为主，也生产少量的氧化钴。为适应陶瓷工业发展的需要，

146

1957 年经国家地方工业部批准，将上海私营国华、鸿丰等陶瓷贴花厂内迁并入。同时，市陶瓷美术工艺社花纸工艺部分和公私合营颜料厂、手工业颜料生产合作社相继并入。1958 年，原上海公私合营鸿丰贴花印刷厂迁入，并从上海凹版公司和五四二厂选调部分技术人员充实技术力量，至此生产初具规模。经江西省人民政府批准为地方国营企业，在市东郊建厂。瓷用原料化学工厂是国内唯一的陶瓷装饰材料——金水、颜料、花纸三大类产品齐全的生产厂家。全厂有金水、颜料、花纸胶印、纸张加工车间，设生产经营技术检验、供应、科研等 14 个职能科室。另有厂办、劳动服务公司和大集体厂各 1 个。全厂技术力量雄厚，设备先进，机械化程度高。后期产品荣获轻工部和省市科技成果奖，并填补国内空白。此外还有景德镇市周路口釉下花纸厂和景德镇市氧化颜料厂等一批生产瓷用化工颜料的厂家。

1953—1978 年化工颜料采购、供应情况

品种	单位	1953		1954		1964		1965		1966		1967	
		采	供	采	供	采	供	采	供	采	供	采	供
氧化钴	千克	2000	1564	2000	1863	100	400	450		1200	1300		100
珠明料	千克					10100	2600	1800		2200	1700	300	8400
各种颜料	千克	100	69	3150	2707	1600	4400	2550			1060		1800
铅粉	千克	2000	1633										
金水	瓶	1500	1195	4500	4327								
花纸	张	3000	2800	150000	149480								
品种	单位	1968		1969		1970		1971		1972		1973	
		采	供	采	供	采	供	采	供	采	供	采	供
氧化钴	千克						100						
珠明料	千克			500	500		1100			4300	2800	700	1400
各种颜料	千克		500		500	400	1310						

品种	单位	1974		1975		1976		1977		1978			
		采	供	采	供	采	供	采	供	采	供		
氧化钴	千克							600	250	1400	600		
珠明料	千克	1300	1300	2000	1100			2600	2900	3700	3200		
甘油	千克					1.7	1	1	1.6	4	4		
氧化铝	千克							61	107	82	118		

（五）陶瓷机械

景德镇陶瓷机械厂的前身为李同兴铁工厂。它始建于1936年，是一家私营粮食加工机械内部修理厂。1951年12月经景德镇市人民政府决定正式筹备成立人民铁工厂。该厂是在原李同兴铁工厂基础上建立起来的小型合营企业，国家投资了7亿元（相当于现人民币700万元），厂址位于市区陈家街，厂房面积约300平方米，仅有皮带车床2台、皮带钻床1台、手摇钻床1台、老虎钳2把、打铁炉1座、造型用猴子炉1座等简陋设备。建厂初期全厂职工仅20余人。

1954年8月，人民铁工厂根据市政府的决定，吸收李和兴私方合股投资5亿元（旧币）。

1955年6月，人民铁工厂迁入马鞍山解放路的两栋计708平方米的新厂房。随着瓷业生产的发展，为了适应景德镇这个传统产瓷区瓷业生产发展的需要，中共景德镇市委于1957年提出将人民铁工厂扩建为能生产陶瓷机械的工厂的重大规划。在这一思想指导下，同年7月，市机器修配手工业生产合作社并入人民铁工厂，并将铁工厂更名为景德镇市机械厂，由原隶市企业管理处改隶市工业交通局。

鉴于陶瓷工业生产的发展，必须用新的机械技术来装备瓷业生产，从手工业操作逐步过渡到半机械化、机械化生产，因此陶瓷机械工业必须优先发展，使其担负起与之相适应的陶瓷工业机械化生产的装备重任。另一方面，国家投资逐年增长，在机械厂总资金中国家资金占95.5%，而私方资金仅占4.5%，所占比例非常微小，原私方资金方代表李家俊也已调离出厂。随着对私方改造任务的完成，由公私合营改为地方国营的条件业已成熟，为迅速发展陶瓷机械生产，经上级批准，机械厂于1958年10月改为地方国营企业。

1959年4月至5月，寿安八角炼铁厂、市五金机械厂、浮梁县机械厂相继并入机械厂，通过从上海、南昌、余干等地吸收、发动本厂职工串连介绍等方式，一年内发展到1000余人。机械厂第一次正式由修理和生产农机器械同时自制设备保障自己为主转变为以生产陶瓷机械为主，陶瓷机械产品开始投入试制并成批生产。1959年8月机械厂新厂址竣工，机械厂迁入新址生产，原址由少数职工留守。同年12月经市委决定，在原机械厂旧址成立景德镇市电机厂，与机械厂划开。

1962年，根据当时形势，市政府决定将机械厂与电机厂合并，厂名为景德镇市机械厂。

1964年10月，经省、市并报轻工业部批准，机械厂第二次正式以生产陶瓷机械为主，被定为轻工业部陶瓷机械定点厂，并改名为景德镇陶瓷机械厂。由原隶市工业交通局改隶江西省瓷业公司。从此，景德镇陶瓷机械厂开始走上了专业制造陶瓷机械设备的道路。

（六）窑炉建筑

解放后，为加强对烧瓷窑炉建筑行业的改造与建设，景德镇市于20世纪50年代成立了一个由100余名挛窑工人组成的挛窑店。挛窑店成立后，逐步招收了各姓学徒，打破窑炉建筑业的封建家族行帮垄断。1961年，挛窑店更名为"瓷业公司窑炉修建队",后改称"江西省陶瓷工业公司窑炉安装公司"。

随着陶瓷工业生产的发展和烧炼工艺不断变革,公司建筑安装队伍和技术也相应得到发展。从修建窑炉品种看:用原来的柴窑、槎窑、圆窑包推板窑、煤烧隧道窑、油烧隧道窑发展到煤气窑、电窑、多孔窑、辊道烤花窑等。从服务范围看:由原来的建窑、修窑等单项技术发展到窑炉、机械、电器控制等全套设备配套安装投产的全包工程;从服务对象看:由原来的服务于市区陶瓷系统的各瓷厂而发展到面向全国,服务多种行业。公司建造窑炉从单一陶瓷行业已发展到纺织、冶金、电子,化工等行业,遍及全国 23 个省市。经过不断改造和完善已发展为拥有雄厚技术力量和先进设备的国营窑炉建筑安装工程公司。

(七)陶瓷包装

在 20 世纪 70 年代以前,景德镇瓷器的包装全属手工操作。材料品类分稻草、瓷篾、包装纸、木丝等。稻草来源于鄱阳古县渡、太阳埠、皇岗等地和本市农村秋收后的禾草。瓷篾由上饶、铅山盛产毛竹地区和本市花篾厂加工供应。包装纸有内销、外销,品类繁多,来源于省内外诸多造纸单位和本市造纸厂。木丝属外销瓷包装用料,向广东、福建等地采购及在本市山区计划购进松材就地刨制加工成丝。随着陶瓷包装工艺不断革新,大部分包装由传统的木箱、稻草包装改成为印刷装潢精美的纸盒,包装厂也相应变化。

花篾厂 1957 年 7 月,在富祥弄成立了 100 多人的瓷篮生产合作社,在吊脚楼成立 180 多人的瓷篾生产合作社,同年年底,在黄家洲成立 50 多人的花篾业务组,加上其他竹制品从业人员 200 多人,组成篾器生产合作社。

1958 年 6 月，生产合作社集体研制"双用破篾机"成功，取代手工业破篾，工效比手工破篾提高 53 倍。1961 年 10 月，企业易名花篾合作工厂（简称花篾厂），厂子搬入河西韭菜园篾篷厂房内。除生产篾器、农具外，兼产为瓷器包装用的篾垫、篾片和瓷篮等篾器产品。1964 年，购进破篾机 1 台，同时自制分丝机、掀篾机等设备 10 多台。

1972 年，花篾厂由景北区（现为珠山区）管理复归市轻化局管理。1974 年，改名竹编工艺厂，添置冲床、车床、钻床等设备 10 多台。

纸箱厂　景德镇瓷器的包装，景德镇解放之前的很长一段历史时期，内销瓷主要采用茭草扎篾，出口瓷和少数销往较远地区的瓷器则采用木箱或瓷篮包装。1959 年、1968 年，景德镇市相继建立造纸厂和纸盒组，开始生产瓦楞纸和纸盒，用于出口瓷和高级细瓷的包装。20 世纪 70 年代，市北区和南区分别建立纸箱厂，开始生产用于出口瓷包装的纸箱。从此，景德镇市上档次的瓷器也都使用纸箱包装。后来北区、南区纸箱厂合并组建市纸箱厂，隶属市轻化工业局管理，引进先进设备和制造工艺，实现了瓷用包装纸箱专业化规模化生产。

包装工厂　1950 年市内的包装工人由分散走向集体，成立景德镇市包装生产合作社，职工由 300 人逐步发展到 800 多人。1952 年 10 月，成立地方国营景德镇市包装公司。1954 年 2 月，经市人民政府批准，将国营瓷业公司、市包装公司、市搬运公司原有的成件、包装、花草、搬运、打络等 5 个工种的包装工人调聚，组成景德镇市包装工厂。

包装工厂在市陶瓷生产管理局的领导下，对瓷器包装实行统一领导、统一管理，承担全市陶瓷的包装任务。全厂设生产、技术、原料、供应、秘书、财务、保卫等 6 个职能科室，并按高级细瓷、出口瓷、日用瓷、工业用瓷、瓷络加固分设 5 个车间。1956 年，市政府决定，将包装工厂工人派到各瓷厂包装。1957 年 10 月 10 日，又恢复包装工厂。1961 年全厂职工已发展到 1279 人，其中包装工人 407 人、成件工人 512 人、花草工人42人、搬运工143人、瓷络工124人、管理人员51人。

1962年6月，经省供销社同意，市委、市政府决定将包装工人划归景德镇陶瓷批发站领导、管理。同年12月，陶瓷批发站正式接管包装工厂，实行独立核算，自负盈亏，全面承担陶瓷出口、内销的包装任务。1964年，景德镇的瓷器全面开始实行产品出厂负责制，陶瓷批发站收购瓷器均由各瓷厂送仓库交货，为适应变化了的情况，包装工厂随之派员驻厂进行包装。

1969年10月，市革委决定："将原陶瓷批发站所属包装工厂撤销，该厂所有人员和资产由市有关部门负责分配，并拨给陶瓷工业公司所属各大瓷厂。"从此瓷器包装任务由各瓷厂直接进行。包装工厂撤销后，包装工人分配到各瓷厂，各瓷厂相继成立包装车间，实行产品出厂负责制。

1969年至1978年包装材料采购、供应情况

品种	单位	1969		1970		1971		1972		1973	
		采	供	采	供	采	供	采	供	采	供
稻草	吨	1294	4402	4854	4155	3936	3881	3556	4270	5450	4739
瓷篓	吨	217	215	170	214	207	190	251	171	242	258
内外包装纸	吨	270	284	317	341	405	253	353	284	232	305
粗毛纸	吨	189	197	295	280	89	135	50	130	64	49
表心纸	吨	26	44			98	61	68	68	28	57
卫生纸	吨	2	2			156	155		1	1	1
木丝	吨	520	585	168	224	128	128	360	294	406	446
茅竹	吨			8	8	217		253	292	170	
纸箱	吨	178	402	674	552	414	398		16		
纸合	吨	237	365	396	305	146	126		20		
草绳	吨					152	205	92	76	24	54
其他	吨	265	418	229	135	62	82	55	81	122	125
合计	吨	4198	6952	7111	6214	6010	5614	5038	5703	6739	6034

续表

品种	单位	1974		1975		1976		1977		1978	
		采	供	采	供	采	供	采	供	采	供
稻草	吨	4508	3601	2368	3973	4073	3393	4307	3884	4670	3651
瓷篾	吨	238	234	239	247	236	213	297	219	296	243
内外包装纸	吨	171	300	313	302	224	294	266	215	392	271
表心纸	吨	86	50	175	39	116	142	60	52	73	59
粗毛纸	吨	28	20	50	38	73	49	127	155	274	273
卫生纸	吨	23	11	25	30	27	25	54	51	43	44
木丝	吨	386	279	291	297	200	190	107	200	222	245
茅竹	吨	177	416	102	233	315	218	337	150	370	239
草绳	吨	224	60	9	89	103	120	213	173	191	157
其他	吨	34	13	64	75	109	86	21	35		63
合计	吨	5875	4984	3636	5273	5506	4730	5779	5134	6531	5245

（八）制瓷工具

景德镇市瓷用毛笔厂 1950 年，由一家一户的制笔小作坊组成松散型大组。1954 年 5 月成立瓷用毛笔生产合作小组，共有成员 16 人。1956 年，经市手工业联社批准，合作小组转为瓷用毛笔生产合作社，职工增至 20 人。1959 年转为地方国营企业，1962 年复为集体所有制企业，同年下半年易名景德镇市瓷用毛笔厂。

1959 年至 1964 年，瓷用毛笔厂职工自行设计、制造整毛机 5 台、冲边机 1 台、打眼机 4 台、切杆机 1 台，瓷用毛笔生产走上半机械化生产，结束了手工制作的历史。后发展为占地面积 1476 平方米，生产用房建筑面积 2691 平方米，动力机械总能力 19 千瓦，拥有固定资产原值 10.6 万元。生产的瓷用毛笔品种有粉彩、新彩、油彩、贴花、刷花、青花、成型、机制等 9 个系列 124 个品种，年产量达到 56 万支，其产品除供应全市各瓷厂外，还销往全国 24 个省、自治区、直辖市的 324 家瓷厂，并出口东南亚等国。

景德镇市工艺雕刻厂　景德镇解放初期，景德镇有雕刻店 18 家，从业人员 31 人。1956 年，由 30 名雕刻艺人组成刻字合作社，在陈家岭口设专为瓷业生产刻蜡印的门市部。1959 年 5 月，刻字社改名雕刻厂，同时针对蜡印易磨损、使用寿命短、成本高的缺点，试制成乳胶铸印，部分取代蜡印，使粉彩瓷的加工成本得以降低。还引进新型雕刻刀具，成功地试制出橡皮青花印子，加快了青花瓷绘画的速度。1962 年，改用海绵材料制作青花印子，海绵青花印子和橡皮青花印子配合使用，使青花瓷的花面更加完善、丰满，完全取代了日用青花瓷生产中的手绘，结束了在瓷坯上画青花全靠手工笔画的历史。

科教文博

景德镇陶瓷在逐步形成矿山开采、原料加工、陶瓷制造、陶瓷机械、辅助行业等配套完整的现代陶瓷工业生产体系的同时，先后设立了轻工业部景德镇陶瓷研究所、景德镇陶瓷学院、江西省景德镇陶瓷学校、景德镇市技工学校、景德镇陶瓷馆等科教文博机构，形成了完整的现代陶瓷工业科研、教育、文博体系，为景德镇陶瓷工业的进一步发展提供了科技、人才和文博等方面的支撑。

（一）陶瓷科研教育

轻工业部陶瓷工业科学研究所　1954年8月5日，景德镇成立陶瓷试验研究所。1957年6月28日划归省辖，改名江西省轻工业厅陶瓷研究所。1965年2月2日，中国科学院上海硅酸盐研究所陶瓷室并入，更名为第一轻工业部陶瓷工业研究所。1968年12月撤销。1972年7月恢复，由省管理，名为江西省陶瓷科学研究所。1978年轻工业部收回管辖权，改称轻工业部陶瓷工业科学研究所。

轻工业部陶瓷工业科学研究所下设党委办公室、所长办公室、后勤科、保卫科、财务科、基建科、工会、科技开发部、产品开发部；所内按专业设置的研究室有工艺室、设备室、理化标准室、艺术室、计划室、情报室。全国日用陶瓷检测标准中心、全国日用陶瓷科技情报中心站、《中国陶瓷》编辑部均设在所内。

研究所主要是承担国家和轻工业部的科研计划任务，以日用陶瓷研究为主，基础研究为辅。承担全国陶瓷行业的检测、标准、情报三项中心任务，为行业提高产品质量、出口创汇服务，是行业的技术开发中心。研究内容主要有陶瓷工业机械设备、耐火材料、窑炉设计、成型工艺、原料处理、颜料、颜色釉、陶瓷美术（含雕塑、产品器型与花面）等。

　　研究所从成立到1978年，先后开展400多个课题科研活动，其中取得成果的达250多项。例如：在制瓷原料研究方面，自1958年以来，对原有41个矿山的瓷石（瓷土）做了物理性能、化学成分分析研究和矿物鉴定等，为陶瓷原料生产提供了可靠的科学数据；1959年又将旋流水选器这一先进设备应用到矿山原料的精选上，使瓷土中大量的云母矿物及杂质被除掉，不但大大提高了瓷土的质量，而且节省了人力物力；在坯釉研究方面，1954年至1961年的7年中，共研究试验出104个坯釉配方，并从中选择一部分配方推广应用于生产。随着"以煤代柴"的实现，原有的坯釉配方已不适应煤窑烧成，为配合陶瓷窑炉变革，该所经过反复试验，又研制成功了适合煤窑烧炼的配方，使"以煤代柴"的变革得以顺利进行；在颜色釉研究方面，该所经过反复试验，先后恢复和提高了钧红、三阳开泰、窑变花釉等28种高温颜色釉，恢复和提高了哥绿、辣椒红、炉黄三彩等16种低温颜色釉质量；在成形工艺研究方面，1955年研究所在总结手工辘轳成形工艺的基础上，研制成功机械辘轳车和自动排泥刀片，为景德镇实现成形机械化打下基础。随后又研制成功了真空脱泡注浆新技术，这项技术自1969年在景德镇推广后，一直在陶瓷生产中发挥作用；在陶瓷窑炉研究方面，1958年该所与有关单位共同研制成功圆形倒焰式煤窑；在陶瓷烤花方面，1957年研究所试验成功隧道锦窑，并在景德镇陆续推广，结束以木炭为燃料烤花的落后状况；在陶瓷窑具研究方面，该所先后研制成功高铝耐火砖和莫来石、堇青石质匣钵，为发展高档精细瓷器生产创造了条件。1978年，陶研所又研制成功黏土与熔融石英质新型耐火材料，用这种材料制成的匣钵，平均可烧 65 次左右，比原来的匣钵可多烧 50 余次。此外，该所在陶瓷美术方面也取得了许多重要的成就。

景德镇陶瓷学院　1958 年 1 月 18 日，经江西省人民委员会批准，江西省轻工业学校的陶瓷专业班与景德镇陶瓷美术技艺学校合并成立江西陶瓷学校。同年 5 月，景德镇市委、市政府向省里呈报，在景德镇陶瓷美术技艺学校、江西省轻工学校陶瓷专业班和景德镇陶瓷工人技术学校 3 校合并基础上，创办景德镇陶瓷学院。同年 6 月 28 日，省人民委员会会议决定，将江西陶瓷学校改为景德镇陶瓷学院，暂设陶瓷工程系、陶瓷艺术科、系。10 月 20 日，景德镇陶瓷学院在湖田成立并举行开学典礼。对上述三校 400 余名学生采取办中专方法实行"过渡"：属轮训性质的技工学校停办；属正规培养的艺校和轻工学校学生，应毕业的毕业，分配工作，毕业后要求深造的则编入大学继续学习，其他皆为中专学生；再招学制三年的初中毕业生 190 人，学制五年的高小毕业生 150 人，办到中专毕业为止；对 3 校教师，皆并入陶院，并按其学历资历统筹使用。对三校校舍，利用原艺校轻校校舍，安排中专学生。利用技校校舍做办公室、美术系教室。另增建工程系教室、宿舍、食堂等平房。至此学院初具规模。9 月，招收本科生 150 人。

学院创办初期，由景德镇市领导。1959 年划归省轻工业厅领导。1978 年改为轻工业部部属院校，由国家轻工业部和江西省双重领导，以轻工业部为主。

学院创办初期，设陶瓷工程和陶瓷美术两个系，学制均为四年。陶瓷工程系设陶瓷工艺制造专业、陶瓷烧炼专业；陶瓷美术系设陶瓷彩绘专业、陶瓷雕塑专业。开学不久，国家向学院下达培养国外留学生和实习生的任务，先后接纳越南、波兰、罗马尼亚、阿尔巴尼亚等国留学生或实习生 32 名。其中越南留学生学习时间为 1 年半，波兰、罗马尼亚等国留学生实习时间为半年。1959 年，中共江西省委决定景德镇建筑工程学院并入陶瓷学院，

江西省人民委員会

關于設立共產主义劳動大学、紅專大学、洪都大学、江西政法学院、江西水利电力学院、景德鎮陶瓷学院和新建26所各類高等專科学校的決定

（經一九五八年六月二十八日省人民委員会第一次会議通过）

一、为了适应工农业生产大跃进和技术革命、文化革命的需要，培养大批忠于社会主义、共产主义事业的、又红又专的建設人材，促进我省社会主义建設事业的飞跃发展，根据鼓足干劲，力争上游，多快好省地建設社会主义总路綫的精神，除江西大学、江西工学院、江西財經学院已經前届省人民委員会决定开办并报請国务院审批外，现决定成立共产主义劳动大学、紅专大学、洪都大学、江西政法学院、江西水利电力学院、景德鎮陶瓷学院，并分別在贛南行政区、各专区設立工、农、医、师等各类高等专科学校二十六所。

二、共产主义劳动大学在省設立总校，省、行、专所属各綜合墾殖場設立分校，总校由省直接筹办，分校由各綜合墾殖場負責筹办。紅专大学由省会同贛南区党政領导机关負責筹办。江西政法学院由省政法部門負責筹办。洪都大学由南昌市人民委員会負責筹办。江西水利电力学院由省水利电力厅負責筹办。景德鎮陶瓷学院由景德鎮市人民委員会負責筹办。江西省师資进修学院由省教育厅負責筹办。萍乡煤矿专科学校由省煤業工业管理局負責筹办。其他各校均分別由有关行、专署負責筹办。

三、各高等学校和专科学校应坚决貫彻执行教育与政治結合、教育与劳动相結合的社会主义教育方針，巩固地树立起无产阶級思想的領导，使学校的工作全面大跃进，为国家培养更多更好的"又红又专"的建設人材。应根据不同情况，采取勤工儉学、半工半讀的方法进行勤儉办学，并充分利用原有人力、物力和設备，大力挖掘潛力，加强相互之間的协作支援。

四、省办的高等学校，其經費、編制、师資、設备等由省解决，属于行、专、市、县办的高等学校，应一律自行解决。

五、今后省、专（行）、市、县如有需要、有一定条件，都可設立各种高等和专科学校，以打破办高等学校的迷信思想，使我省高等教育事业能够以飞跃的速度，普遍地发展起来。各地等办高等和专科学校时，一律由行、专、市、县自行負責領导和管理，但应报省批准。

附表：

1958 年 6 月 28 日，江西省人民委員会设立景德镇陶瓷学院等学校的决定

陶瓷学院增加建筑工程系，设陶瓷窑炉建筑专业。1960年，建筑工程系并入武汉测绘学院。

景德镇陶瓷学院至1961年开办的三年间，为罗马尼亚、波兰、越南等国及福建、广东、浙江等省培训108名研究生或实习生。1963年，原留下的中专学生先后毕业，陶院已完成"过渡"任务，中专部宣告撤销。全院集中力量办好本科教育。

1966年，在校学生达800余人。有教职工310人，其中专职教师91人（副教授5人，讲师15人，教员45人，助教26人）。附属工厂工人150人。在任教师中，学者、专家有胡献雅、张志汤、段茂发、余翰青、魏荣生、聂杏生等，兼职教师中专家有王步、曾龙升等。从建校至1968年，学院共输送毕业学生1454人。其中大学本科毕业生618人、中专毕业生773人。1968年12月，景德镇陶瓷学院停办。

1975年12月12日，中共江西省委转发国务院《关于恢复景德镇陶瓷学院的通知》，景德镇陶瓷学院着手恢复工作。鉴于原校址已被恢复后的瓷校所用，于是仍采取初办时的"过渡"方法，将瓷校学生转入中专部，培养至毕业为止。复校后，除恢复陶瓷美术、陶瓷工程两个系的3个专业外，增设陶瓷机械系机械设计和制造专业。当年招收工农兵学员147人。学制皆为四年。1976年，学院招收工农兵学生，仍设陶瓷工程、陶瓷美术和陶瓷机械3个系的4个专业。学制皆为三年。1978年，恢复全国高等学校统一考试招生，本科学制仍为四年。

江西省陶瓷美术技艺学校 1955年11月6日，由文化部投资，在景德镇创办景德镇陶瓷美术技艺学校。校址在景德镇陶瓷学院老校区。培养目标是：面向全国，培养中级陶瓷美术技艺人才，学制三年，开设釉上彩、釉下彩、雕塑3个专业。当年在景德镇招生70余人，加上湖南、福建和石湾、唐山等省、市保送的20余人，共104人，11月开学。第二年招收100余人。专业课由中央美术学院直接分配的丁千、施于人、毛龙汲、周

20 世纪 70 年代的景德镇陶瓷学院大门

时图等毕业生到校任教。另从景德镇各瓷厂选调余翰青、聂杏生、曾龙升、魏荣生、杨秦川等一批陶瓷艺人参加教学。

1957 年 4 月 3 日，经文化部批准，景德镇陶瓷美术技艺学校正式改为中等专业学校，招生对象改为初中毕业生。

1958 年 1 月，江西省人民委员会决定：中央轻工业厅主办的江西省轻工业学校陶瓷专业班学生 210 人、教职员 13 人，由南昌迁入景德镇，与陶瓷美术技艺学校合并。这些师生于 5 月份抵达景德镇，江西省陶瓷美术技艺学校校名即改为江西省陶瓷学校。同年 6 月，景德镇在江西省陶瓷学校基础上创办景德镇陶瓷学院。原江西省陶瓷学校学生，该毕业的毕业，毕业后，愿工作的分配到景德镇及全国各产瓷区。要求深造的即编入景德镇陶瓷学院大学班学习。其他学生则由陶瓷学院办附设中专继续学习。

江西省景德镇陶瓷学校　1965 年 6 月，市陶瓷工业局与市总工会经省、市批准，创办景德镇陶瓷职业学校。校址在马鞍山原景德镇电机厂旧址。当年招收初中毕业生 200 人。学制三年，设原料、成型、烧成和瓷用化工 4 个专业，每个专业 1 个班。1968 年学校被撤销，师生下放农村。1973 年，

景德镇陶瓷馆

省委宣传部：

　中央文化部在五月十六日讨论和通过了景德镇陶瓷美术技艺学校的建校方案。决定该校为地方办性质，但负有培养全国各产瓷区陶瓷美术的新生力量，为逐步充实对生产单位上去的任务。同时还要求在三年内，兰学生们通过学习，在文化上进一步（初中毕业）程度，在技术上要有展枢的绘画能力，以充实为生产单位的需要。

　今年招收高小毕业程度的学生七十名，分础上彩、釉下彩和刀塑三科。教职员共六十五名，教员除由中央美术学院派来届毕业生三名担任其他技术教员、工作人员，则由我市俊秀艺人及幹部中解决之。

　中央文化部今年下半年经费，共拨给人民币卷万五千元（包括图书费），但根据我们的预算实需要为八民币五万五千元。即就基建职员就金、学生补助费、办公费、设备费寄宿人民币式万四千元；另外社建教室〇间（省委暂时租用，没添建）需人民币卷万元。这样便和文化部所拨的经费尚差人民第式万元。我们要求省委解决，以利工作，陵以

敬礼

中共景德镇市委宣传部　31/5

086

1955 年 5 月 31 日，景德镇陶瓷美术技艺学校建校拟文

经省批准恢复，由省轻工业厅主办，江西省陶瓷工业公司代管，校址在景德镇新厂陶瓷学院老校区。校名为江西省景德镇陶瓷学校。1975年，景德镇陶瓷学院恢复，因景德镇陶瓷学校占用了景德镇陶瓷学院校址，经省、市决定，景德镇陶瓷学校并入景德镇陶瓷学院。

景德镇市技工学校　1956年9月，为适应陶瓷生产向机械化发展的形势需要，景德镇开办陶瓷工人技术学校，校址设在新厂。学校的任务是：用当时最新式的陶瓷机械和最先进的制瓷技术轮训各瓷厂的青工。按精制原料、产品成型和烧成3个工序设立专业。学生来源由各瓷厂输送，3个月1期，每期200人左右，为便于理论联系实际，学校除了理论教学外，还创办了1个全部使用机械制瓷的实习工厂。学生结业回去，大多数是生产上的革新能手和管理上的骨干，如秦红生、罗迈生、张水贵等人都是当年技校的学生。1958年停办，其校址、人员、设备并入景德镇陶瓷学院。

1978年，创办景德镇市技工学校，当年招生200人，由市工业局主管。办学宗旨以培养陶瓷技工为主，兼顾培养市属其他行业的技工。创办之初，曾与江西省陶瓷工业公司合办，教学班设在各有关瓷厂内。珠山大桥西路南侧校舍建成之后，学生全部集中，即与江西省陶瓷工业公司分开。

（二）陶瓷文化文物

景德镇陶瓷馆　1952年开始筹建，1954年1月1日落成并开馆，馆址莲社北路12号。1978年以前，属市文化局管辖，1979年11月划归江西省陶瓷工业公司管辖。

景德镇陶瓷馆展厅总面积1927.37平方米，主要承担收藏、研究与展览景德镇古今优秀陶瓷作品的职能。藏品收集范围有三个方面：除收集陈列景德镇古陶瓷历史文物外，同时也收集陈列全市当代最新陶瓷产品，除收藏御窑瓷器外，还收集优秀的民窑瓷器；除收藏完整的器物外，也

高岭土转运站——东埠码头

收集有价值的古瓷残片标本。此外，还兼收藏外国瓷、外地瓷。

为开展科研活动，馆内建有实验小作坊，专门从事古陶瓷研究和复制，对元代和明初的青花瓷复制品，复制效果逼真。不少复制品被国外博物馆、陶瓷专家、学者和古陶瓷爱好者收藏。

高岭土矿遗址　高岭土采掘遗址，位于景德镇市东北50公里处的鹅湖镇高岭山。高岭土古矿区开采于明万历年中期，以万历中期至清乾隆时期为开采旺盛期，乾隆以后虽有开采，但为数不多，应为该矿的衰落期。它支撑景德镇瓷业近两个多世纪。

景德镇制瓷在元代始用"二元配方"（即瓷石加高岭土的制胎法），高岭土成为制瓷的重要原料。清《南窑笔记·合泥》谓："高岭性硬，用二种配合成泥……一切瓷器坯胎骨俱用合泥做造。"由于高岭土含三氧化二铝约35%，其烧结温度在1700℃以上，掺进瓷石制胎，能提高瓷胎中的铝氧含量，使制品的烧成范围增宽，减少制品在烧造过程中的变形，降低了瓷器的成本，扩大了瓷石的使用面，改善了瓷器的理化性能，为烧造大件和复杂结构瓷器打下基础。从此，瓷器开始由低火度的软质瓷（烧成温度约1150℃±200℃）逐渐变成高火度的硬质瓷，在陶瓷史上具有划时代意义。在高岭古瓷矿开采之前，景德镇制瓷是在麻仓（今鹅湖镇东埠麻仓，在高岭山东北数公里）获得这类黏土，麻仓土为高岭土的前身。除麻仓外，古高岭土矿还有李黄、大洲两地。李黄始采于清乾隆后期，大洲始采于清嘉庆时期。

高岭土古矿遗迹分布甚广，方圆数公里，有几十处古矿洞、淘洗设施遗迹和尾砂（矿土淘洗的废弃物）堆积物。采掘遗址分四个地段：高岭村后的庙岗分水岭西至南西端的梅头坞，全长约800米，宽50~100米，尾砂沿山坡堆积，平均厚度约11米，尾砂约100万吨；北东端自何家大槽起，南至肖家止，全长约1000米，宽度20~200米，尾砂厚度10~30米，约442万吨；位于红旗山以西，穿过老厂北东向分布，全长约1000米，宽度 40~200 米，尾砂厚度平均约 6 米，约 83.6 万吨；北起老厂、南西至冯家大槽，全长约 750 米，宽 20~30 米，尾砂平均厚度 10 米，约 127.5 万吨。四个地段的多数古矿洞坑道与淘洗池遗迹清晰可辨，在其尾砂堆积物中，时常可见明、清时的粗瓷碗和瓷灯盏残片。从对该矿床做的调查资料得知，其矿体形态有层状、脉状、串状、囊状、枣核状、透镜状等，它属于"风化型"矿体，含矿率不等，其淘洗率在 10%~30% 之间。

高岭山瓷土文献早有记载，明·宋应星《天工开物》谓："一名高粱山，出粳米土，其性坚硬；一名开化山，出糯米土，其性菜软。两土和合，瓷器方成。"其中高粱山即指今高岭山。清·蓝浦《景德镇陶录》载："高岭，本邑东山名，其处取土作不，……近邑西李家田、大洲上高岭土可用，不大于东土，但造佳瓷必求东埠出者耳。"1712 年，法国耶稣会来华传教神甫昂特雷柯莱（汉名殷宏绪）在他的一封信中曾向国外介绍过高岭土，高岭土遂闻名海外。高岭土，始称麻仓土，元代称"御土"，明代称"官土"，明万历以后称高岭土，18 世纪初已成为瓷用黏土的世界性专门术语，"高岭"亦成为国际通用的 Kaolin（高岭）命名地。

1987 年，高岭土矿采掘遗址被公布为江西省级文物保护单位。其保护范围东至查坑林场、南至婺源、西至千坑林场、北至东埠街。该遗址保护较完好。

御器（窑）厂遗址　位于景德镇市区珠山路之珠山南侧（曾为市政府所在地）。珠山原为老城区中心，据《浮梁县志》载："珠山，在景德之中独起一峰，高数十仞，绵亘数里。峰峦遥列，俯视四境。"

御器厂始设于明洪武二年（1369），规模宏大。据县志记载："御器厂中为堂，后为轩、为寝，寝后高阜为亭。堂之傍为东西序。东南各有门，左为官署，前为仪门，为鼓楼，为东西大库房，为作二十三……为督工亭，为狱房。厂之西为公馆，东为九江道，为窑六，曰：风水窑、色窑、大小爁熿窑、大龙缸窑、匣窑、青窑。厂内神祠三，厂外神祠一，秋井二，为厂二，曰：船柴厂、水柴厂。房二，曰：放柴房、烧窑人役歇房。明嘉靖四十三年毁。复建。万历二十五年，巡检方河以内监委督厂事，无恶不作，镇民激变，民放火烧门坊……三十年布政司发各县合银盖造，鄱阳县丞刘岳带管厂务，督立牌坊，重建堂遮，颇称壮丽。"清代改御器厂为御窑厂。清末御窑厂撤销。自明洪武二年至清宣统三年（1369—1911），御窑厂延续烧造543年。入民国，袁世凯称帝时，改设为"陶务监督署"，并烧造过一批瓷器。袁氏称帝幻灭，该署撤销，随后为军警屯驻。1949年4月29日景德镇解放时，唯龙珠阁尚存。

御窑厂是明、清两代专造宫廷用瓷的皇家窑厂，是中国烧造时间最长、规模最大、工艺最为精湛的官办瓷厂。初期有窑20座，宣德年间增至58座。陶工常年维持三百多名，被称为"官匠"。御器厂由州县官管理，每逢大量烧造时，朝廷便派宦官来"督陶"。清初，一改明代派征夫役的劳役制度，采用银两雇工的方式，提高了陶工的积极性，刺激了工艺技术的开发。"督陶"官亦一改明代由中官任的制度。因而清代个别督陶官对制瓷技术的发展起过一定作用，如督陶官臧应选之"臧窑"、郎廷极之"郎窑"、年希尧之"年窑"、唐英之"唐窑"等，曾在瓷器制作上取得一定成就。

从明至清五百余年的时间里，御器厂制作了数量巨大的精美瓷器，为"天下窑器之所聚"。如明代永宣青花、成化斗彩瓷、嘉万青花五彩瓷、素三彩瓷、高温单色釉宝石红、霁蓝、甜白、孔雀绿、浇黄等，可谓是琳琅满目。除彩绘装饰外，坯体装饰技法有刻花、堆花、暗花、锥花、玲珑、镂空等，可谓无巧不备；清代如五彩、粉彩等新瓷、色釉瓷等，品种名目繁多；红釉有铁红、铜红、金红之分；蓝釉有天蓝、洒蓝、霁蓝之别；绿釉有瓜皮绿、孔雀绿、秋葵绿之异。此外还有茄皮紫、铁锈花、茶叶末、乌金釉等。其"器数则缸、砖、盘、碟、碗、罐、瓶、盏、盅、炉、盆"等。还有形象生动、制作精巧的象生瓷，精致逼真、富有质感的仿漆器、木器、竹器等。从珍藏于国内外博物馆的传世品来看，堪称精妙至极，其彩料之精纯、绘画之流利、造型之优雅、制作之精工，均达到古代制瓷史的巅峰。

该遗址上因铺路或基建暴露部分遗存，故进行了三次抢救性清理。1982 年，在今珠山路北侧市政府大门前，东起中华路口至公馆岭 150 米地段，即明代御器厂仪门故址，清理出明代残瓷窑一座，官窑废品堆积七处，出土了有永乐、宣德年款以及一批无款的明初官窑残器，瓷片计数吨。1987 年，在珠山龙珠阁故址上，出土有大批明成化、嘉靖等官窑器，瓷片数十吨。第三次在今东司岭，即御器厂之南侧，出土有大批正统官窑器残片，同时清理出明初官窑五座。经考古人员分类黏合，已复原数百件明代官窑产品。

此外，景德镇域内还存有南河流域古瓷窑遗址群，主要有湖田、杨梅亭、银坑坞、黄泥头、塘下、白虎湾、湘湖街、宁村等 20 处古瓷窑遗址；东河流域古瓷窑遗址群，主要有瑶里、绕南、内瑶、长明、南泊 5 处古瓷窑遗址；市区古瓷窑遗址群，主要有落马桥、董家坞、赛跑坦等古瓷窑遗址。

商贸管理体系

中华人民共和国成立后，景德镇在逐步形成配套完整的现代陶瓷工业体系和陶瓷科研、教育、文博体系的同时，着力建设职能完备、经营活跃、效益彰显的陶瓷商贸体系，并从加强行业管理入手，逐步建立和完善了陶瓷产业管理体系。

（一）商贸体系

1950 年 5 月，成立国营景德镇市瓷业公司，实行计划收购，计划销售，并加强私营陶瓷商贩的领导管理。国营景德镇市瓷业公司业务上直接受中国贸易公司江西省贸易公司领导，担负景德镇瓷器收购、国内销售和调拨出口任务，并帮助景德镇恢复瓷业，扶助生产。

1955 年，景德镇市瓷业公司改由中华全国供销合作总社直接管理，因为总社在景德镇设陶瓷批发站，名称亦改为中华全国供销总社景德镇陶瓷批发站，负责国内外陶瓷购销的管理与经营。1957 年，外销陶瓷划归中国土产出口公司领导，景德镇陶瓷即分为内外销两个公司。内销陶瓷批发站直接受全国供销总社管理，外销则另设中国土产出口公司景德镇市公司，直接受省外贸局和全国土产出口公司领导。

1958 年，景德镇陶瓷批发站与中国土产出口公司景德镇市公司两家合并，两块牌子一套人马，内外销兼营。1962 年两家分立。同时，陶瓷批发站改由江西省商业厅领导，名称改为江西省商业厅景德镇陶瓷公司。

江西省陶瓷出口公司公文处理单

收文总号	073	归档字号	字第 7 号	收到日期	65年5月27日
		卷内顺序号	No 014	转来字号	字第 号
				转来日期	年 月 日
转来单位				来文字号	外贸陶瓷 021 号
来文单位	省外贸局			来文日期	65年5月24日
内容摘要	关于成立上海陶瓷进出口公司及启用新印鉴的通知。		附件		
			文种		机密程度

承办人意见：

抄自

呈张经理、傅科长阅

待复 28/5

复 28/5

张阅 28

诸科经理补阅 8/12

领导批示：

批示 8/13

1965.1.1000本

132

1965年5月24日，江西省外贸局关于成立江西省陶瓷进出口公司
上海陶瓷进出口（分）公司及启用新印鉴的通知

外销亦改名为中国土产出口公司江西省陶瓷出口公司。1965年江西省陶瓷出口公司改由中国工艺品进出口公司领导，公司名称改为中国工艺品进出口公司江西省陶瓷分公司。

1969年，景德镇市内外销两家公司再次合并。合并后名称为江西省陶瓷销售公司，兼营内外销售业务。1972年再次分开，出口业务划出，另设中国轻工业品进出口公司江西省陶瓷分公司（1977年改属中国工艺品公司），仍属江西省陶瓷销售公司统一领导，直至1979年4月，两家公司才正式分开。江西省陶瓷销售公司定为景瓷内销的专业经营机构，中国工艺品进出口公司江西省分公司景德镇支公司，则为景瓷出口的专业管理经营机构。自此，内销、出口业务分开管理、经营。上述两家公司在各自的主管全国性专业公司领导下，按照年度销售计划，向工业部门分配落实生产计划，组织收购，并向外销口岸公司调拨产品，向内销地区发运瓷器。

1. 景德镇市瓷业公司

1950年5月，在浮梁专区贸易公司陶瓷部的基础上，正式成立浮梁专区贸易公司国营景德镇市瓷业公司，担负景德镇陶瓷的收购、国内销售和调拨出口业务。同年10月，划归江西省土产公司直接领导。公司随之改名为中国土产公司江西省公司景德镇瓷业公司。当年年底有职工46人，下设南京、苏州两个推销组。

1951年3月，江西省土产公司并入省商业厅，故景德镇市瓷业公司复归浮梁专区贸易公司领导。原设的南京、苏州两个推销组合为南京货栈。

1952年3月，景德镇市瓷业公司接受市窑柴公司、市信托公司和原料（瓷用）部业务。同年10月景德镇市瓷业公司更名为江西省贸易公司景德镇市瓷业公司，由江西省贸易公司直接领导。同时将南京货栈改为南京办事处，并在天津、中南、西南和广州设立推销点。至1954年，公司收购量占全市日用瓷生产量的比重，由1952年的39.2%上升到76.42%。当年年底，公司工作人员已增至167人。

1955年9月，江西省贸易公司景德镇市瓷业公司改为景德镇陶瓷批发站。

1958年7月，为贯彻中央关于紧缩机构的指示精神，景德镇陶瓷批发站与江西省陶瓷出口公司合并为江西省景德镇瓷业公司，由江西省商业厅领导。1960年5月，更名为江西省商业厅景德镇陶瓷公司。1962年11月，复改为景德镇陶瓷批发站。

2. 景德镇陶瓷批发站

1955年9月，根据中央关于国营商业与供销合作商业地区分工和商品分工原则，陶瓷经销业务由中华全国供销合作总社统一经营。景德镇瓷业公司划归供销社系统管理，因而改为中华全国供销合作总社景德镇陶瓷批发站，隶属中华全国供销合作总社。景德镇陶瓷批发站系总社设在全国主要陶瓷产地的三个一级批发站之一，担负着平衡全国陶瓷市场，对各省、自治区、直辖市二级陶瓷批发站实行计划调拨，并负责陶瓷外销和供应出口任务。1956年，批发站收购量达2291万件，占全市日用瓷销售总产量的93.15%。当年年底批发站有工作人员291人。

1957年秋，全国供销合作总社决定，将景德镇陶瓷批发站移交地方经营。1958年1月，正式改为江西省供销合作社景德镇陶瓷批发站，成为二级站。其任务基本未变，仍按总社计划分别和各省、自治区直辖市、批发站保持按合同或协议供应景德镇陶瓷产品。同年7月，江西省供销合作社景德镇陶瓷批发站与江西省陶瓷出口公司合并为江西省景德镇市瓷业公司。

1962年11月，按照中共中央、国务院关于国企分工的决定，复改为江西省供销合作社景德镇陶瓷批发站，担负景德镇陶瓷内销经营业务。

1969年1月，景德镇市瓷业公司正式并入新组建的江西省陶瓷销售公司。

3. 江西省陶瓷销售公司

1968年12月，景德镇市革命委员会决定，将中国工艺品进出口公司江西省陶瓷分公司与江西省供销合作社景德镇陶瓷批发站合并，成立江西省陶瓷销售公司，隶属于景德镇市商业局，兼营陶瓷内销与外贸业务。1969年1月，正式启用新印鉴，开展陶瓷经销业务。

1973年3月，景德镇市革命委员会根据江西省革命委员会《关于改进商业管理体制的通知》精神，将江西省陶瓷销售公司从市商业局划出，改由江西省商业局土产杂品公司管理，专营陶瓷内销业务。

江西省陶瓷销售公司设在景德镇市，在经营景德镇瓷器内销方面发挥着主渠道作用。公司销售网络遍及全国各省、自治区、直辖市。与全国175个二级批发站、427个三级批发站、50个批发部、3个专营商建立长期供销关系。并在北京、沈阳、重庆、武汉、襄樊、蚌埠、镇江、南通、苏州9个大中城市建立联合经销点。联合北京、天津、上海等16个大中城市的18个经营单位建立起景德镇陶瓷市场信息网，及时反馈全国各地对景瓷的需求变化情况和消费者意见。1979年，公司恢复了中断十多年之久的一年一度的"景瓷全国订货会"，为生产部门及早安排生产、为销地经营部门及早安排市场发挥了桥梁和纽带作用。公司年销售量为1亿件左右，占景德镇市日用瓷总产量的1/3，占全市日用瓷总销量的1/2；年创利润100万元左右。

公司设有业务科、储运科、财务科、统计科、信息科等十多个职能科室，设有营业部、储运经理部、生活用品经营部、景玉经销部和瓷器友谊商品部等5个经营部门，共有职工335人，其中有一批具有三十多年专业工龄、精通陶瓷购、销、储、运业务的经营骨干。有大专以上文化程度的15人，中专、高中文化程度的278人。固定资产原值6013万元，仓库总面积26.893万平方米，营业用房12.44万平方米。

4. 江西省陶瓷进出口公司

1949年以后，景德镇市陶瓷出口贸易与日俱增。1956年前，出口业务先后由浮梁专区贸易公司陶瓷部、景德镇市瓷业公司、景德镇陶瓷批发站兼营。

1956 年 3 月，江西省人民委员会根据景德镇瓷器出口业务发展需要决定设立中国土产出口公司景德镇市公司，是以专营景德镇出口陶瓷为主的外贸企业。公司设在景德镇市，受当地商业行政部门及省土产出口公司的双重领导。此后，中共景德镇市委决定将景德镇陶瓷批发站经营的外销瓷业务划归中国土产出口景德镇市公司经营，调拨广州公司出口。对原有的出口包装车间及部分科室人员同时划归市公司。并设立 6 个职能科室，共有干部职工 272 人。

1957 年 6 月，为适应陶瓷出口工作需要，中国土产出口公司景德镇市公司更名为中国土产出口公司江西省陶瓷出口公司，负责江西省的陶瓷出口业务，受江西省外贸局和中国土产出口公司双重领导，并从同年 7 月 1 日起，在财务和业务上的往来与中国土产出口公司直接挂钩。

1958 年 7 月，为贯彻中央紧缩机构号召，中国土产出口公司江西省陶瓷出口公司与江西省供销合作社景德镇陶瓷批发站合并为江西省景德镇市瓷业公司。因为出口业务与中国土产出口公司、广州口岸公司有密切联系，以及外贸出口业务的特殊性，因而保留中国土产出口公司江西省陶瓷出口公司的名称，两块牌子、一套人马，由江西省商业厅统一领导。公司下设秘书、人事、保卫、财务会计、计划统计、商情特价、内销业务、出口业务、货源组织、储运等科室，人员总数 219 人。

1962 年 8 月，为便于经营管理，加强专业公司核算，根据江西省商业厅和景德镇市人民委员会通知精神，江西省商业厅景德镇陶瓷公司与中国土产出口公司江西省陶瓷出口公司实行分开经营，分开办公，两块牌子、两套人马，统一领导。

1964 年 2 月，江西省外贸局、江西省商业厅联合通知，江西省陶瓷出口公司划归省外贸局直接领导。

1965 年 4 月，省外贸局下发《关于统一外贸企业机构名称的通知》，改江西省陶瓷出口公司为中国土产进出口公司江西省陶瓷分公司。同年8月，江西省对外贸易局决定将中国土产进出口公司江西省陶瓷分公司改为中国工艺品进出口公司江西省陶瓷分公司。

同年4月，江西省外贸局为尽快恢复景德镇市瓷器在国际市场地位，经报请外贸部批复、江西省人委同意，在上海市设立中国工艺品进出口公司上海市陶瓷分公司。分公司实为中国工艺品进出口公司江西省陶瓷分公司的分支机构，受上海市外贸局和江西省外贸局双重领导，专营江西陶瓷，直接对外自营出口，人员编制40人。

1968年12月，景德镇市革命委员会研究决定，将中国工艺品进出口公司江西省陶瓷分公司与景德镇陶瓷批发站合并为江西省陶瓷销售公司，属景德镇市商业局领导，陶瓷业务内外兼营。

1968年以后，陶瓷出口商品列为轻工业品。因此，全国出口陶瓷统改由中国轻工业品进出口公司经营。1972年11月，为搞好陶瓷出口，为国家多创外汇，景德镇市革命委员会决定恢复陶瓷外贸经营机构，定名为中国轻工业品进出口公司江西省陶瓷分公司，与江西省陶瓷销售公司实行两块牌子，统一领导。

1973年3月，为便于组织商品生产，保证外贸出口和市场供应，景德镇市革委会根据省革命委员会《关于改进商业管理体制的通知》，明确中国轻工业品进出口公司江西省陶瓷分公司隶属江西省外贸局管理。

1977年10月，江西省根据外贸部同意江西陶瓷从1978年1月起，开始自营出口的批复精神，决定了省级公司的设置。此后，景德镇市革委会、江西省外贸局先后发出通知，将中国轻工业品进出口公司江西省陶瓷分公司改为中国工艺品进出口公司江西省分公司景德镇市陶瓷支公司。陶瓷支公司与陶瓷销售公司分开办公。

1979年4月，中国工艺品进出口公司江西省分公司景德镇市陶瓷支公司与省陶瓷销售公司正式分开，各自经营。同年，景德镇市对外贸易局成立，景德镇市外贸局与陶瓷支公司合署办公，两块牌子，统一领导。

1979 年 11 月 14 日，江西省革命委员会以〔赣发（79）216 号〕文件批复，同意成立中国工艺品进出口公司江西省陶瓷分公司，负责全省陶瓷进出口业务，省陶瓷分公司由省外贸局、景德镇市双重领导。自 1980 年 1 月 1 日起，获得自营出口权。公司下设 8 个职能科室，并在南昌设立业务部。

1980 年 10 月，中国工艺品进出口公司江西省陶瓷分公司和景德镇市对外贸易局分设为两个独立的局级单位，进出口公司负责陶瓷进出口业务。除陶瓷外，其他商品的进出口业务，均由市对外贸易局负责经营。

江西省陶瓷进出口公司设有传统瓷、新花瓷、特艺瓷、合资开发、进口业务、商情样品宣传、包装材料、综合计划、财务、管理等科室和包装材料厂、仓储运输部等下属部门，并在上海设立储运站，在广州外贸中心设立长期展馆。1982 年铺设铁路专线，并兴建日吞吐量为 10 车皮货物的站台仓库。从仓库装车可直接发运到上海、大连等海关口岸。

1985 年公司职工 314 人，其中大中专以上文化程度 50 人，为适应外贸业务需要，公司通过各种渠道，吸收和培养了一大批既懂外语，又熟悉业务并具有独立工作能力的骨干力量。1985 年固定资产 901 万元，占地面积 14 万平方米，建筑面积 6 万平方米，仓库群建筑面积 5.6 万平方米。

1949—1978 年景德镇日用陶瓷内销情况统计表

年份	内销数量（万件）	年份	内销数量（万件）
1949	32	1964	7948
1950	415	1965	9207
1951	2416	1966	10497
1952	4351	1967	9362
1953	5579	1968	9187
1954	14301	1969	7773
1955	15540	1970	11073
1956	19688	1971	13145
1957	20943	1972	9406
1958	25639	1973	9264

年份	内销数量（万件）	年份	内销数量（万件）
1959	11166	1974	7349
1960	6002	1975	9546
1961	3694	1976	7708
1962	6685	1977	8506
1963	6323	1978	10803

1949—1978 年景德镇陶瓷出口创汇情况统计表

年份	日用瓷实际出口量（万件）	日用瓷出口换汇额（万元）	年份	日用瓷实际出口量（万件）	日用瓷出口换汇额（万元）
1949	220	20	1964	5189	517
1950	443	30	1965	3824	612
1951	203	14	1966	4177	514
1952	26	2	1967	3385	432
1953	8	1	1968	3366	287
1954	567	60	1969	5247	524
1955	667	70	1970	5304	503
1956	2455	276	1971	7062	908
1957	3942	487	1972	11650	1394
1958	4314	559	1973	11656	1486
1959	4187	485	1974	8352	1162
1960	440	405	1975	7797	1091
1961	3008	172	1976	5948	905
1962	2362	262	1977	10878	1656
1963	4299	358	1978	3904	1756

（二）管理机构

1. 景德镇市工商管理局

1949 年 5 月，市人民政府成立工商管理局，局内设陶瓷科，直接管理瓷业生产。根据国家保护工商业政策，动员复工复业，加强了对工商业者的管理。

2. 景德镇市陶瓷工业局

1951 年，景德镇市人民政府设立瓷业生产管理委员会。1953 年，市政府决定成立陶瓷生产管理局，统一管理全市陶瓷工业。同年6月，改为景德镇市工业局，主管陶瓷兼管其他工业。1956年2月16日，江西省人民委员会决定，成立省陶瓷工业公司，属江西省工业厅全能性的二级机构，受江西省工业厅直接领导，原景德镇陶瓷生产管理局同时撤销。1957年4月，撤销省陶瓷工业公司，陶瓷工业划归市工业交通局管理。市工业交通管理局内设陶瓷管理科，专管陶瓷工业。1958年6月1日，经中共景德镇市委常委会研究决定，成立景德镇陶瓷联合总公司。1958年9月，中共景德镇市委决定，在景德镇陶瓷联合总公司和瓷器手工业联社的基础上，成立景德镇市陶瓷工业局，内设秘书、人事、生产技术、基建、统计、财务、劳资、矿务、设计等9个科和原燃材料供应处。1964年9月，景德镇市陶瓷工业局撤销。

3. 江西省陶瓷工业公司

1956年2月16日，江西省人民委员会批准建立江西省陶瓷工业公司。公司下辖瓷土矿、瓷土粉碎厂、日用瓷厂、匣钵厂、瓷用化工原料颜料厂、瓷用花纸厂、瓷器彩绘厂（社）等，景德镇陶瓷研究所划归公司领导。该公司的主要任务是：一方面领导与管理本行业各种经济类型企业的产、供、销；一方面担负本行业对资本主义企业的改造，它是一个经济部门，又是一行政部门，承担经济和行政的双重任务。1957年4月，该公司根据上级指示被撤销。1964年9月5日，根据周恩来总理和李富春、李先念、谭震林、薄一波等几位副总理的指示，中共江西省委批准省轻化厅党组和中共景德镇市委的报告，成立江西省瓷业公司。同时撤销景德镇市陶瓷工业局。公司成立初，是按苏联的"托拉斯"集中统一管理模式进行组建的，行政隶属于省轻化工业厅，性质为统一经济组织，实行统一经济核算。中共江西省委关于成立江西省瓷业公司的批示，〔赣发（1964）374号〕文指出公司的主要任务是：从改进生产技术管理入手，将有关生产单位组织起来，加强领导，促进生产，提高质量，降低成本，在国家计划的统

1953 年 4 月 21 日，景德镇市人民政府关于
成立景德镇市人民政府陶瓷生产管理局的通知

一安排和中央有关部门的指导下，集中全力搞好生产。公司成立初期，实行党委领导下的经理负责制，公司正、副职领导干部，均由省委批准任免。公司的办事机构，由省轻工业厅批准，设立供应处、销售处、办公室、工程师室、美术室、生产科、劳工科、财务科、统计科、检验科和基建设备科，次年增设矿山管理处。公司管理范围为原市陶瓷工业局所属的红星、宇宙、建国、东风、红旗、光明、景兴、艺术、新平（后分为人民、新华）等9个瓷厂和市瓷土矿（含三宝矿）、浮东矿、大洲瓷土矿、耐火材料厂、匣钵厂、瓷用化工厂等6个原辅材料企业。江西省政府将景德镇市外的庐山、星子、余干、陈湾等4个矿山以及景德镇市属机械厂（后改为陶瓷机械厂）划归公司管理。省轻化工业厅将所属的高级美术瓷厂（即后来的为民瓷厂）下放给公司管理，并将省陶研所委托公司代管。全公司系统拥有11个瓷厂、7个原料矿山和3个辅助材料生产厂家，职工共2.8万余人。

1966年12月，中共江西省委决定：江西省瓷业公司从隶属省轻化工业厅划归景德镇市领导，公司党政正职任免须由中共景德镇市委报省委批准，副职由景德镇市委讨论决定。

1968年12月，江西省瓷业公司正式更名为江西省陶瓷工业公司。同月，经市革命委员批准，成立江西省陶瓷工业公司革命委员会，实行"一元化"领导体制。

1969年7月，公司的办事机构，经撤销、合并，将组织、宣传、纪检和工、青、武、保、文合并为政工组；将生产、统计、技术、质量、劳工、基建设备、产品和美术设计合并为生产组；将文秘、档案、收发、财务、食堂、房管、接待合并为办事组；负责全系统的原燃材料供应为后勤组。当时市革委会把这4个组称为"四大块"。

1969年12月，景德镇市革委会常委会研究，鉴于公司所属的余干、星庐等矿山已移交当地管理，决定将省陶瓷工业公司革命委员会改为景德镇市陶瓷工业公司革命委员会，1971年复称江西省陶瓷工业公司。1972

关于成立江西省景德镇瓷业公司的初步方案

为了逐步改进工业管理体制，贯彻中央提出的以经济的方法管理企业的指示，进一步搞好省专业化和企业之间的配合协作，充分利用现有设备，发挥生产潜力，合理使用瓷土资源，开展综合利用，组织好供产销的平衡，做好科研、生产、试验三结合，以促进我省的瓷业生产，兹决定成立省瓷业公司。

根据省委白栋材书记的指示精神，对成立公司的有关事项作如下规定：

(一)公司名称：公司命名为江西省景德镇瓷业公司。为江西省轻化工业厅直属企业单位。

(二)地址、机构、人员：公司设在景德镇市。其编制人员以原景德镇陶瓷工业局及其所属单位为基础成立，不另外增加编制，但公司的党、工、团和为加强矿山资源调查工作，需要新增公司矿务科，二者共需要新增企业编制40名。

(三)管辖单位（26个）。

1.原景德镇市陶瓷工业局所辖瓷厂：包括红星、宇宙、新平、建国、东风、红旗、景兴、光明、艺术等九个瓷厂。

2.原景德镇市陶瓷工业局所辖瓷业辅助工厂：包括耐火材料厂、瓷用耐火材料厂（即匣钵厂）、瓷用化工厂、包装厂及为瓷业生产服务的机械厂陶瓷运输队等六个单位。

3.全省各瓷土矿：包括浮东、景德镇市瓷土厂和大洲、星子、庐山、余干、波阳五个瓷土矿，共七个单位。

· 1 ·

1964 年 4 月 8 日，《关于成立江西省景德镇瓷业公司初步方案》的手书稿

中共江西省委文件

赣发(64)3 7 4 号

★

（秘密）

省委关于成立江西省瓷业公司的批示

省轻化工业厅党组、景德镇市委并有关地、县委，庐山党委：

　　省委原则上同意轻化工业厅党组和景德镇市委的报告，成立江西省瓷业公司。根据周总理和富春、先念、震林、一波几位副总理的指示，这个公司的主要任务是：从改进生产技术管理着手，将有关生产单位组织起来，加强领导，促进生产，提高质量，降低成本。在国家计划的统一安排和中央有关部门的指导之下，集中全力搞好生产。至于产品销售业务，仍按原有规定进行，公司不得自行经营。关于设立公司过程中的具体问题，请省轻委、省委工交政治部、轻化工业厅党组和景德镇市委共同研究解决。公司的领导干部配备，由省委工交政治部和省委组织部研究提出名单，报省委决定。

　　附：省轻化工业厅党组、景德镇市委"关于成立江西省瓷业公司的报告"

中共江西省委

一九六四年九月八日

已发：有关部门

033

1964 年 9 月 8 日，中共江西省委关于成立江西省瓷业公司的批示年1月，公司革委会政工组改为公司党委政治部；4月，后勤组从公司分出成立江西省陶瓷工业公司原燃材料供应处，负责通过向国家申请调拨和市场调节进行采购、运输、储存、供应产瓷计划所需的瓷土原料、燃料和包装材料等，成为省陶瓷工业公司的主要后勤基地。

1973年3月，景德镇市编制委员会批准公司制定的机构设置、人员编制与职责范围的意见。公司总编制定为206人，机构设置为：内设政治处。政治处下设组织科、宣传科、纪检科、群众工作科、调查研究科和干部轮训班；内设办公室、保卫科、生产科、劳工科、技术科、财务科、基建设备科、矿山管理科、包装检验科、国家用瓷办公室、产品设计室。4月，市编委又决定将原批设的公司政治处改为政治部。

1978年8月，撤销公司政治部和政治部下设的组织科、宣传科、纪律检查科和公司办公室。设立公司党委办公室、组织部、宣传部和纪律检查委员会办公室；增设公司经理办公室、计划统计科、安全环保科；将公司包装检验科改为质量管理科。1980年4月，公司将生产科担负的销售业务划出管理，增设销售科。1981年1月，增设增产节约办公室，同时撤销工业学大庆办公室。1982年1月，为加快陶瓷技术改造步伐，在公司设计室的基础上成立景德镇陶瓷工业设计院。1985年4月，市编制委员会重新核定公司职能部门的设置，党委系统设办公室、组织部、宣传部；行政系统设生产经营部、技术改造部、技术开发部、人才开发部、财务核算部、情报信息部，经理办、质量管理办公室、企业管理办公室、地县陶瓷办公室和保卫科。另外，公司党委纪律检查委员会、人民武装部按上级有关规定设置。

至20世纪80年代中期，江西省陶瓷工业公司拥有78家企、事业单位，6万余名职工，建成包括地质勘探、矿山开采、原料加工、石膏模具、陶瓷机械、陶瓷窑具、窑炉建筑、瓷用化工、原燃料供应、陶瓷制造、内外营销、科研设计、文博馆藏和陶瓷高、中等教育在内的完整的现代陶瓷工业体系和科教文博体系，承担着景德镇陶瓷管理职能。

交流协作

"匠从八方来,器成天下走"。景德镇从宋代五大名窑中脱颖而出,确立了青白瓷系列。千百年来,景德镇陶瓷的传承和发展,与国内外陶瓷产区和陶瓷技术的交流协作分不开。中华人民共和国成立后,随着国家对外交往的增多,景德镇对外交流协作也逐渐增加,1954年成立景德镇市人民委员会交际处,开展对外交流,当年就接待外国专家、学者31人。

(一)技术输出

1954年,应朝鲜政府建材工业省的要求,景德镇市派出江西省陶瓷专科学校教师、陶瓷工艺工程师谢谷初和陶瓷工艺师邹建金,赴朝鲜帮助恢复建设。谢、邹在朝鲜窑业工厂工作期间,研制成功瓷砖白釉32种、坯体配方20种、色釉配方52种、耐酸瓶坯体配方15种、日用瓷配方11种、化学用瓷配方9种,并装制机械辘轳车、制作全套模具,使生产效率提高40%。同时,还为工厂培养技术人才47人。回国前夕,朝鲜政府工业省为他俩颁发了劳动模范勋章。

1954—1955年,民主德国、捷克斯洛伐克、波兰、阿尔巴尼亚和保加利亚等国,先后请求景德镇提供陶瓷技术资料,在轻工业部及省、市委的应允和支持下,全市共动员科技人员和有丰富实践经验的老艺人及有关干部495人,在实践的基础上进行资料搜集、整理和经验总结,分别向上述国家提供所要求的资料。这些资料包括:制瓷方面坯体成分,制作方法

（薄胎、大件、陈设瓷、餐具、茶具等瓷的制作和实物样品、原料及辅助材料），坯釉料配制方法，施釉方法，烧成过程等。装饰方面有瓷器的色料，釉上、釉下的彩饰方法，所用颜料的化学成分、配方以及景德镇传统色釉的配方等。

1955年6月，景德镇市陶瓷研究所高耀祖等8名制瓷技术人员，应邀赴蒙古人民共和国乌兰巴托市陶瓷厂进行援建工作。帮助其设计和营建厂房、窑炉，并教会蒙古工人制瓷技能。

1956年7月，景德镇市瓷用化工厂接受培训一位来自朝鲜民主主义人民共和国的实习生姜锡意。在短短的一年时间内，教会其掌握了釉上贴花花纸、新彩颜料、粉彩颜料及瓷用金水的全部制作技术。姜锡意于1957年8月24日离景回国。

1956年8月，景德镇市陶瓷工业研究所工程师谢谷初、赵灵武赴越南支援陶瓷工业建设，荣获越南民主主义人民共和国政府的奖状和奖章，于1957年3月完成任务回国。

1956年9月—1957年2月，阿尔巴尼亚社会主义共和国陶瓷实习团在达维尔乔乔里工程师的带领下，一行18人到景德镇重点实习：白色瓷器的原料加工和坯釉结合、机械辘轳压坯成型、注浆成型、彩绘、烧窑、匣钵制作等方面的陶瓷生产技术。

1958年，先后两次为苏联培训颜色釉方面的人员。一次是为苏联的杜了夫工厂培训了6名色釉技术人员；一次是为苏联的留学生培训，使其掌握了多种颜色釉的制作工艺。

1958年下半年至1959年底，以黄明亮为组长的越南民主主义人民共和国留学生实习团景德镇市实习组一行18人，在景德镇陶瓷学院及有关瓷厂实习1年多，分别学会了制作瓷雕、彩绘、器型设计以及纹饰等方面的技术。1959年10月20日，在景德镇市实习的留学生受越南驻华使馆的委托，将胡志明主席赠送的1枚金质纪念章献给景德镇陶瓷学院，以示

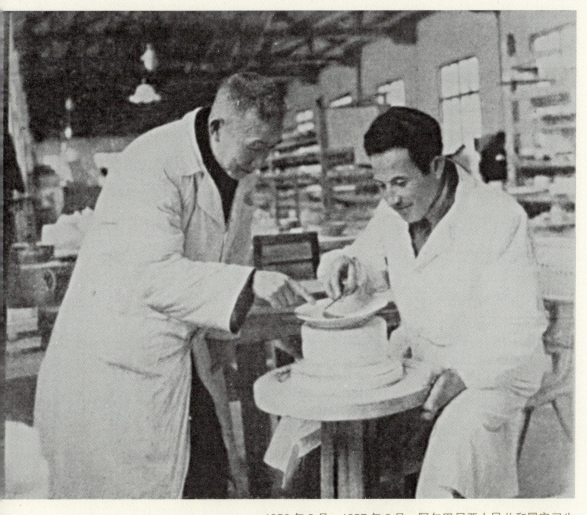

1956 年 9 月—1957 年 2 月，阿尔巴尼亚人民共和国实习生在景德镇实习

感谢。

1958—1961 年，波兰、保加利亚先后派留学生，到景德镇陶瓷学院学习陶瓷工艺技术。

1974 年，陶瓷美术家张松茂赴日本考察，在东京做现场技术表演。

1974 年，新西兰陶瓷工业技术考察小组一行 5 人到景德镇考察。

1975 年，澳大利亚陶瓷代表团一行 10 人到景德镇考察。

1975 年 7 月，罗马尼亚粗细瓷餐具组派员来景德镇考察学习制瓷技术，学习考察范围涉及陶瓷原料性能、生产粗、细瓷餐具的坯料配制及颜料配方、产品按质分级标准以及产品包装方法等。

（二）技术协作

1954 年 6 月，德意志民主共和国同中国签订了技术合作协定，要求中国为其提供陶瓷生产资料。此协定经国家计划委员会批准后，由轻工业部交给景德镇具体执行，同时请中国科学院上海冶金陶瓷研究所、第一机械工业部湘潭电器学校、江西省工业厅等单位协助。景德镇成立了以市委书记为主任的执行机构"陶瓷工作委员会"，广揽人才，系统地把原料、坯釉、成型、烧炼、彩绘等技艺人员的实践经验上升到理论层面，编印出《景德镇制瓷技术总结》《景德镇陶瓷史稿》《景德镇瓷业资料》《瓷器的彩绘》等书籍。当年 11 月份完成"中德技术合作协定"的瓷器样品生产任务。12 月完成了中德技术合作陶瓷技术资料任务。

1955 年 4 月 6 日，波兰陶瓷专家毕盛基、查依可夫斯基、塞斯卡、卡尔瓦夫斯基一行 4 人专程到景德镇，与景德镇市陶瓷研究所的技术人员开展为期 33 天的技术合作，完成对景德镇陶瓷企业情况和制瓷原料性能的调研。还学习和记录了青花、釉里红等颜料的制作方法。

同年，按中捷技术合作协定，捷克斯洛伐克专家巴苏斯和波热佐夫斯基到景德镇陶瓷研究所考察学习颜料的制作。成功烧造 4 个钧红颜色釉百件天球瓶。此后，景德镇还陆续接受和完成中共中央交给的中阿（阿尔巴尼亚）、中保（保加利亚）等 11 个国家的技术合作任务，编写了技术合作资料，专门烧制出精细瓷器、颜色釉釉上彩等实物样品。

（三）技术引进

1955 年，由中共景德镇市委书记率景德镇市陶瓷工业研究所工程师一行 3 人赴捷克斯洛伐克进行技术考察。

1958 年，国家计委决定景德镇市新建 1 座现代化全能瓷厂——景德镇瓷厂，并聘请捷克斯洛伐克陶瓷专家 6 人来景德镇进行设计论证、工艺试验和设备调试等。

1958 年初，景德镇瓷厂筹建处 7 人，赴捷克斯洛伐克学习陶瓷生产和管理经验。

1965—1978 年间，景德镇陶瓷有关厂、所技术人员 3 次赴日、英和北欧 7 个国进行考察学习。

1966 年，从英国和日本共引进陶瓷生产设备 18 台，其中原料设备 7 台、成型设备 7 台、花纸设备 4 台。从英国引进的有 1 台榨泥机和两台振动筛，其余均系从日本引进。从日本引进的高效除铁器（PF-1000），磁感应强度为一万高斯，为国产盆式除铁器的 20 倍；生产能力每小时 3~4 吨，为国产的 6 倍。景德镇市陶瓷机械二厂，通过吸收和改进制造出的新机型，向全国推广，获轻工业部科技成果四等奖。从日本引进的真空泥机（sk-1），每小时练泥 5 吨，红星瓷厂制泥任务 83% 由此机完成。从日本引进的热滚压成型机，在景德镇市玉风瓷厂首次使用阳模压坯制成高档旋纹餐具，质量优良。

1979 年，应日本濑户市市长加藤繁太郎邀请，景德镇市以陶瓷科技人员为主的陶瓷友好访问团一行 10 人，赴日本濑户市进行为期 7 天的友好访问，对日本的现代陶瓷工业技术进行考察。并将考察成果分别在玉风、宇宙、为民、红星等瓷厂进行推广。此后，还从日本引进一批先进设备和技术。这些引进的设备和技术，经过消化、吸收、应用，取得成果的有：阳模滚压工艺、真空脱泡压力注浆工艺、异型注浆品种低温素烧工艺、干燥和烧成二次垫饼工艺、链式小气流喷射干燥工艺、"小膜移花"贴花工艺、二次烤花工艺等。

此外，还仿制和推广一批日本进口的高强度除铁器、双真空不锈钢练泥机、单缸泵、阳模自动滚压成型机、泥浆真空脱泡搅拌机等，且在吸收日本先进经验的基础上，设计制造了 TCYCT 型大截面烤花辊道窑。

（四）国内交流

1954 年 12 月，中央美术学院梅健鹰先生与景德镇著名老艺人王大凡、刘雨岑、张志汤等 20 余人，共同执教景德镇陶瓷美术学校第一期培训班。其间，梅健鹰先生与王大凡、刘雨岑、张志汤等本土陶瓷美术家相互学习、相互借鉴、切磋技艺、交流经验，传为美谈。

1955 年，景德镇在推广"以煤代柴"建造煤烧圆窑过程中，得到兄弟产瓷区萍乡市的无私援助，第一张煤烧圆窑图纸就是萍乡瓷厂提供的。景德镇市建国瓷厂吸收萍乡瓷厂和外省烧倒焰煤窑的经验，在市东郊一分厂（宇宙瓷厂前身）建成 6 座方形倒焰窑，次年正式投产。

1957 年，景德镇第二生产合作社根据无锡利民瓷厂图纸，新建 3 座 93 立方米圆形倒焰窑，并投产成功。

1962 年 3 月，"景德镇艺术瓷厂陶瓷艺术作品汇报展览"在北京举行，历时一个月，参观人数达 50 余万人次，精美的陶瓷艺术作品受到中央领导和首都人民的高度赞赏。这是艺术瓷厂，也是景德镇首次以厂家名义在首都举办的陶瓷艺术展览，有多件珍品被国家博物馆和故宫博物院收藏。此后，景德镇在北京、上海、哈尔滨、厦门、广州、天津等数十个城市成功举办了逾百次景德镇陶瓷展览或选送陶瓷作品参展。

1964 年 7 至 8 月，时年 64 岁的中国美术学院首任院长、著名画家、艺术教育家林风眠、时年 67 岁的上海美术家协会副主席王个簃、时年 72 岁的上海文史馆馆员、上海中国画院画师朱纪瞻、时年 54 岁的中国美术家协会上海分会副会长唐云，在毛泽东同志《在延安文艺座谈会上的讲话》发表二十二周年之际，专程来到景德镇体验生活、创作瓷画、参观考察、互鉴互学。其间，在艺术瓷厂考察和创作瓷画一个星期，与卓安之、毕渊明、欧阳光、张松涛、陆如等景德镇瓷绘名家交流学习，为景德镇陶瓷学院、陶瓷研究所及艺术瓷厂的美术爱好者、学生授课，深入街区里弄、湖田古窑址等地考察体验景德镇陶瓷的博大精深。他们在景德镇一个多月的活动，引起全国文化美术界巨大反响，更成为景德镇陶瓷历史上的一段佳话。

1965 年 10 月 29 日至 11 月 30 日，江西省瓷业公司、景德镇市手工业管理局在北京中国美术馆联合举办一次规模盛大的"景德镇瓷器展览"，共展出 500 多个品种 3000 余件展品。展览期间，中共中央副主席、全国人大常委会委员长朱德、全国人大常委会副委员长郭沫若、杨明轩、全国政协副主席蔡廷锴、许德珩、李德全等先后参观了展览。展出期间，还接待了朝鲜、罗马尼亚、保加利亚、匈牙利、苏联、蒙古、捷克斯洛伐克、德意志民主共和国、波兰、古巴、日本、英国、法国、意大利、美国、加拿大、西班牙、芬兰、瑞典、瑞士、丹麦、印度、荷兰、澳大利亚、新西兰等50多个国家和地区的300多批外国朋友。这次展览，共接待国内外观众10万余人（次）。新华社、《人民日报》、中央人民广播电台、《工人日报》《光明日报》《北京日报》《北京晚报》等新闻媒体对这次展览都做了专题报道，对中华人民共和国成立以来景德镇陶瓷所取得的成就及展出的产品给予了较高评价。

1978年10月10日至11月20日，"景德镇瓷器展览"在北京北海公园举行，展出期间，共接待国内外观众30万人（次）。新华社、《人民日报》、中央人民广播电台、《光明日报》《人民中国》《人民画报》《北京日报》先后对这次展览做了专题报道。中央新闻电影制片厂还将这次展览拍成了彩色电影专题片。

1964 年 7—8 月，中国美术学院首任院长、著名画家、艺术教育家林风眠，上海美术家协会副主席王个簃，上海文史馆馆员、上海中国画院画师朱纪瞻，中国美术家协会上海分会副会长唐云来景德镇学习、创作、交流、授课

|第七节|

人才队伍建设

中华人民共和国成立后，景德镇陶瓷人才队伍日益壮大。1959年，景德镇市人民委员会为第一批193名陶瓷技艺人员授誉。其中33人为陶瓷美术家、55人为陶瓷美术设计师、105人为陶瓷美术设计员。1960年，江西省人民委员会批准张水贵、余昌仁为陶瓷工艺工程师；曹谦仁、余祖茂、余昌代、邵金生、程爵贵、冯祖发、余炳炎、余略炼、杨文宪、余建笔为陶瓷热工工程师；吴玉诚、戚银保、倪鸣皋、李方根为陶瓷机械工程师。其中张水贵、余昌仁、邵金生、余祖茂4人被中国科学院江西分院聘请为特约研究员。1961年，中共景德镇市委、市人民政府为第二批103名陶瓷技艺人员授誉。其中8人为陶瓷美术家、23人为陶瓷美术设计师、72人为陶瓷美术设计员。1964年，全市共有陶瓷美术家36人，热工、工艺工程师和陶瓷美术设计员230人。

192

1965年，全市陶瓷工业中共有工程技术人员740人。其中陶瓷工程制造方面有388人（工程师16人，技术员231人，助理技术员等141人）；机械、电力工程技术人员124人。在生产工人中，拥有技术操作熟练的技艺工人15370人。其中1级技工7477人，4—5级技工7203人，6—8级技工690人。

第四章

技术革新　工艺变革

　　中华人民共和国成立后，随着生产关系，生产方式的不断变革，生产力中最活跃的因素被激发出来，广大干部职工大干社会主义的积极性、创造性得到充分发挥，群众性的技术革新活动如火如荼，硕果累累。从 20 世纪 50 年代初至 60 年代末，广大职工和科技人员发明和采用新技术、新工艺数以千计。同时，涌现了一大批革新能手和劳动模范，培养和造就了一支陶瓷科技人才队伍，为加快陶瓷的发展增添了活力，为景德镇陶瓷产业上档次、增产量和新品开发奠定了基础。

技术革新活动

"集天下名窑之大成，汇各地良工之精华，"景德镇陶瓷千年不衰与其开放包容、不断创新的文化密切相关。

中华人民共和国成立后，开展了广泛的群众性技术革新活动，取得了许多技术革新成果。

（一）"找窍门、学窍门、传窍门"技术革新活动

1951年，景德镇市人民政府为提高日用瓷产量和质量，决定在陶瓷行业开展"找窍门、学窍门、传窍门"技术革新和竞赛活动。在活动中，各窑厂、坯厂共取得200多项革新成果。1952，参加竞赛的职工13382名，找出了窍门222件；1953年，参加竞赛的职工有14192名，并提出有关改进生产设备等建议1112件，70%以上得到解决。先进经验也得到推广，如先进烧窑法，仅节约窑柴一项，全市每年即可节约34500担，折合人民币六亿多（旧币）。

1954年竞赛中，逐步贯彻规划要求，开始克服竞赛中的突击性与盲目性。五月间各瓷厂开展了以技术革新为主要内容的劳动竞赛以后，先进经验不断出现。如窑厂铁饼扑炉法、脚踏辘轳车、溜柴窑法、坚固模子等，都得到了推广。

从提高生产力出发，市委、市政府于1954年7月发布《在全市工矿企业中开展技术革新运动的指示》，提出群众性技术革新运动主攻方向是

步捷高整領組織。

5、在目前禁生産的發展情況下，必須解決失業人員的勞動就業問題，今年要求基本就業失業人員的就業計劃，由勞動局、工業局、工會在本星期內（二一八日）提出具體方案。

6 礦山的地質勘測工作在中央尞的地質學.翰帮助下，將绕土、礦山進行一次勘測工作，在南港、石棲、陳湾、餘干、鄱溪、諸里等主要礦，經過勘測與也地質區，我們應加強此一工作的領導與帮助。

市委的分工是：

一、按街革新爲主要内容的勞動競赛，由張雲程同志負責。

二、茗廠的改進領導有吉籍尚同志負責。

三、礦山勘測發士化跡及有鬪武驗研究有殷勗陂同志負責。

四、陶瓷美術設計造形由採女泮同志負責。

中共景德鎮市委工業總篡組

一九五四年八月三日

四

075

1954 年 8 月 3 日，中共景德镇市委印发文件明确技术革新劳动竞赛领导分工

解放初期的景德镇陶瓷生产场景

革新生产工具和生产设备，改进生产方法和生产工艺，发动群众人人献计献策，动脑筋、找窍门，大胆创造发明。

当时的技术革新大都是土法上马，虽然不能从根本上提高陶瓷生产力，但在当时整个陶瓷生产工艺水平落后，技术装备水平低的情况下，对陶瓷生产仍然起了不容忽视的推动作用。"一五"时期取得的革新成果很多，仅 1954 年统计，就有 60 余项，体现在各工序和环节。

窑厂方面革新有泥木扑炉法、铁扁担扑炉法、改进铁板扑炉法、新式保险炉法、挛窑不砌卤法、玻璃看火法、烧窑吊火法、冷窑法、满窑搭泥法、四梯砌冲法、车子倒柴法、溜柴烧窑法、满窑升坯法等。

坯厂方面革新有石膏模型母模印制瓷子模、泥床代匣桶淘泥法、糠渣代饼子装坯法、复火饼子装坯法、混水转坯法、新土做渣饼、双笔画坯法、海泥下货架、木架挑坯法、四轮车搬货砖、脚踏辘轳车、脚踏转盘车改进火模子、坯胎喷花法、坚固模子、折边器模型注浆、石膏模注壶咀、改进鱼盘过江拆底、连柄注牛奶盅、墩咀按坯法、苏联壶统一规格、脚踏喷釉机、接耳不亚法、双手沾釉法、双钳沾法、改进挖坯刀、五联印串机、传坯车、四联注浆模、四咀注浆壶、排列注浆法、元宝盘注浆成功、琢器大件的新渣饼、蜡代替挖坯法、膏模注三十件壶把、针匙压饼做坯法等。

瓷土矿山方面革新有三塘滤水法、排水沟、通风眼、推土车、接水龙、改进做瓷土块等。画瓷方面革新有喷漆机吹红、单笔画双金、铅板刻花套刷法、流水作业法和平炉、自来金笔镶金法等。匣钵方面革新有牛车滚土、天车吊土、改进辘轳利刀模子、溜筛筛土等。此外包装方面革新是改进卷龙机和菱草机。

成效较突出的有：1954年8月20日，人民铁工厂（陶机厂前身）试制成功全市第一部脚踏旋坯车，并在建国瓷厂灰可器车间投产使用，比手摇辘轳车提高效率25%以上，同时减轻了工人的劳动强度。同年11月，公私合营第一瓷厂三组工人集体创制排列辘轳车，改变千年以来陶瓷工人徒手执棒搅车的操作方式，不仅减轻了劳动强度，而且生产效率比手工提高33%。此后，在全市陶瓷行业普遍推广。

1955—1957年，进一步发动工人、干部开展技术革新和技术革命活动，并取得一批具有价值的革新成果，其中第九瓷厂创制的第一部注浆机可提高功效两倍；试验瓷厂改变产品结构，在原来只能生产几种产品基础上发展到能生产50余种产品；第九瓷厂脱胎组试验"火笼烘坯法"，保证了雨天能照常进行生产；此外，还有辘轳车、压饼机、打饼机和焦炭烧红炉；尤其是柴槎合烧、煤柴合烧、新满窑法及低温釉等革新项目，皆在全行业范围内推广。

1958年，江西省陶瓷工业技术革新项目表（1）

1958年，江西省陶瓷工业技术革新项目表（2）

（二）"人人献策　个个革新"技术革新活动

1958年，广大职工和干部，在"人人献策、个个革新"的热潮中热情迸发，全年共提出革新建议4700余条，创制成功268项。其中第八瓷厂将手工操作成型改为电动辘轳车压坯，提高工效1倍多，这一革新在全行业推广后，全年增产瓷器4万多担（折合864万件）；第四制瓷合作社在此基础上先后创制出辘轳车自动压坯、自动刮坯的先进操作方法，提高工效1倍；机械厂（后改为陶瓷机械厂）试制的真空练泥机，每小时可练泥5吨；市出口瓷工作组研制成新的配釉法，使瓷器白度达83.45%，为扩大瓷器出口提供了条件。此外，过去一直依靠进口的蓝电光装饰颜料也试制成功；华电瓷厂试制750厘米直管电瓷，经国家建筑工程部设计总局鉴定，质量在全国同类产品名列第一；美术瓷厂的以贴代画、以喷代刷的彩绘工艺革新成功，年增彩绘产值100余万元。

（三）以机械设备改造为中心的技术革新活动

1959年1—10月，持续开展"双革"运动，共提出建议12578条，在全系统推广的有6157项，其中正式投入生产使用的达2655项。主要革新成果有：半自动双刀压机、多刀利坯、双刀刮坯机、半自动施釉机、压坯机、压力注浆法以及水波池精制原料法等等。

1965年1—10月，省陶瓷公司所属瓷厂共提出革新建议4000余条，推广成功项目606项。其中，显著提高功效的有高级美术瓷厂采用机压成型生产大茶盘和莲子耳盅，平均提高工效2倍多；还有新平瓷厂以贴花、印花代替绘画，提高工效6倍，这项革新成果一直沿用至今。当时较大革新成果还有清水贴花、一条龙生产作业线、蘸浆接柄、磨光机等项目，对推动技术进步、发展生产起到积极作用。

玲珑打眼器

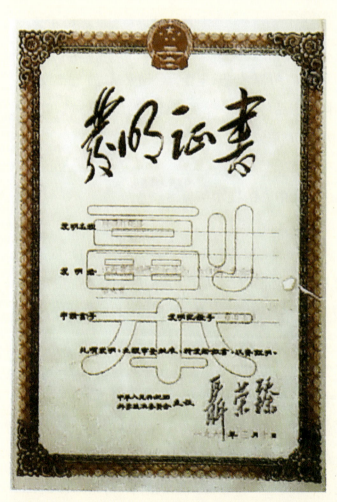

1966 年，"青花玲珑打眼器" 荣获由聂荣臻签署颁发
的中华人民共和国发明奖（编号：190807172127）

1966年，红星瓷厂在原单管施釉机的基础上，制成三管施釉机投产使用，适于滚压成型的盘、碟类产品的坯内、外、底三面施釉。每分钟施釉12只，比手工操作提高功效1倍，减少操作人员21人，釉面厚薄一致，质量显著提高。同时还自行设计和制造鱼盘压坯机，可压7~16英寸的鱼盘。这一时期，还有一项革新成果引人注目，1966年3月景德镇市红星瓷厂余伯德、黄禄寿、张小贵等发明的玲珑打眼机，荣获国家发明奖。

1968年，人民瓷厂建成烧煤隧道窑。同时，经调整配方，改进操作，终于用煤窑烧出青花瓷。与此同时，还有为民瓷厂创造的自动印花机，红光瓷厂创造的青花玲珑自动成型机，人民瓷厂创造的抽真空加压注浆机，宇宙瓷厂创造的雷蒙干粉练泥机，艺术瓷厂创造的接绳卷草包装机以及陶机厂试验用硫黄代替木材制模成功等。

技术革新能手罗迈生在工作中

1970 年，贯彻中共中央关于开展增产节约运动的指示，技术革新方兴未艾，并取得一批新成果。如双头挖底机（L290 型）是红光瓷厂自行设计和制造，于 1971 年正式投入生产中使用。该机小巧，适于碗类、盅类等品种，每台班产 5000 只，比手工挖底提高工效四倍。挖底规格一致，质量好，在景德镇市推广。

1967—1971 年，陶瓷系统共创造革新成果 367 项。其中红星瓷厂工人罗迈生等人所创造的磨坯、利坯、施釉、取釉、补水 5 道工序联在一起的 70 型自动成型机，提高工效 5 倍。1972 年，取得新成果 616 项，其中主要有油烧锦窑试验成功，单滚头联动成型机试制成功，并投产使用。

1973 年，景德镇木材厂（后改为景市陶机二厂）在红光瓷厂双头滚压成型机的基础上，吸取国内和国外先进经验，改进滚压成型机的设计。改进后的 450 型滚压成型机，结构简单，机型小巧，适于景德镇地区冷压成型，基本上能满足成型工艺和产品质量的要求，以红光瓷厂为例，青花玲珑碗的合格率 84%，受到瓷厂普遍欢迎，并畅销全国各地。

204

成型工艺革新

围绕提高劳动生产率、增加产量、提升质量和改善劳动条件等目的，景德镇陶瓷在广泛开展群众性的技术革新活动的同时，对陶瓷原料、成型、烧成等传统工艺，也进行积极的攻关和革新，使景德镇陶瓷工艺日益精湛、生产效率大幅提升，尤其是"柴改煤"烧成工艺的变革，具有划时代的意义，改变了千百年来用松柴烧瓷的历史，而且还带动和推进了其他陶瓷工艺的变革。

（一）原料釉料

1. 矿山开采

20 世纪 60 年代以前，景德镇高岭土开采、淘洗均为手工，开采瓷石打钻、爆破也靠人工，井下运输是人力，矿内照明用矿烛，排水还是靠人工。这种生产方式不仅工效低，而且安全隐患大。

1958 年下半年，浮东瓷石矿首次使用矿山风动设备，改手工打眼为机械凿岩。1964 年 9 月，三宝蓬瓷石矿进行技术改造，矿山实现风动机械凿岩，矿车运输绞车提升、轴流风机通风、水泵抽水，并完善井下安全设施，彻底改变了以往的落后生产方式。

1970 年，景德镇投资 230 万元开发建设柳家湾瓷石矿区，采用深部矿体斜井开采和平洞斜井联合开采方法，并采用中央式和两翼抽出式通风系统，实现井下总风量配给生产体系。

1973—1974年，大洲瓷土矿叶三保等人改革旧的开采方法，利用当地丰富的水力资源，选定在高于高岭土矿床15米的两山之间，拦水砌蓄水塘，储水4万立方米，将水引入水枪，藉高位水压冲射到已经剥离干净的原矿矿床，使矿土形成泥浆流入储浆池中。使用水力采矿新方法，比旧法开采节约劳力15人，日产量也比原来提高4倍。该开采方法获1978年景德镇科学大会优秀科技成果奖。

1975年5月，市瓷石矿采矿工程师龚建华、郭东初、肖焕柳等根据柳家湾瓷石矿体厚、矿脉零乱破碎等特点，在全面总结以往回采经验的基础上，编写《垂直矿体水平分层干式充填采矿法试验方案》，选定在景德镇何家蓬矿区试验，达到回采率高、工艺简单、操作安全的效果，并在全省陶瓷矿山推广。

2. 泥料加工

中华人民共和国成立初期，占瓷用原料总量70%以上的瓷石粉碎仍靠水碓。从1954年起，开始改用机碓，并将分散作业改为集中作业，由沉淀脱水改为机械压滤，由手工制作改为机械制作。1956年至1957年，国家曾拨款20万元在老鸦滩建成机碓265支，使用机碓后，提高了粉碎效率，有效地保证了生产的连续性。1957年，市瓷土厂引进雷蒙机粉碎设备。为提高雷蒙机的粉碎细度和解决除铁问题，市瓷土厂组建一个原料粉碎车间，以雷蒙机做"中碎"设备，球磨机做"细碎"设备。该车间投产后，加工质量基本上满足当时瓷业生产的需要，但细度仍未达到规定标准。为进一步提高粉碎细度，陶瓷工业公司于1966年底，把雷蒙机的改造列为技改的项目之一，组织力量攻关，经过反复试验，于1967年5月攻下难关，使雷蒙机粉碎细度达到了规定标准。雷蒙粉碎成为景德镇石类原料粉碎加工的重要方式，用此种工艺粉碎的瓷石粉（亦称雷蒙粉）占瓷石加工总量的80%以上。

1959年5月4日，市宇宙瓷厂首次建成两组土洋结合大型水簸池，取代缸桶淘泥法。水簸池主要由淘洗池、沉淀池、调浆池、回水池、排渣池五部分组成，并配有木质桨叶搅拌机、单缸隔膜泵、滤泥机、水泵等机械设备代替手工操作，每天可精制泥料 3 万公斤，相当于 120 位工人手工淘泥的日产量，成为 20 世纪 60 年代全省陶瓷行业泥料精制的主要工艺。

20 世纪 60 年代中期，省陶瓷公司、轻工业部景德镇陶瓷工业科学研究所和市人民瓷厂等单位，根据泥料精制"筛分法"有关理论，对已在矿山粉碎加工过的不（dǔn）子原料进行筛选，试验成功"不子原料化浆过筛新工艺（当时称原料精制 2 号工艺）"。1967 年在市人民瓷厂新建原料车间投入使用。该工艺由于不需设池淘洗，占地面积缩减为水簸池的1/6，操作人员减少 50%，有效地克服水簸池建筑占地面积大，淘洗坯料周期较长的不足。

1976 年，景德镇市电瓷厂首次采用能自动排渣的 180 目电磁振动筛，做泥料化浆过筛的进一步试验，并将过筛取得的泥料与球磨加工的泥料分别进行颗粒级比、化学成分、工艺性能、烧结范围等项目的对比测试，所得的数据接近球磨加工的泥料。1978 年初，全国日用陶瓷工业科技情报站主编的《瓷器》刊物上，发表《化浆过筛工艺的研究》专文，从理论上和实践上肯定了这一工艺的可行性，引起了陶瓷界的关注和重视。从此，该工艺在全省陶瓷行业迅速推广，取代了水簸池淘洗工艺。

1965 年市内大型瓷厂基本实现了磁选机、压滤机、真空练泥机等机械化生产。对泥料的后续加工操作，结束了手工淘洗、匣桶滤泥、脚踩练泥的历史。1965~1974 年，江西省陶瓷工业公司还从英国、日本引进压滤机、泥浆泵、高效除铁器、不锈钢真空练泥机共 8 台，景德镇陶瓷机械厂等单位加以消化吸收，先后设计制造出一批性能好、工效高的坯料加工设备。瓷厂全面实行坯料三次过筛三次除铁、二次真空练泥，使泥料质量合格率由 20 世纪 60 年代的 92% 提高到 95% 以上。

3. 坯料配制

中华人民共和国成立初期，景德镇制坯原料的配制与民国时期大致相同。20世纪50年代中期，以煤代柴烧成瓷器釉面较为逊色，科技人员经反复试验，研制出以煤为燃料烧成洁白釉面的产品。在该产品的坯胎原料配方中，采用高岭土—长石—石英石三元配方。此后，三元配方不断调整，产生了多元配制坯料的新工艺。

景德镇长石—石英—高岭土三元配方实例

长 石	石 英	临川高岭土	祁门瓷石	滑 石
30%	22%	48%		
10%	23%	55%	10%	2%
8%	18%	50%	22%	2%

20世纪70年代景德镇部分瓷厂坯料配方

厂 名	星子高岭	余干瓷石	三宝蓬瓷石	柳家湾瓷石	南港瓷石	祁门瓷石
为民	25%	15%	10%	50%		
红星	28%	28%	19%		35%	
人民	26%	15%	5%		42%	12%
宇宙	30%		10%	30%	30%	
建国	33.4%	40%			26.6%	
新华	24%	6%	6%		64%	

4. 釉料配方

20世纪50年代中期以后，随着窑炉和燃料的改变，原来的"釉果＋灰釉"的釉料配方，已不能适应新的变化，烧出的瓷器釉面大面积地产生吸烟缺陷。为寻求新的釉料配方，陶瓷科技人员进行反复试验，终于研制出一种以长石代替釉果加氧化锌、滑石粉的新配方，该配方适应煤烧窑炉，成为景德镇制瓷技术上的一项重大进步。该配方工艺1978年获景德镇市科学大会优秀科技成果奖。

与此同时，科技人员对长石釉进行试验。先后试验12个新坯釉配方，选定以祁门太和坑与临川高岭土制胎，以得儿坝、清水下釉石、寺前釉灰和白云石配合制釉，最后筛选出适宜于青花瓷使用的5种长石釉配方。这些坯釉原料配方在煤窑里烧成，除青花瓷外白瓷胎白度为81%以上，釉白度为78%以上，超过国际瓷器白度水平，半透明度超过历史水平。

1960年，科技人员以东埠高岭土为主加入少量的枫源高岭、南港瓷石、瑶里釉果组成瓷胎；用星子长石、星子石英、临川高岭等组成瓷釉，两者相结合获得成功。长石釉瓷器在生产上稳定以后，科技人员继续研究"长石质瓷胎釉"，于1961年研究成功61-19号胎和61-9号釉配方，这种坯釉原料相结合，烧制出的高级精细瓷器白度更高，半透明优良、无针孔、无波浪纹，被人们称为高白釉瓷，迅速得到推广。

1964年，煤窑焙烧景德镇传统坯釉（白里泛青）研究成功。63-2号胎料和A1釉料为优等坯釉配方。此项科研成果经江西省轻化工业厅组织技术鉴定，结论是：煤窑焙烧景德镇传统坯釉的试验研究，获得了较好的成效，制品吸水率低，白度、光泽度、釉层硬度和热稳定性均已达到景德镇市柴窑生产传统瓷的水平。在坯釉配方推广应用的同时，技术人员先后到红星、红旗、宇宙和高级美术（为民）等瓷厂，进行技术辅导和实验工作，并结合实践不断改进。

在坯釉的研究中，还有"接头泥"配方的改进。经鉴定，新研究的40号与37号两种泥料配料良好，用于镶接陶瓷制品，提高工效一倍多。在陶瓷生产中广泛使用这种接头泥料，不需挤压工序，还可减少半成品损坏和高级细瓷的变形以及内釉开裂等缺陷，对保证产品质量，降低成本，起到了促进作用。此外，还有精细耐热炻器坯釉配方试验成功。

5. 添加剂

20世纪50年代初，景德镇市各瓷厂仍沿用传统方法以明矾水做混浊泥浆的澄清剂；以黄篾浸液做泥釉料的稀释剂；以食盐做色釉浆的悬浮剂，以改善泥釉料的工艺性能，但操作较烦琐。

20世纪50年代中期起，改用碱粉、水玻璃、氯化铵等化工原料做添加剂，使操作较前简便。1977年初，市科委组织各瓷厂与有关协作单位，开展"腐植酸钠在陶瓷工业中的应用"研究，经过有关瓷厂科研人员的不断实验，取得初步成果。证实腐植酸钠具有增塑、增强、稀释、吸附、黏结等五大功能，对改善制瓷原料的可塑性、干燥强度等工艺性能的作用显著，操作简便。

（二）制坯技术

1. 拉坯成型

20世纪50年代中期，辘轳车拉坯仍为景德镇制瓷的主要成型方法之一。1955年，景德镇市陶研所试制成功机械辘轳车。机械辘轳成型代替手工搅动方式，简化如印坯、粗修等工序，使产品规格一致，提高了生产效率。1960年，市艺术瓷厂将辘轳车增设"无级变速"装置，可调节车速快慢，提高工效15%。

2. 刀压成型

20世纪50年代中期，开始使用旋压成型技术。1955年上半年，景德镇陶瓷专科学校举办压坯人员进修班，传授压坯操作技术。下半年，市第四制瓷社（现红星瓷厂前身）制成一台单刀手动压坯机。同年进修班学员设计制成"排泥木"，装贴在压坯型刀上代替用手指帮助排泥操作，这一革新得到全面推广。

机械辘轳车试验成功后，陶研所技术人员又发明"排泥刀"。提高生产率50%，并很快在江西、湖南等产瓷区广泛推广应用，匣钵厂也利用排泥刀生产大器匣钵。机械辘轳车和排泥刀的研制成功，是景德镇瓷业生产成型改革的一个重要环节，为成型机械化拉开序幕。

1958年9月，市红星瓷厂将手动压坯机改为脚踩拉杆控制型刀运动的压坯机，提高功效20%。同年，该厂研制成功用凸轮代替脚踩拉杆的装置，制造出全省第一台半自动铁木结构双刀压坯机，提高功效一倍。

1959 年，市红星瓷厂工人在压坯机上安装自动排泥装置，传动部分改用三角皮带蜗轮杆减速装置。1964 年 8 月，改进后的半自动双刀压坯机，经轻工业部与江西省轻化工厅组织技术鉴定，认为它是全国成型生产中的先进设备之一，正式定名为 Y-64 型半自动双刀压坯机，并决定在全国推广使用。

3. 滚压成型

滚压成型是用旋转的滚头对旋转的模型中的可塑坯料进行滚压，使坯料均匀展开而形成坯体的方法。1972 年，市陶瓷机械修配厂和市红光瓷厂技术人员合作研制成功 L-450 型双头滚压成型机，取代刀压成型工艺，用于碗盘产品的生产。由于滚压后的坯体致密度高，坯件光洁，干燥过程中的变形率减少，提高了制品的质量。1978 年获市科学大会优秀科技成果奖。

1972 年 10 月，市为民瓷厂研制成功 W-B 型单头滚压联动成型机，生产小碟子。该机由主机、辅机、链式干燥器三大部分组成。启动时，从装模、送泥条、投泥、滚压、取模、干燥、脱模等一系列工序实现了连续化机械操作，不仅改善了工人劳动条件，而且使产品合格率提高到 80% 以上。

4. 空心注浆成型

1955 年 7 月，景德镇市陶瓷工业研究所吸收苏联列宁格勒罗蒙洛索夫陶瓷工厂叶夫列莫夫所介绍的注浆经验，进行 12 寸鱼盘注浆成型试验成功，取代了传统的印坯成型法，工效提高两倍。此后，在景德镇市委扩大细瓷生产的号召下，景德镇市陶瓷工业研究所科技人员下到粗瓷生产的工厂，推广石膏模型注浆法，进行技术辅导工作。同年 10 月，市试验瓷厂工人技术人员改花瓶拉坯成型为注浆成型，工效提高 7 倍。同年 12 月 25 日，市第九瓷厂郑金根等试制成功景市第一部注浆机，生产效率提高 2 倍。

1960 年，市红星瓷厂注浆工人研制 1 台木质注浆机，工效高于手工操作 12 倍。

1965 年 7 月，市东风瓷厂试验离心注浆生产气球壶成功。

5. 实心注浆成型

1960 年 2 月，市东风瓷厂在全省率先试验高位槽实心注浆法（简称压力注浆）成型鱼盘制品，获得成功。1964 年，市光明瓷厂将压力注浆成型用于生产针匙（调羹）品种。1967 年，轻工业部陶瓷工业科学研究所与市人民瓷厂研制真空脱泡压力注浆工艺和设备，克服了泥浆中混有空气而引起的"气泡"缺陷，使泥浆水分少、干坯强度高、干燥收缩小、坯体致密、表面平整、气孔少、注浆性能好、坯胎成长快。生产效率提高 5~6 倍。

（三）干燥技术

中华人民共和国成立后，伴随各工序的不断变革，干燥技术也几经变革。

1. 室式干燥

1954 年，建国瓷厂分厂（宇宙瓷厂前身）率先使用以煤为能源的坑道式烘房来干燥坯体，使成型与干燥基本配套，1957 年在全市各瓷厂普通推广。1965 年，轻工业部陶瓷科学研究所设计一种散热排管式烘房，将锅炉蒸汽通入铁质散热器，使热空气在烘房上下各层干燥坯体的温度基本均匀，干燥周期为 3~4 小时，适应干燥快速的需要。各瓷厂先后采用这种方法，逐步取代坑道烘房。

1966 年，江西省陶瓷工业公司与市东风瓷厂研制成功倒焰窑冷却余热利用新技术，用于坯体干燥，每年可节约煤耗费用 6 万 ~8 万元。1967 年，市光明瓷厂利用煤烧隧道窑余热，引入烘房干燥坯体，一年可为企业节煤 300 吨。

2. 链式干燥

1965 年，景德镇瓷厂在捷克斯洛伐克专家的帮助设计下，建成链式干燥器与机械成型机配套。在省内率先实现成型、干燥一条龙作业。这种干燥器装有链轮与链条，链条上带有吊篮、干燥器的入口连成型机。带坯模型随链条在干燥器内运动的同时进行坯体干燥，直到链条运动到出口处，取出坯体，放入另一链式干燥器，空模型仍然留在吊篮上返回到入口处，供成型时重复使用。链式干燥器的热源使用锅炉蒸汽或窑炉余热，热效率高、劳动条件好、强度低，成为日用瓷生产连续化的样板。

（四）精坯技术

1. 利坯技术

传统利坯是在手摇的木质辘轳车上用铁质型刀进行手工操作。1953 年冬，裕民陶瓷股份有限公司（市东风瓷厂前身）在没有电动设备的情况下，做成 1 台"一联八动琢器利坯车"，用一只直径为 1 米的木质皮带盘，靠一人专司摇动，通过地轴，带动 8 部并列的木质小车盘，供 8 个利坯工操作。

1954 年 8 月，市人民铁工厂制成 1 台铁质脚踏修坯车，经市建国瓷厂圆器车间使用，工效提高 20%，并被迅速推广，至 1955 年底，已有脚踏辘轳坯车 1043 部。

1958 年，随着电动力成型车的普及，修坯车已逐步改为电动。至 1959 年，拥有 722 部电动辘轳修坯车。此后，所有用机压成型的圆口碗盘制品，均改用砂纸打磨边沿，荷口型制品采用钢丝网束打磨口沿。

2. 剐坯技术

1958 年以前，各瓷厂生产的圆器制品，都是在旋转的辘轳车上，靠手工掌握铁刀进行切泥剐底，工效甚低。1959 年 12 月，市红星瓷厂试制半自动刮剐机成功，剐坯工效提高一倍。

1965 年，市红星瓷厂研制成功 1290 型双头循环刮底机，刀片为合金钢加工而成，硬度高，不易碰裂坯底，工效比手工操作提高 4 倍，在全市各大瓷厂全面推广。1978 年获景德镇市科学大会科技成果奖。

（五）施釉技术

1. 施内釉技术

20 世纪 50 年代初期，坯胎的内釉仍沿用传统的荡釉法，操作难掌握，坯体易破损。至 50 年代中期，市宇宙瓷厂机压成型车间，改施内釉方法为在旋转的辘轳车上用离心法浇釉，不仅操作简便，工效也比手工荡釉提高 50%。60 年代初，在各厂机压成型车间普遍推广。

2. 施外釉技术

20 世纪 50 年代初期，施外釉仍沿用传统的浸釉法或吹釉法。这种操作方法，容易产生"底坏"等缺陷，工效也低。50 年代中期，市宇宙瓷厂圆器车间学习外地经验，率先使用吸坯器吸住坯体内底，取代用铁钩托住坯体的外底部浸釉。降低了劳动强度，克服了"底坏"缺陷。

吹釉用于大件坯体及薄胎瓷、雕塑瓷、瓷板等类不便浸釉的产品。1964 年 10 月，景德镇陶瓷工业局的科技人员利用压缩空气，使喷枪内的釉浆雾化，使之黏附于坯体上，不仅釉层厚薄均匀，还改善了工人的劳动条件，迅速取代了吹釉操作。

3. 内外一次施釉技术

1960 年 1 月，市东风瓷厂革新小组，为改变针匙产品分内外两次施釉的传统方法，采用支架携坯浸入釉缸中，同时完成数件产品的内外施釉。当年 2 月 10 日，市陶瓷工业局召开经验交流现场会，向全市各瓷厂推广。

1961 年，市红星瓷厂研制成功双管施釉机，使盘类产品施内、外釉同时在电动辘轳车上完成。

1966年，市红星瓷厂工人罗迈生试制成功半自动3管施釉机，它以机械控制釉浆流动。釉浆通过3根皮管同时射到坯体内、外和底部，一次完成盘类产品的全部施釉操作。1978年获景德镇科学大会优秀科技成果奖。

1970年，罗迈生、张学模等，以3管施釉机为基础，上联磨坯、扫灰、揿水，下联刮底釉等工序，制成1台精坯、施釉和半自动联动作业线，具有国内领先水平。

（六）陶瓷窑炉

陶瓷窑炉在陶瓷生产中占有极其重要的地位。中华人民共和国成立后，景德镇陶瓷窑炉经历了几次大的变革。主要是根据燃料种类的变化而进行窑炉的变革。即实现了从烧柴改为烧煤，从烧煤改为烧油，最后改为烧优质煤气的转变。

1. "以煤代柴"的变革

长期以来，景德镇陶瓷一直是靠柴窑焙烧瓷器，20世纪50年代初期，景德镇的陶瓷窑炉仍以景德镇柴窑（蛋壳窑）为主，柴窑容积约160—200立方米，大部分以松柴为燃料，少部分还用槎柴（各种杂生灌木材）为燃料，当时全市有柴窑100多座，其中槎窑有十余座，星罗棋布地遍及市区，如邑山窑、罗汉窑、磨鹰窑等，每窑次要烧700担左右松柴，每年要消耗大量的森林资源。随着瓷业生产的发展，窑柴的来源越来越少。四周的县份松木被伐光，并发展到找安徽省求援砍伐松木。砍伐数量大，砍伐面广，造成柴源越来越少，对景德镇瓷业产生极大的威胁，如不及时改变能源结构，景德镇瓷业生产不但不能发展，而且根本无法生存下去。因此，如何解决窑炉燃料更新问题更加紧迫。

在国民经济第一个五年计划末期，窑柴使用量迅速增加，1957年

江西省景德镇市人民委员会

程以清、曾义全代表：

您在市第六届人民代表大会第一次会议上提出的"关于以煤代柴，加强宣传，确保城和绿化荒山的成果，以利林业发展"的意见，业经市人民委员会核阅我室处理。经与有关部门联系，以煤代柴的工作正在推行，保护森林方面也采取了一系列措施。今后将进一步加强宣传，并由有关部门和单位切实做好绿化造林的管理工作。以上汇报，如有不当之处，敬请批评指正。

此致

敬礼

一九六六年二月二十八日

抄送：市民政局、林垦局、报社、电台、枫树山垦殖场

196 年 月 日

1966 年 2 月，人大代表有关以煤代柴提案办理情况

景德鎮市第六屆人民代表大會第一次会議
提案办理情形报告表

（发出时間：196　年　月　日。附原始提案　件）

（提案审查意见剪贴处）

意見第一号

案由：关於以煤代柴，加强宣传，确保城效绿化荒山的成果，以利林业发展由。

提案人：程以清、曾义金。

审查意见：作为意见由市人民委员会交人委办公室处理。

办理情形：

以完成百美部的联系点，以此化柴炒之州处措施，保护森林方面也采取了一些措施。今后以进一步加强
以此，再由百美部门切实收数绿化造林的管理工作。

承办机关　　（盖章）負責人　　　（盖章）承办人　　　（盖章）

关于以煤代柴提案办理情形

采购进货量达 472 万担，比 1955 年增长 157%，供应量达 348 万担，比 1955 年增长 120%，等于 25 万立方米的木材。省委省政府、市委市政府都对此极为重视，对景德镇瓷业发展前景、生产所需燃料困难，及时提出了以煤代柴的革新方案。因此，1956 年冬，市委组织成立了以煤代柴改窑总指挥部，领导全面柴窑改煤窑工作。

（1）**煤烧间歇式倒焰圆窑**。根据省外产瓷区的经验，开始选用一种方窑进行试烧，由于方窑四个角落区间温度和气氛都不够均匀，陶瓷科研技术人员经过不断摸索，反复试验，一种倒焰式大型圆形煤窑于 1957 年 10 月在第二合作社（景德镇陶瓷厂前身）试烧成功。这种倒焰式圆窑的燃烧室均布在窑四周，共设 8 个燃烧室，窑内气氛、温度都比较均匀。这是一种间歇式操作的窑炉，要经过人工装窑（约一个班次）、烧成作业（约三个班次）、停火冷却（约两个班次）、人工开窑（约一个班次），一个周期大约要两天多的时间。此种间歇式圆窑，容积 92 立方米，窑内直径 6 米，每窑次耗煤 12~14 吨。倒焰式大型圆形煤窑正式投入生产后，各瓷厂陆续兴建 92 立方米煤烧倒焰圆窑，为景德镇以煤代柴烧炼瓷器开辟新的道路。到 1965 年，全市有倒焰煤窑 131 座，年烧成能力达到当年日用瓷产量的 70%，逐步取代柴窑，基本上实现了以煤代柴的变革。

（2）**煤烧隧道窑**。使用 92 立方米煤烧倒焰圆窑，存在劳动强度大、操作环境温度高、烟尘污染严重、能耗高、质量不稳定等不足。20 世纪 60 年代末期，一种形如隧道的窑炉在陶瓷行业中问世，这种隧道窑由预热、烧成和冷却三部分组成。装载制品的窑车通过"三带"为一个焙烧周期，与倒焰窑相比，周期短、产量大、能耗低。1958 年，景德镇瓷厂从捷克斯洛伐克引进 3 条 97 米烧发生炉煤气的隧道窑。1965 年建成，1966 年投产，成为全国日用陶瓷行业最早使用隧道窑的厂家。1967 年，由轻工业部、江西省轻工设计院和江西省瓷业公司技术人员设计的 77 米煤烧隧道窑（窑内宽 1.30 米，设氧化炉一对，烧成炉四对）。市光明

煤烧隧道窑工人添煤作业

瓷厂建成投产后专门烧成青花玲珑瓷，日产青花玲珑瓷 2.6 万件。宇宙瓷厂从老景德镇瓷厂拆来一条 97 米 ×1.3 米的隧道窑，利用油压推车机、窑车、驮车和耐火材料，再补充部分耐火材料，改进成一条 70 米 ×1.3 米煤烧隧道窑。到 70 年代末，淘汰 12 座倒焰窑，改建 87 米煤烧隧道窑两条。（现在仍保留在陶溪川陶瓷工业博物馆内供人参观）。

为民瓷厂建有 12 座 92 立方米倒焰圆窑，同时从老景德镇瓷厂拆来两条 97 米 ×1.3 米的隧道窑，建成一条 90 米煤烧隧道窑。这四条窑的改造，使新华、宇宙、为民瓷厂增加了关键性设备、扩大了生产能力，也为发展煤烧隧道窑打下基础。随后，市内一些规模较大的瓷厂均陆续建起煤烧隧道窑。东风瓷厂原建有 12 座倒焰圆窑，60 年代初，新建一条 60 米 ×1.25 米的煤烧隧道窑，70 年代末，将倒焰圆窑改为 81 米煤烧隧道窑。红旗瓷厂新建一条 70 米 ×1.3 米煤烧隧道窑，生产釉下五彩餐具。窑具厂建有 80 米 ×1.64 米宽煤烧隧道窑一座，专门用来焙烧匣钵。因煤烧隧道窑的逐步推广，间歇式倒焰圆窑慢慢退出历史舞台。揭开隧道窑替代倒焰圆窑烧瓷的新篇章，到 70 年代末，景德镇共建成煤烧隧道窑 34 条。

20 世纪 70 年代末景德镇已建陶瓷煤烧隧道窑一览表

企业名称	煤烧隧道窑长 ×宽（米）	数量（条）	生产品种	备注
耐火器材厂	93×1.30	1	黏土砖、高铝砖	
为民瓷厂	90×1.30	1	日用餐茶具	
玉风瓷厂	54×1.2	1	日用餐茶具	
宇宙瓷厂	87×1.30	2	日用餐茶具	
	70×1.30	1	日用餐茶具	
东风瓷厂	60×1.25	1	日用壶类空心制品	
	81×1.30	2	日用壶类空心制品	
窑具厂	81×1.64	1	匣钵	
景兴瓷厂	81×1.30	2	日用餐茶具	
红光瓷厂	81×1.30	2	青花玲珑餐具	

续表

企业名称	煤烧隧道窑长×宽（米）	数量（条）	生产品种	备注
红旗瓷厂	70×1.30	1	釉下五彩餐具	
	81×1.30	2	釉下五彩餐具	
光明瓷厂	70×1.30	1	青花玲珑餐具	
	80×1.30	2	青花玲珑餐具	
红星瓷厂	50×1.10	1	日用餐茶具	
	81×1.30	2	日用餐茶具	
建新瓷厂	50×1.10	1	日用餐茶具	
人民瓷厂	50×1.10	2	青花瓷餐茶具	
新华瓷厂	50×1.10	2	民族用瓷为主	
电瓷电器公司	84×1.40	1	高压电瓷	
景陶瓷厂	93×1.30	1	釉面砖素烧	
建筑瓷厂	93×1.30	1	釉面砖素烧	
装饰材料厂	93×1.30	1	釉面砖素烧	
青花文具瓷厂	81×1.30	2	青花餐具及文具	
合计		34		

20世纪70年代景德镇油烧隧道窑

2. "以油代煤"的变革

随着陶瓷生产技术的发展，景德镇原有煤烧圆窑和煤烧隧道窑由于其生产周期长，劳动强度大，煤尘污染严重等因素，一定程度影响了陶瓷生产的进步和城市环境，不能适应现代工业技术要求。1974 年，景德镇开始用重油烧成陶瓷的试验，1975 年开始着手筹建重油烧成的隧道窑。于1976 年在市光明瓷厂建成一条 81 米油烧隧道窑。在试烧阶段，烧成产品质量不够理想。经多次试验，缺陷逐步得到克服。窑青、一级品率不断上升，一级品率从 23.93% 上升到 38.28%，达到了工艺技术要求。新一代的重油烧成陶瓷隧道窑取得成功。由于燃烧产物相对干净，烧成调节便于掌握，使陶瓷产品质量大大提高。之后，市宇宙、为民、红星、红旗、红光、建国、艺术、人民等瓷厂也相继建成油烧隧道窑，窑长在 80 米 ~90 米之间，其横截面积基本相接近。通过一段时间的试烧，产品质量又有了新的突破。实践证明用重油烧成陶瓷其质量稳定，并能降低工人劳动强度，减少费用，易于操作。到 20 世纪 70 年代末，全市建成 21 条油烧隧道窑和 9 条辊底烤花窑。

一九七六年陶瓷生产需要重油申请计划表

纳报机关：市计委　　　　　　　　　　　　　　　　　　计算单位：吨

需要单位	窑　型	每月耗油量	全年用量	生产在途库存	申请量合计	备　註
合　计	7条		14400	3000	17400	
宇宙瓷厂	85米长隧道窑2条	360	4320			
光明瓷厂	85米长隧道窑1条	180	2160			
红星瓷厂	85米长隧道窑1条	180	2160			
为民瓷厂	"					
红旗瓷厂	43米隧道窑1条	120	1440			
建国瓷厂	方窑	180	2160			

景德鎮市革命委員会
計划委員会文件

景计（1975）105号

———————————— ★ ————————————

关于报送一九七六年陶瓷油罐需要重油计划的报告

省计委：

我市七条陶瓷油罐除七五年已投产3条外，尚有4条计划在七六年一季度建成投产，现将一九七六年需要重油申请计划随文上报，请列入计划供应。

附：一九七六年重油申请计划表。

一九七五年十月七日

抄　报：省轻化局。

抄　送：陶瓷公司。

1975年10月7日，景德镇市计委向江西省计委申报重油计划

景德镇陶瓷已建油烧隧道窑一览表

企业名称	油烧隧道窑长×宽（米）	数量	生产品种	备注
为民瓷厂	90×1.30	1	日用餐茶具	
宇宙瓷厂	70×1.30	1	日用餐茶具	
	87×1.30	2		
建国瓷厂	81×1.30	1	颜色釉青花瓷	
窑具厂	81×1.64	1	匣钵	
景兴瓷厂	81×1.30	2	日用餐茶具	
红光瓷厂	81×1.30	2	青花玲珑餐具	
红旗瓷厂	70×1.30	1	釉下五彩餐具	
	81×1.30	2		
光明瓷厂	70×1.30	1	青花玲珑餐具	
	80×1.30	2		
红星瓷厂	81×1.30	2	日用餐茶具	
人民瓷厂	93×1.30	1	青花瓷餐具	
艺术瓷厂	93×1.30	1	釉上彩餐茶具	
景陶瓷厂	93×1.30	1	釉面砖素烧	
合计		21		

3."以气代油"的变革

由于全市陶瓷油烧隧道窑的不断增加，国家下达分配重油计划指标严重不足，同时重油价格的大幅度上涨，增大了陶瓷成本，而且重油供应难以满足陶瓷生产需要。于是一种以焦化煤气代重油烧瓷的变革将在80年代展开（详见中册"陶瓷窑炉变革"）。

（七）陶瓷窑具

景德镇传统匣钵原料多为半硅质和高硅质黏土，烧成温度1200~1300℃之间。中华人民共和国成立后，陶瓷窑具专业技术人员不断摸索，大胆研制，匣钵在材质上有了很大的变革。

1.莫来石—堇青石匣钵

20世纪50年代中期，科技人员利用白土做匣钵原料，探索出新配方，投入生产。1958 年大量使用煤窑烧瓷，对匣钵提出更高要求。科技人员利用乐平寺山乡和瘌痢山含氧化铝高达 30%~40% 的黏土为主要原料，并参照外国技术资料，结合原料特性，摸索出用镁质黏土来代替滑石的方法，使其形成莫来石—堇青石形态的新型匣钵，烧成温度在 1350℃以上，平均使用次数达 20 次左右。莫来石—堇青石质匣钵技术路线在生产实践中检验证明其效果很好。

2. 铝硅镁质匣钵

1965 年，在制匣泥料中引入新安生料，1968 年又引入山东焦宝石等含铝量较高的原料，1970 年在小器匣钵泥料中又引入了贵州铝矾土熟料，使匣钵的耐火度明显提高。1972 年开始引人福建黑黏土，从而使铝硅镁质窑具性能提高，趋于成熟，且一直沿用至今。

3. 熔融石英质匣钵

1975 年开始研究适应 3~4 个小时无匣、明焰快速烧成的棚板及水管冷却使用的推板。1978 年，黏土—熔融石英质新型耐火材料研制成功。用这种新材质制造棚推板，可使用 70 次左右；应用到红星、红旗、宇宙等瓷厂，制作 8 英寸、9 英寸、10.5 英寸、1 英尺 4 英寸、1 英寸 8 英寸等匣钵，使用次数大大地提高。按照市宇宙瓷厂为美国米卡莎公司生产 45 头高档西餐具，鱼盘变形率大，严重影响了餐具配套率。于是改用黏土—熔融石英质新材料制成大型鱼盘匣钵，平均可使用 65 次，一年可节约 27 万多元，产品质量提高 16.6%，黏土—熔融石英质新材料获得轻工业部科技成果三等奖和省市奖励。

4. 碳化硅质匣钵

1978 年 8 月，市匣钵厂研制成功碳化硅质匣钵，其使用寿命达 60 次以上。

装饰工艺革新

中华人民共和国成立后,景德镇在保留大批技艺精湛的能工巧匠的基础上,引进、培养陶瓷科技人才,一批批经中央美术学院和各地美术专科学校培养的、掌握现代科技知识的青年学者陆续分配到景德镇,再加上在同国内外美术界交流中获得了不少可供借鉴的优秀作品和装饰技法,促进了传统技艺与现代科技不断融合创新,使景德镇的陶瓷装饰水平获得了长足进步。

(一)釉下装饰

1. 青花装饰

20世纪50年代,景德镇陶瓷装饰技术和工艺设备有了显著的提升和发展,从1960开始,普遍使用先进仪器进行理化分析,从而使陶瓷装饰色调的深、浅、沉、艳能够运用自如;为适应烧瓷窑炉、燃料的变化,先后研制出适宜于煤、油、气不同烧成技术的青花料、釉料,使青花瓷的烧成范围加宽,适应大生产的需要,促进了青花瓷的发展;在青花装饰技法方面,吸取中国水墨画及其他画种的技法,使青花艺术的表现力更为丰富;在青花装饰表现形式上,将满花、边花、团花、散点、缠枝、卷草等多种技法用于不同造型的瓷器上,使青花装饰同产品的器型更为和谐统一;在青花装饰的表现手法上,从单一的手工绘画扩展为手绘、贴花和印花三大类。花纸的制作工艺也日臻成熟,这一时期已能生产各种艺术风格的贴花纸供瓷厂使用，使青花瓷的生产工效大为提高。青花瓷器的品种更加齐全，既有碗、盘、杯、碟、壶、瓶、罐、盆、钵、盒等单件品种，也有餐具、茶具、酒具、咖啡具、文具、烟具等配套品种。

2. 玲珑装饰有新发展

一是装饰品种越来越多。历史上，青花玲珑一般仅装饰碗、碟之类的单件瓷。中华人民共和国成立后至 1978 年底，青花玲珑装饰广泛应用于各类餐具、茶具、酒具、咖啡具、花瓶、文具、花钵、挂盘、灯具、薄胎等精美瓷器，仅光明瓷厂一家生产的青花玲珑瓷品种就达 236 种之多；二是装饰题材越来越广。中华人民共和国成立前，青花玲珑装饰多以寓意吉祥的龙、凤和象征富贵的蝙蝠、桂花等为主要题材。中华人民共和国成立后，将古今人物、山水风光、花鸟虫鱼等各种纹样装饰于瓷器上，扩展了陶瓷装饰内容；三是装饰技法越来越新。1949 年前制作的"玲珑"，一般以单一的米粒形为表现。1949 年后，不仅能制作水点形、浪花形、花瓣形、桃花形、菱形等多种形状，而且还能用玲珑眼组合成"牡丹""凤凰""蝴蝶"等多种图案。同时，还发展与半刀泥浅玲珑相结合的产品，使青花玲珑瓷更为活泼隽秀、生机盎然；四是装饰色彩越来越美，1949年前，玲珑一直为单一的碧绿色。1949 年后，在质地精美的薄胎坯体上，先雕上镂孔，再将各种颜色的釉料分别填入镂孔中，经高温焙烧后瓷胎便成为多色合一、内外透亮的玲珑。若将彩色玲珑瓷与青花饰于同一瓷器上，则能以更新的面目展现在世人眼前。

3. 釉下五彩装饰

20 世纪 50 年代，釉下五彩装饰得到发展。为了提高这一技术水平和扩大产量，1961 年决定由红旗瓷厂负责主攻釉下五彩。经过近 20 年的改造创新，使釉下五彩瓷的色泽更加明快鲜艳，纹饰更加秀丽雅致，瓷质更加莹润洁白，题材更加广泛，品种更加齐全。

228

（二）釉上装饰

1. 粉彩装饰

中华人民共和国成立后，在继承粉彩装饰传统技法和风格的基础上，在许多方面有了新的发展，创新出了一大批新画面。仅以艺术瓷厂为例，建厂后就先后创新出各类新画面、新图案 8100 多种；创新出金线粉彩、落地粉彩、没骨粉彩等多种新技法；装饰范围越来越广，粉彩装饰不仅用于装饰各类陈设瓷，而且广泛装饰于各类日用瓷和建筑用瓷上；普通粉彩的铅（镉）溶出量得以降低。

2. 新彩装饰

新彩装饰是先用颜料在白瓷表层绘以各式画面或图案，再入彩炉烘烤而成。这种方法系清末从外国传入的一种装饰方法。20 世纪 50 年代后几经改进，这一装饰技法得以发展。后来又逐步将以手工绘制为主，改为以贴花为主。新彩贴花装饰已被广泛应用于中西餐具、茶具、咖啡具、酒具等配套日用瓷和众多艺术瓷上。

3. 其他装饰

古彩、墨彩、斗彩、喷花、刷花、金饰、电光等釉上装饰，均有不同程度的发展和提高。例如斗彩，中华人民共和国成立前，这一装饰仅有青花斗釉上彩。后陆续出现青花斗粉彩、粉彩斗古彩、新彩斗粉彩、刷花斗粉彩等多种斗彩形式。这些斗彩形式不仅广泛用于单件陈设瓷的装饰，还广泛应用于餐具、茶具、咖啡具等各类日用瓷的装饰。

4. 烤花工艺

20 世纪 50 年代，烤花使用的仍为烧木炭的红炉。60 年代后，先后出现并普遍使用了锦窑、辊底窑和电炉。锦窑（又称锦炉、弹子窑）有双炉门、双窑道和三门双道三种。全窑由窑体、烟囱和窑具三大部分组成。窑体又包括窑道、跑道、炉门三个部分。窑道为隔烟式，内层用耐火砖、耐火板砌筑，外层窑墙用红砖砌成。两层中间为马弗道。窑体一侧的中下部设炉门，以重油或煤炭为燃料；另一侧设有钢筋混凝土跑道，跑道上均匀地铺上瓷球，以供窑具在跑道上移动。锦窑属连续性窑炉，其特点是生产周期短、产量大、质量好、热利用率高、单位产品耗能低，能减轻劳动强度，便于实现机械化，且窑体使用寿命长。此外，还有烟囱、风机、排气闸门和控制机等设施。辊道窑的优点主要是炉温易控制，操作器械更趋先进，运用辊子的转动来输送瓷器，避免震动，减少了烤花过程中的破损。电炉属以电为热能的一种小型烤花炉，它的外形与红炉相似，外墙与内壁之间以保温材料充填，底板直接铺于地上，内壁与底板多采用轻质保温砖构筑，同时在保温砖上按一定距离挖出深 1.5 厘米、宽 1 厘米的槽，将电阻丝嵌入槽内，外接电源。电阻丝可根据需要将它分成几档，以利调节温度。当电流通过时，电阻丝产生热量，从而达到烤花之目的。电炉的优点主要是建造成本低，投产快，烧成温度可随制品要求变化，生产灵活，适宜批量小、品种多的生产需要。它的缺点主要为：烧成周期长，产量低，热损失大，能耗高，不易机械化生产。

（三）颜色釉

1. 颜色釉品种

20 世纪 50 年代初期，恢复钧红釉、祭红釉、郎窑红釉、豆青釉、龙泉釉、粉青釉、绿纹片釉、乌金釉等 19 种名贵颜色釉。50 年代末期，恢复红花釉、窑变花釉、三阳开泰釉、纹片釉等 28 种高温颜色釉。同时，还恢复鱼子黄釉、法翠釉、瓜皮绿釉等 20 多种低温颜色釉。

2. 颜色釉配方

中华人民共和国成立前，颜色釉配方皆为家传秘方，全由私人掌握。1954 年中德技术合作，征集和抢救一批传统颜色釉配方。陶瓷科技人员将这些配方记录下来，并逐一检测和分析各类原料的化学成分，从根本上改变了过去少数人凭经验配制，质量不稳定的状况，使景德镇的颜色釉配制出现了一次飞跃。

3. 颜色釉着色剂

由于天然矿物颜料的成分复杂，且化学组成也不尽相同，颜色和产品质量不稳定。50 年代，随着科学技术的不断进步，科技人员大胆探索用工业原料配制颜色釉，所出产品有的已达到或超过天然原料配制的色釉效果。颜色釉的配制实现重大革新后，发色更稳定，配制更简化，成本更低廉，原料来源更有保障，烧成率大为提高，烧成范围更宽。不少颜色釉产品不仅适应柴窑烧成，而且适应煤窑、油窑和气窑烧成，一些过去仅能少量烧造的色釉品种，已能批量生产。

（四）雕塑瓷

1. 雕塑瓷造型题材越来越丰富

在继续生产各类传统造型的雕塑瓷的同时，陆续创新制造大批新造型，仅雕塑瓷厂一家生产的雕塑瓷造型就达 600 多种。

2. 制作水平越来越高

圆雕、浮雕、捏雕、堆雕等的制作工艺都有较大突破，制作了巧夺天工的"大龙船"、形神逼真的"梁山 108 将"、器高 70 英寸的"站云三星"、大型浮雕壁画"井冈山"等一大批雕塑瓷精品。

3. 注浆成型法推广应用

中华人民共和国成立前，传统雕塑瓷制作多采用印制法。中华人民共和国成立后，注浆法已广泛用于雕塑瓷生产，促使生产效率大为提高，生产成本大为降低，产量大为增长。

（五）综合装饰

陶瓷装饰形式多种多样。同一件瓷器上同时具有青花装饰、青花玲珑装饰、颜色釉装饰、粉彩装饰、新彩装饰中的一种以上装饰集于一体，均称综合装饰。采用综合装饰的技法，可以使器物外表富于变化，绚丽多姿。景德镇过去虽有釉上釉下相结合的加彩、斗彩等装饰形式，但由于烧制技术复杂，故集多种装饰于一器的作品并不多见。综合装饰是 20 世纪 50年代才逐步发展起来的。采用多种色釉和彩绘技法相结合装饰的陶瓷工艺陈设品，各扬其长，和谐统一，艺术效果更佳。

（六）金水、颜料、花纸

瓷用金水、颜料、花纸是陶瓷装饰所需的基本材料。中华人民共和国成立初期，市内只有几家以生产粉彩颜料为主的小作坊，设备十分简陋，工艺非常落后，产量极低。1953 年，景德镇开始瓷用金水的试制并获得成功。为适应瓷业发展的需要，景德镇市于同年成立瓷用原料化学工厂，专门生产瓷用金水、颜料和花纸。建厂初期，制造瓷用金水使用的是瓷盆、木炭炉、烧瓶、木质沉淀机等原始简陋的工器具。制造粉彩颜料使用的仅为方炉（一种用普通砖砌成的炉子）、坩埚之类的简陋设备，添料、煅烧、舂料、磨料等均靠手工；生产贴花花纸使用的仅为手摇落石架印刷机，制板、裱纸、揩粉均靠手工。金水、颜料、花纸不仅产量极低，而且质量难以保证。为扩大生产规模和提高生产水平，1956 年经中央地方工业部批准，将在上海的私营国华贴花印刷厂内迁景德镇的同时，将本市的公私合营颜料厂、陶瓷美术工艺社（花纸工艺部分）和手工业颜料生产合作社一起并入市瓷用原料化学工厂。1957 年至 1966 年为该厂的发展阶段。这期间，为增加金水生产能力，先后购进了低速沉淀机，进口了高速沉淀机，自行设计制造了简易密闭通风设备和接触搅拌机，迁建了金水生产车间。为增强颜料的生产能力，除从国外进口了振动筛外，又自行改革三辊研磨机，建造烘炉，添置打粉机，扩建颜料生产厂房。为增强花纸的生产能力，除购进国产照相设备、手摇胶印机外，自己动手制成掸粉机、揩粉机、自动对开胶印机、丝网印刷打样机，并扩建花纸制版厂房等。新增的这些设备和厂房，基本适应了当时工艺改革的需要，使生产不断增长，质量不断提高，劳动条件不断改善。这一时期，还组织技术力量开展了新工艺、新产品的试验。从1962年起，开始探索"丝印移花膜"新工艺，并取得初步成果。从1964年起，开始同上海油墨厂一道进行调墨印刷试验，并着手开展"聚乙烯醇缩丁醛薄膜""釉下多彩颜料"试验等，并取得一定的进展。1967年至1976年，在推广应用照相制版和胶印机印刷的同时，采用缩丁醛薄膜取代胶水纸、调墨印刷取代揩粉的新工艺等。

大事记

（1949—1978）

1949 年

4月29日，人民解放军第二野战军第五兵团第十七军第四十九师进军景德镇，景德镇宣告解放。

5月4日，景德镇市人民政府成立，市长陈璞如。

5月，景德镇市人民政府成立市工商管理局，着手恢复工商业生产经营。

8月16日，景德镇市建国瓷业公司筹备处成立。

12月20日，景德镇市窑柴公司成立。

1950 年

4月15日，地方国营景德镇市建国瓷业公司成立。

5月4日，国营景德镇市瓷业公司成立。

5月14日，景德镇市瓷业工会成立。

1951 年

4月6日，私营裕民陶瓷生产股份有限公司成立。

5月10日，景德镇市成立国光、大器匣、小器、民建、建中等5家私私联营企业。

8月12日，浮梁专区景德镇市窑柴公司成立。

9月3日，景德镇市陶瓷生产合作社成立。

1952 年

10月15日，景德镇市包装公司成立。

10 月 27 日，景德镇市建国瓷业公司更名为景德镇市建国瓷厂。

10 月 27 日，景德镇市瓷业公司更名为江西省贸易公司景德镇瓷业公司。

1953 年

2 月 11 日，经中央批准，省立陶业专科学校改为中等技术学校，名为江西省景德镇窑业学校。原大专学生先后并入华南工学院和南昌大学。次年，窑业学校并入湖南湘潭电器制造学校。

4 月 20 日，景德镇市瓷用化工厂生产出第一瓶瓷用金水。

4 月 22 日，景德镇市陶瓷生产管理局成立。6 月，更名为景德镇市工业局，主管陶瓷工业，兼管其他工业。

5 月 10 日，景德镇市瓷器手工业生产合作社成立。

1954 年

1 月 1 日，景德镇陶瓷馆（馆址在今防疫站）开馆。

2 月 1 日，景德镇市瓷业原料公司成立。

5 月 21 日，景德镇市窑业学校教师谢谷初、邹建金赴朝鲜民主主义共和国援助建设。

8 月 1 日，景德镇陶瓷研究所成立，市委工业部代部长张凤歧任所长。

8 月 5 日，中共景德镇市委决定组建"景德镇市陶瓷试验研究所"（轻工业部陶瓷研究所的前身）。

8 月 20 日，市人民铁工厂试制成功脚踏旋坯车，并在建国瓷厂投入使用。

8 月—12 月，中德技术合作在景德镇陶瓷研究所开展。

12 月，景德镇陶瓷美术学校第一期开班，中央美术学院梅健鹰等人授课。

12 月 30 日，景德镇市第一台双刀自动剐坯机在红星瓷厂试制成功。

1955 年

5 月 16 日，市人民委员会批准 34 户私营瓷厂实行公私合营。

6月，景德镇陶瓷研究所高耀祖等8名技术人员赴蒙古人民共和国乌兰巴托市进行技术指导。

7月3日，景德镇陶瓷研究所利用当地原料进行1.2尺鱼盘注浆成型研制成功。

10月29日，景德镇市华光瓷厂创制出景德镇市第一台木质脚踏压饼机。

11月6日，中央文化部创办的景德镇陶瓷美术技艺学校开学。

12月25日，景德镇市第一台注浆机在市第九瓷厂试制成功。

1956年

1956年，毛泽东主席到江西视察，在向塘车站接见时任景德镇市委书记赵渊时指示："你是管瓷器的，就把瓷器管好。"

1月18日，景德镇市陶瓷企业全部实行公私合营。

2月16日，江西省陶瓷工业公司成立。

6月1日，景德镇市第一座采用机械化加工瓷土的瓷土厂破土兴建。

7月23日，景德镇市国家用瓷制作委员会成立。

8月，景德镇陶瓷研究所工程师谢谷初和赵灵武赴越南支援陶瓷工业建设，获越南民主共和国政府的奖状和奖章。

9月1日，景德镇瓷用原料化学工厂研制成功移花花纸。

9月21日，景德镇市第一批国家用瓷试制成功，样品启运北京。

1957年

3月21日，市陶瓷工业战线抽调11名厂长、技术人员、工人赴捷克斯洛伐克学习制瓷技术。

3月27日，瓷用金水鉴定会在景德镇市召开。经鉴定，景德镇市制造的金水，色泽及牢度均达到了国际质量标准。

4月7日，景德镇市工艺美术瓷厂建成投产。

10月，大型煤烧圆窑在景德镇第二陶瓷生产合作社（景陶瓷厂）和第四瓷厂试烧成功。

12月17日，景德镇瓷用化工厂付裕如研制成功釉下贴花纸。

12月27日，由市陶研所、市工艺美术合作工厂建造的景德镇市第一座隧道锦窑试烧成功。

12月，青花贴花纸在景德镇第四瓷厂研制成功，并小批量投产。

1958 年

1月18日，江西省人民委员会批准，江西技术学校陶瓷专业班与景德镇陶瓷美术技艺学校合并成立江西陶瓷学校。

2月1日，景德镇市出口彩绘工厂成立。

3月9日，景德镇瓷用化工厂研制成功蓝电光水。

4月1日，经中央建筑工程部设计总局鉴定，景德镇市华电瓷厂制作的直径750厘米电瓷的质量居全国同类产品之首。

5月1日，新建成的景德镇里村火力发电厂正式送电。

5月29日，江西景德陶瓷专科学校成立，市委书记赵渊兼任校长，胡怀陵担任副校长。

6月28日，江西陶瓷学校更名为景德镇陶瓷学院。

6月，江西省景德镇市陶瓷联合公司成立，市长尹明兼任总经理，同时撤销江西省陶瓷工业公司。

7月1日，景德镇市一、二、三、四、五、六、七、八、九制瓷社及美术瓷厂、美术合作工厂转为地方国营企业。第一至第九制瓷社依次更名为第一至第九瓷厂；美术合作工厂更名为工艺美术彩绘瓷厂。

7月24日，景德镇市第一台真空练泥机在市机械厂试制成功。

7月25日，高级耐酸瓷在市第九瓷厂试制成功。

9月2日，华电瓷厂、化工厂、瓷土厂、机械厂、耐火器材厂由公私合营转为国营企业。

9月18日，景德镇市开始筹建景德镇瓷厂。

9月24日，市匣钵厂更名为市瓷用耐火材料厂；工艺美术彩绘工厂与出口瓷加工厂合并为艺术瓷厂。

9月，江西景德镇市陶瓷工业局成立。建国瓷厂老厂与景德镇瓷厂合并为"建国瓷厂"；四厂、三社与建国瓷厂新厂合并为"宇宙瓷厂"；二厂、五厂、华电合并为"华电瓷厂"；二社、五社、六社合并为"建筑瓷厂"。

1959 年

1月1日，市美术雕塑瓷厂、曙光瓷厂、出口彩绘合作工厂、红光瓷厂4个合作工厂由集体所有制转为全民所有制。

1月31日，景德镇市第一座自来水厂建成投产。

1月31日，成立"江西省支援西藏陶瓷工作小组"并赴藏援建陶瓷厂。

2月16日，景德镇市第一瓷厂更名为景德镇东风瓷厂。

2月16日，景德镇瓷厂派员赴捷克斯洛伐克学习陶瓷生产经验。

2月，三联书店第一次出版《景德镇陶瓷史稿》。

3月5日，景德镇市第三瓷厂名为景德镇市新平瓷厂。

4月28日，瓷用磨光金水在瓷用化工厂试制成功。

5月7日，电动木质打浆机在宇宙瓷厂试制成功。

6月3日，腐蚀法装饰瓷器在景德镇陶瓷研究所研制成功。

8月7日，景德镇瓷器成品检验站成立。

8月14日，景德镇陶瓷研究所试制成功快速控制可塑测定仪、自动控制抗折强度仪、泥浆粘冲击仪。

9月12日，由青花大师王步绘制的万件加大柳叶瓷瓶在新平瓷厂烧制成功，并向国庆十周年献礼。

9月21日，景德镇陶研所试制成功半自动施釉机。

9月28日，人民大会堂国家用瓷在中华人民共和国成立十周年国庆招待会上首次使用，由中央工艺美术学院专家组设计、景德镇陶瓷工匠采用传统技法和手绘工艺制作完成。

9月29日，景德镇市陶瓷美术界有33人荣获陶瓷美术家称号，55人荣获陶瓷美术设计师称号，105 人荣获陶瓷美术设计员称号。

10 月 27 日，耐火器材厂与卫星耐火器材厂合并，成立景德镇市耐火器材厂。

11 月 4 日，景德镇陶瓷研究所试制成功高温黄釉。

12 月 14 日，高温黑釉在景德镇陶瓷研究所试制成功。

1960 年

8 月 7 日，景德镇市陶瓷产品质量管理委员会成立。

1961 年

8 月 30 日，景德镇市陶瓷美术界有 8 人荣获陶瓷美术家称号，23 人荣获陶瓷美术设计师称号，72 人荣获陶瓷美术设计员称号。

11 月 21 日，景德镇市开始在北京筹建景德镇陶瓷艺术服务部。

12 月 20 日，中国硅酸盐学会景德镇分会成立。

1962 年

9 月 14 日，市建国瓷厂试制成功颜色釉堆雕。

9 月 22 日—27 日，全国硅酸盐学会陶瓷专业委员会第一次学术会议在景德镇召开。

1963 年

1 月 9 日，景德镇市陶瓷美术创作评比委员会成立。

1 月 15 日—19 日，全国文联副主席、戏剧家田汉在景德镇市陶瓷馆、艺术瓷厂等单位参观，并作题为《瓷都》诗 4 首。

8 月 1 日—2 日，印度尼西亚共产党中央委员会委员加玛鲁沙曼一行参观雕塑瓷厂、红星瓷厂等单位。

11 月 14 日，涌山煤矿建成投入生产，为烧制陶瓷提供煤炭。

1964 年

1 月 12 日，景德镇陶瓷研究所编写的《中国的瓷器》一书出版。

7 月，市红星瓷厂创制的双刀压坯机在全国制瓷行业中推广使用。

3月16日—19日，轻工业部副部长王新元到景德镇视察工作。

6月5日—7日，第四机械工业部副部长刘寅到景德镇视察。

8月5日，景德镇瓷器展览会在上海博物馆举行，共展出瓷器3000余件。

8月24日—26日，江西省硅酸盐学会第一届委员代表大会暨陶瓷学术年会在景德镇召开。

9月8日，根据国务院总理周恩来和副总理李富春、李先念、谭震林、薄一波等领导的指示，中共江西省委批准成立江西省瓷业公司，隶属于江西省轻化工业厅，并撤销原景德镇陶瓷工业局。

9月16日—18日，中英友好协会主席李约瑟和夫人到景德镇参观。

9月23日—29日，中共江西省委第一书记杨尚奎、省委书记处书记白栋材、省委组织部部长刘建华到景德镇视察工作。

10月9日，景德镇市共建成隧道锦窑24条，基本实现彩瓷烤花隧道锦窑化。

10月10日，景德镇生产的瓷器全部使用"中国景德镇"新底款。

1965 年

1月15日，景德镇通过鉴定选拔的238件高级美术瓷器启运北京，参加中国赴法国、肯尼亚等国家和地区的新中国建设成就展会。

1月30日，景德镇市陶瓷鉴定委员会成立。

2月2日，陶瓷研究所研制成功红外线干燥烘坯技术。

2月10日，日本工艺美术家代表团加藤士师一行到景德镇市参观访问。

2月24日，中国科学院上海硅酸盐研究所陶瓷室迁入景德镇，与陶瓷研究所合并，更名为"第一轻工业部景德镇陶瓷研究所"。

3月30日，中共江西省瓷业公司委员会成立，吉福润兼书记，杨永峰兼任公司政治部主任。

6月1日，江西省瓷业公司成立"江西省景德镇市瓷业职工学校"。

7月5日—10日，全国人大常委会副委员长郭沫若在景德镇市先后视察了陶瓷馆、陶研所、红星瓷厂、艺术瓷厂等单位，并作题为《访景德镇》诗一首。

7月6日，机压茶盘和茶盘一次上釉在市高级美术瓷厂研制成功。

7月15日，琢器注浆成型机在市东风瓷厂研制成功。

10月29日—11月30日，江西省瓷业公司和景德镇市手工业管理局在北京"中国美术馆"举办"景德镇瓷器展览"，有500多个品种，3000余件作品参展，参观展览的达10万多人次。展出期间，全国人大常委会委员长朱德、副委员长郭沫若、杨明轩等领导先后参观。

1966 年

1月20日，全国日用陶瓷专业情报中心站在轻工部陶瓷研究所成立。

1月20日，市宇宙瓷厂研制成功4火门隧道锦窑烤花。

3月19日，市红光瓷厂发明玲珑打眼器，获国家发明证书。

4月5日，景德镇瓷业技术改造会战办公室成立。

6月9日，市高级美术瓷厂更名为市为民瓷厂。

11月，景德镇市第一座97米长的隧道窑在景德镇瓷厂竣工验收。

12月4日，江西省第一条77米长的煤烧隧道窑在光明瓷厂投产。

12月9日，江西省瓷业公司由原隶属于江西省轻化工业厅改隶于景德镇市。

1967 年

8月29日，市新华瓷厂研制成功65型瓷用金水。

1968 年

3月30日，景德镇市革委会筹备小组决定将原市二轻局所属的陶瓷合作工厂、陶瓷彩绘合作工厂、雕塑合作工厂自1968年1月1日起划归瓷业公司管理。

9月16日，毛主席瓷质浮雕像由市雕塑瓷厂制作成功，启运送往南昌江西展览馆。

10月，江西省瓷业公司组建抚州瓷土矿。

12月，江西省瓷业公司改名为江西省陶瓷工业公司。

12月28日，撤销景德镇陶瓷学院和陶瓷研究所，合并成立"景德镇市向阳瓷厂"。

1969 年

6月16日，市陶瓷彩绘合作工厂更名为市陶瓷彩绘工厂。

10月14日，景德镇瓷厂撤销。

1970 年

4月24日，市陶瓷加工厂并入市人民瓷厂。

6月20日，景德镇市瓷土厂开发柳家湾瓷石矿。

12月，景德镇市红星瓷厂罗迈生等人研制成功70型自动精坯机，使盘类产品的磨坯、扫灰、补水、施釉、取釉（刮底釉）五道工序实现连续自动化生产。

1971 年

4月5日，中共江西省委、省革委在"八一"礼堂召开罗迈生先进事迹报告大会。

5月8日，市大洲瓷土矿并入景德镇市瓷土厂。

5月，景德镇市陶瓷机械厂利用硫黄具代替木模具成功。

7月12日，中共景德镇市委召开常委会议，传达、学习周恩来总理对景镇瓷业生产的指示。周恩来指示的主要精神是：景德镇今后重点应搞好出口瓷，过去的一些传统产品要统统搞出来，与此同时还要搞出一些新的品种。

11月，市建国瓷厂迁往柳家湾，景兴瓷厂迁往浮南与瓷土矿合并。

12月，景德镇瓷用化工厂全面推行调墨印刷。

1972 年

4月11日，江西省陶瓷工业公司原燃材料供应处成立。

5月7日，星子庐山矿、余干矿、鄱阳陈湾矿、临川子岭矿4个瓷土矿重新划归江西省陶瓷工业公司管理。

7月27日，恢复江西省陶瓷工业科学研究所，行政上受省轻工业厅、景德镇市革命委员会双重领导。

12月27日，由江西省轻工业陶瓷研究所、市工艺美术合作工厂建造的第一座油烧隧道锦窑研制成功。

1973 年

1月20日，柳家湾矿区从市瓷土厂划出，与三宝矿浮南矿区合并成立景德镇市柳家湾瓷土矿。

2月7日—11日，邓小平及夫人一行在景德镇市先后参观考察景德镇陶瓷馆、艺术、雕塑、为民、宇宙、光明、红旗、人民、建国等瓷厂。

3月24日，景德镇陶瓷工业学校恢复。

4月25日，景德镇湖田古瓷窑址对外开放。

6月1日，鄱阳陈湾瓷土矿改隶于江西省陶瓷工业公司。

10月9日，日本长崎县陶瓷考察团福田宽吾一行到景德镇参观访问。

10月10日—12月2日，景德镇瓷器在北京展出，共接待国内外观众28万余人次。

10月，省陶瓷工业公司成立景德镇陶瓷工艺美术研究所。

1974 年

7月19日，市陶瓷木箱厂更名为市陶瓷机械修配厂。

10月，市东风瓷厂采用电子数字程序控制器的自动注浆机。

11月2日，市人民瓷厂恢复用煤窑焙烧大件青花陈设瓷成功。

11月10日，新西兰陶瓷工艺美术考察小组一行到景德镇市参观考察。

1975 年

4月1日，景德镇陶瓷中心试验所成立。

4月，按照中共中央办公厅要求，景德镇实施完成了毛泽东主席系列生活用瓷的研制生产任务。

7月7日，景德镇市青花瓷自动作业线指挥部成立，该作业线当时设计投资300万元，设在为民瓷厂。

7月15日，景德镇市瓷土厂和景德镇市柳家湾瓷土矿合并成立江西省景德镇市瓷石矿。

7月18日—20日，罗马尼亚细瓷餐具考察组一行考察景德镇瓷业。

8月1日，江西省第一条重油隧道窑在景德镇市光明瓷厂点火投产，标志着景德镇第三代能源的诞生。

9月15日—17日，澳大利亚陶瓷代表团一行到景德镇参观访问。

12月30日，国务院批准恢复景德镇陶瓷学院，面向全国招生。

1976 年

1月22日，江西省陶瓷工业公司向各陶瓷生产企业重新颁发商标代号。

7月3日，江西省陶瓷工业公司制定1976—1985年环境保护10年规划。

8月，日本濑户市市长加幕繁太郎一行到景德镇市参观考察。

1976年，景德镇陶瓷学院复校，增设陶瓷机械专业。

1977 年

3月15日，景德镇市黄泥头至景德镇电厂全长9.6公里的专线小铁路正式通车。

7月1日，位于市郊青塘的景德镇电厂第一期工程竣工投产，两台机组10万千瓦运转发电。

7月1日，首批（共1210件）"毛主席纪念堂"用瓷开始运往北京。

10月14日，中国轻工业品进出口公司江西省陶瓷公司增设景德镇市支公司及驻广州办事处、驻上海办事处。

1978 年

1月25日，江西省供销合作社景德镇陶瓷批发站恢复。

4月11日—16日，轻工部高级成套瓷研制座谈会在景德镇市召开。

5月15日，市华风瓷厂筹建处成立。

5月中旬，中央财政部部长张劲夫到景德镇市视察。

6月6日，中央批准景德镇市正式对外开放。

6月24日—29日，景德镇市召开全市科技大会，陶瓷工业系统的44项新工艺和革新创造荣获市优秀科技成果奖，黄浩等21名同志荣获市先进科技工作者称号，大洲瓷土矿等17个单位荣获市先进科技集体称号。

7月11日，中共景德镇市委召开常委会议，研究陶瓷工业技术改造问题。会议要求：（一）各级都要进一步加强对技改工作的领导；（二）技改工作要全面规划，分期实施；（三）要突出重点，集中力量打歼灭战；（四）要尽快发挥技改效益。

8月10日，江西省陶瓷工业科学研究所改为轻工业部陶瓷工业科学研究所。

9月15日，中国人民解放军副总参谋长杨成武、福州军区副司令员朱绍清、省军区政委张力雄等到景德镇市参观陶瓷馆、艺术瓷厂、轻工业部陶瓷研究所等单位。

10月4日—7日，日中友好协会全国本部顾问西园寺公一一行到景德镇市参观考察。

10月10日至11月20日，在北京北海公园举办景德镇陶瓷展览，参观展览人数达30万人次。

11月9日，景德镇市动工兴建洋湖水厂。

11月，景德镇市陶瓷机械修配厂研制的湿式吸铁器获轻工部科技成果四等奖。

11月20日，景德镇陶瓷职工大学开始创办。

1978年，"景德镇市教师红专学校"改名为"景德镇教育学院"。

附表：

表1：景德镇日用陶瓷工业经济指标完成情况表（1）（1949—1978 年）

年代	工 业 总产值 （万元）	日用瓷 产 量 （万件）	出口瓷 生产数 （万件）	日用细瓷 一级品率 %	出口瓷 合格率 %	万件瓷耗 标准煤 （吨）	全员劳动生 产 率 （元/人）
1949	834	6350	234				686
1950	1222	6918	473				769
1951	1556	8365	217				938
1952	1692	9022	28				1147
1953	2083	11996	8				1324
1954	3058	19692	567				1600
1955	4561	25169	667				2007
1956	5033	24595	2455				1949
1957	6680	27587	3942				2316
1958	7926	23757	4314				2245
1959	6454	10816	5059				1674
1960	7268	9466	4594				1835
1961	2008	7304	2529				2058
1962	5985	10555	3137				2149
1963	6514	13707	4906	49.87	65.71	6.22	2719
1964	5582	15701	6151	48.80	74.53	6.72	2890
1965	6832	17402	8002	58.66	81.71	6.48	3534
1966	6593	17389	6147	64.24	78.9	5.59	3029
1967	4655	12799	4856	54.04	70.86	5.90	2113
1968	4634	11529	3700	48.75	79.01	6.65	2061
1969	6940	14494	5094	47.98	64.56	6.37	3136
1970	7921	17942	7063	50.19	63.61	6.45	3531
1971	9453	20326	7880	45.24	61.69	6.39	3891
1972	11240	22992	13925	50.14	67.12	6.53	4444
1973	11840	24760	13786	52.49	68.75	5.43	4723
1974	10220	21685	9616	42.02	57.21	6.38	4071
1975	11316	24260	10756	39.12	55.08	6.37	4515
1976	9373	19606	6878	28.85	43.12	7.74	3635
1977	12659	25142	12369	47.94	61.91	7.28	4710
1978	14131	27432	14999	57.76	70.48	6.97	4369

246

表2：景德镇日用陶瓷工业经济指标完成情况表（2）（1949—1978年）

年代	出口瓷					内销瓷		自销瓷	
	品种（个）	出口数（万件）	交售额（万元）	换汇额（万美元）	单件换汇（美分）	数量（万件）	金额（万元）	数量（万件）	金额（万元）
1949	375	220	28	20		4580			
1950	611	443	56	3		7392			
1951	585	203	26	14		9502			
1952	456	26	3	2		8122			
1953	819	8	4	1		12516			
1954	714	567	152	60		13738			
1955	816	667	202	70		20311			
1956	832	2455	735	276		19531			
1957	914	3942	1118	487		22579			
1958	632	4314	1337	559		25462			
1959	548	4187	1478	485		10719			
1960	503	4400	1991	405		5094			
1961	482	3008	810	172		3637			
1962	504	2362	1021	262		6771			
1963	475	4299	1642	358		6080			
1964	462	5189	2482	517		8008			
1965	453	3824	2868	612		8899			
1966	529	4177	2424	514		10502			
1967	326	3385	2137	432		7932			
1968	352	3366	1468	287		8717			
1969	388	5274	2454	524		7504			
1970	408	5304	2706	503		10552			
1971	434	7062	3867	908		12495			
1972	638	11650	5938	1394		8664			
1973	626	11656	6331	1486		8195			
1974	625	8352	4950	1162		7372			
1975	647	7797	4649	1091		8533			
1976	510	5948	3854	905	16.8	6759			
1977	577	10878	7053	1656	19	7550			
1978	752	3904	7078	1756	22.4	10847			

表3：景德镇日用陶瓷工业经济指标完成情况表（3）（1949—1978年）

年代	销售收入（万元）	利税总额（万元）	销售税金（万元）	利润总额（万元）	流动资金平均占用（万元）	固定资产原值（万元）	职工人数（人）	基本建设投资（万元）	技术改造投资（万元）
1949		5	5				12160	0	0
1950		50	37	13			15900	0	0
1951		100	77	23		278	16586	0	0
1952		194	76	118		289	14755	0	0
1953		290	184	106		299	15725	0	2
1954		333	212	121		308	19111	0	25
1955		412	286	126		341	22723	0	58
1956		393	362	31		442	25828	13	322.8
1957		702	413	289		584	28849	2.3	113
1958		775	472	303		886	35521	106.4	422.5
1959		1003	612	391		1257	38565	142.8	216.6
1960		1230	581	649		1423	39599	725.9	352.7
1961		854	560	294		1714	34057	256.8	10
1962		816	614	202		1639	27857	42.4	23.4
1963		994	608	386		1877	23957	582	181.9
1964		1323	560	763		1901	19282	745.4	66.6
1965	4997	961	506	455		2089	19334	674.1	593.4
1966	4612	635	462	173		2099	21368	153.2	35.8
1967	3489	−300	353	−653		2361	22034	0	114.6
1968	3058	−436	367	−803		2516	22488	12.2	22.8
1969	5339	378	509	−131		2835	22130	0	45.5
1970	5836	1035	621	414		4305	22432	0	38.6
1971	7556	1717	827	890	1891	4470	24293	0	7.4
1972	9025	2077	1011	1066	2059	4810	25291	0	251
1973	10170	2192	1158	1034	2374	5043	25066	0	225
1974	8453	1004	937	67	2427	5571	25105	0	274
1975	8740	1132	965	167	2525	6605	25085	0	270
1976	7575	−461	837	−1298	2608	7385	25783	0	469
1977	10588	1389	1169	220	2672	7278	26879	0	469
1978	12010	2365	1338	1027	3148	7783	32841	0	920

表 4：1949—1978 年江西省陶瓷工业公司历年职工人数一览表

年份	职工人数	年份	职工人数
1949	12160	1964	19282
1950	15900	1965	19334
1951	16586	1966	21368
1952	14755	1967	22034
1953	15725	1968	22488
1954	19111	1969	22130
1955	22723	1970	22432
1956	25828	1971	24293
1957	28849	1972	25291
1958	35521	1973	25066
1959	38565	1974	25105
1960	39599	1975	25085
1961	34057	1976	25783
1962	27857	1977	26879
1963	23957	1978	32841

表 5：江西省陶瓷工业公司历年固定资产一览表

年份	固定资产原值（万元）	固定资产净值（万元）	年份	固定资产原值（万元）	固定资产净值（万元）
1949			1964	1901	1501
1950			1965	2089	1546.8
1951	278	278	1966	2098.7	1655
1952	289	275	1967	2360.6	1423.3
1953	299	284	1968	2516.4	1519.6
1954	308	292	1969	2834.8	1665.7
1955	341	320	1970	4305.2	2016.5
1956	442	415	1971	4469.8	2846
1957	584	525	1972	4809.8	2905
1958	886	780	1973	5042.8	3074.2
1959	1257	1106	1974	5570.5	3296
1960	1423	1224	1975	6604.8	3872
1961	1713.8	1464.9	1976	7384.6	3830.5
1962	1638.7	1354	1977	7277.5	4193.8
1963	1876.7	1593.6	1978	7783	4552.9

表6 江西省陶瓷工业公司历年全员劳动生产率完成情况表

年份	固定资产原值（万元）	年份	固定资产原值（万元）
1949	686	1964	2890
1950	769	1965	3534
1951	983	1966	3029
1952	1147	1967	2113
1953	1324	1968	2061
1954	1600	1969	3186
1955	2007	1970	3531
1956	1949	1971	3891
1957	2316	1972	4444
1958	2245	1973	4728
1959	1674	1974	4071
1960	1835	1975	4515
1961	2058	1976	3635
1962	2149	1977	4710
1963	2719	1978	4369

表7：江西省陶瓷工业公司历年经营盈亏一览表

年份	固定资产原值（万元）	年份	固定资产原值（万元）
1949		1964	盈 763
1950	盈 13	1965	盈 455
1951	盈 23	1966	盈 173
1952	盈 118	1967	亏 653
1953	盈 106	1968	亏 803
1954	盈 121	1969	亏 131
1955	盈 126	1970	盈 414
1956	盈 31	1971	盈 890
1957	盈 289	1972	盈 1066
1958	盈 303	1973	盈 1034
1959	盈 391	1974	盈 67
1960	盈 649	1975	盈 167
1961	盈 294	1976	亏 1298
1962	盈 202	1977	盈 220
1963	盈 386	1978	盈 1027

表8：江西省陶瓷工业公司历年缴纳销售税金一览表

年份	缴纳销售税金（万元）	年份	缴纳销售税金（万元）
1949	5	1964	560
1950	37	1965	506
1951	77	1966	462
1952	76	1967	353
1953	184	1968	367
1954	212	1969	509
1955	286	1970	621
1956	362	1971	827
1957	413	1972	1011
1958	472	1973	1158
1959	612	1974	937
1960	581	1975	965
1961	560	1976	837
1962	614	1977	1169
1963	608	1978	1338

表9：江西省陶瓷工业公司历年产品质量一览表

年份	日用瓷 一级品率	日用瓷烧 成合格率	出口瓷 合格率
1958	65.2%	85.1%	
1959	66%	80.7%	
1960	62.2%	82.8%	
1961	62.3%	85.5%	57.8%
1962	58.5%	85.7%	55.9%
1963	49.9%	91.9%	65.7%
1964	48.8%	94.2%	74.5%
1965	58.7%	95%	81.7%
1966	62.2%	95.3%	78.9%
1967	54.9%	92.2%	70.9%
1968	48.8%	91.6%	79.6%
1969	48%	91.8%	64.6%
1970	52.2%	91.8%	63.6%

续表

年份	日用瓷 一级品率	日用瓷烧 成合格率	出口瓷 合格率
1971	45.2%	92%	61.7%
1972	50.1%	91.9%	67.1%
1973	52.5%	90.8%	68.8%
1974	42%	88.4%	57.2%
1975	39.1%	88.1%	55.1%
1976	28.9%	84.8%	43.1%
1977	47.9%	89.4%	61.9%
1978	57.8%	92.1%	70.5%

表 10：1949—1978 年全市日用陶瓷产量一览表

252

年份	日用陶瓷产量 （万件）	出口瓷产量 （万件）	年份	日用陶瓷产量 （万件）	出口瓷产量 （万件）
1949	6350	234	1964	15701	6151
1950	6918	473	1965	17402	8002
1951	8365	217	1966	17389	6147
1952	9022	28	1967	12799	4856
1953	11996	8	1968	11529	3700
1954	19692	567	1969	14494	5094
1955	25159	667	1970	17942	7063
1956	24595	2455	1971	20326	7880
1957	27587	3942	1972	22992	13925
1958	23757	4314	1973	24760	13786
1959	10816	5059	1974	21685	9616
1960	9466	4594	1975	24260	10756
1961	7304	2529	1976	19606	6878
1962	10555	3137	1977	25142	12369
1963	13707	4906	1978	27432	14999

景德镇市陶瓷主管部门
历任领导人任职情况（1949—1978 年）

主管部门名称	领导人姓名	职务	任职时间
景德镇市工商管理局（科）	崔云树	局（科）长	1949.5—1953.1
景德镇市工商管理局（科）	崔　全	副局（科）长	1953.1—1953.3
景德镇市陶瓷生产管理局	曾　朴	副局长主持工作	1953.4—1953.6
景德镇市工业局	曾　朴	局长	1953.10—1954.12
景德镇市工业局	张云程	副市长兼局长	1955.3—1956.1
江西省陶瓷工业公司	吉福润	市委副书记兼经理	1956.1—1957.3
景德镇市工业交通局	许信如	局长	1957.4—1958.2
景德镇市陶瓷工业公司	梁玉亭	书记、经理	1958.11—1960.10
景德镇市陶瓷工业局	杨永峰	书记	1960.11—1962.9
		局长	1960.11—1961.4
景德镇市陶瓷工业局	张云程	书记	1962.9—1965.2
景德镇市陶瓷工业局	梁玉亭	局长	1961.4—1963.5
景德镇市陶瓷工业局	张云程	局长	1963.5—1964.12
江西省陶瓷工业公司	吉福润	市委副书记兼公司党委书记	1965.3—1968.11
江西省陶瓷工业公司	王尚德	市委副书记兼经理	1964.12—1968.11
江西省陶瓷工业公司	杨永峰	党的核心领导小组主要负责人、革委会主任	1968.12—1970.12
江西省陶瓷工业公司	李德胜	主持党组织工作、革委会主任（军代表）	1970.12—1971.12
江西省陶瓷工业公司	李可时	市委副书记兼公司党委书记	1971.12—1975.4
		市委副书记兼公司革委会主任	1971.12—1973.4
江西省陶瓷工业公司	曾　朴	主任、经理	1973.6—1977.11
江西省陶瓷工业公司	杨永峰	书记	1975.5—1977.12
江西省陶瓷工业公司	王元芝	市委常委兼公司党委书记、革委会主任	1977.12—1979.8

景德镇部分瓷厂党政领导任职情况（1956—1978 年）

市建国瓷厂

胡忠愚	党委书记	1957—1959	1975—1977
熊大演	党委书记	1959—1966	
高志清	党委书记	1966—1969	
江兴文	党委书记	1971—1975	
钟起煌	党委书记	1977—1978	
刘龙浪	党委书记	1978—1985	
王隆武	厂长	1953—1954	
曾　朴	厂长	1954—1956	
李福厚	厂长	1956—1958	
熊仁宝	厂长	1958—1960	
杨国璋	厂长	1960—1964	
康一忠	厂长	1964—1966	
江献民	厂长	1966—1968	
徐希圣	革委会主任	1968—1969	
李国良	革委会主任	1969—1975	
周山东	厂长	1977—1979	

市人民瓷厂

石　毅	党委书记	1956—1958
王德科	党委书记	1958—1959
余宝恩	党委书记	1959—1967

徐希圣	党委书记	1967—1969
李道伦	党委书记	1969—1972
熊大演	党委书记	1974—1978
程振武	党委书记	1978—1981
王隆武	厂长	1956—1959
李惠新	厂长	1959—1969
李道伦	革委会主任	1969—1972

方哲夫、万德彪、邵卖生、张国华、熊大演曾任厂长或革委会主任，具体任职时间不详。

市新华瓷厂

胡　芝	党委书记	1965—1968
洪兆全	党委书记	1969—1973
	革委会主任	1969—1973
黄明龙	党委书记	1973—1975
余宝恩	党委书记	1975—1977
江献明	厂长	1977—1978

市艺术瓷厂

张保贤	党委书记	1957—1959
韩　光	党委书记	1959—1961
张国华	党委书记	1961.4—5
杨廷荣	党委书记	1961.5—1963
方哲夫	党委书记	1963—1965
汤伯衡	党委书记	1970—1973
	革委会主任	1970—1973
余宝恩	党委书记	1973—1975
	革委会主任	1973—1975

李道伦	党委书记	1975—1978
	革委会主任	1975—1980
邵继德	党委书记	1978—
秦宪波	主持革委会工作	1969—1970
蒋桂生	厂长	1977.4—

东风瓷厂

方哲夫	党委书记	1957.12—1962.11
孙景典	党委书记	1962.11—1971.3
孙德仁	党委书记	1971.10—1973
	革委会主任	1971.10—1973
邵卖生	党委书记	1978.10—1982.9
江兴文	厂长	1959.1—1962
舒永鑫	代厂长	1963.1—1964.10
任健生	革委会主任	1969—1971.9

市红旗瓷厂

舒永清	党委书记	1958.8—1961.7
	革委会主任	1972—
刘墩学	党委书记	1962—1964
孙福田	党委书记	1966—
程 进	党委书记	1971—1973.4
高志清	党委书记	1973—1975
蒋仁德	党委书记	1977—1979
王德科	党委书记	任职时间不详
冯期珍	厂长	1959—1960
余忠谋	厂长	1960—1961
陈金泉	厂长、革委会主任	1960—1969

段兴钢	厂长	任职时间不详

市光明瓷厂

舒永鑫	党委书记	1961.8—1963.3
洪明发	党委书记	1963—1966
		1970—1973
	革委会主任	1968—1973
余传雨	党委书记	1975—1977
	革委会主任	1975—1977
黄纪元	党委书记	1978—1979
熊开生	厂长	1961—1964
江兴文	厂长	1964—1966
江秋顺	厂长	1977—1978

市景兴瓷厂

金世范	党委书记	1961.8—1963.12
	厂长	1963.12—1964.5
武　祖	党委书记	1966.12—
黄纪元	党委书记	1971.2—1975.7
江兴文	党委书记	1975.10—1978.2
	革委会主任	1976.4—1978.2
张玉山	厂长	1966.12—1964.5
余用长	厂长	1964.5—1966.10
张国华	革委会主任	1969.1—1970.4
曾原生	革委会主任	1971.2—1976.3

市红星瓷厂

张宝贤	党委副书记兼厂长	1955—1958
李子贞	党委书记	1958—1959

艾贵保	党委书记	1959—1968
	厂长	1959—1960
郭贵林	党委书记	1977—1981
刘凤山	厂长	1958—1959
胡　芝	厂长	1960—1968
余宝恩	革委会主任	1968—1970
黄纪元	党委书记兼副厂长	具体任职时间不详

宇宙瓷厂

李福厚	党委书记	1958.9—1963
宋树春	党委书记	1963—1964
吴金榜	党委书记	1964—
	革委会主任	1968—1973
秦红生	党委书记	1973.6—1975.6
	革委会主任	1973.6—1975.6
杨廷荣	党委书记	1976.4—1978.6
吴水春	党委书记	1978.6—1983.9
陈玉芳	厂长	1958.9—1960.11
史来水	厂长	1960.11—1963
蒋桂生	厂长	1963—1966
赵敬淼	厂长	1978.6—1979.2

市为民瓷厂

杨永峰	党支部书记	
	筹建处主任	1957.10—1959.5
文子琼	党支部书记	1960.11—1961.11
刘光希	党支部书记	1961.11—1964.8
汤伯衡	党委书记	1964.9—1966.9

郭连山	党的核心小组组长	
	革委会主任	1968.11—1969.5
徐希圣	党的核心小组组长	
	革委会主任	1969.5—1970.4
王元芝	党委书记	
	革委会主任	1970.4—1971.12
唐启发	党委书记	
	革委会主任	1971.12—1974.4
谢梦笔	党委书记	1977.4—1979.8
刘沛然	厂长	1963.1—1968.5
钱同山	厂长	1978.11—1981

市华风瓷厂

| 杨廷荣 | 党总支书记 | |
| | 筹建处主任 | 1978.6—1985.3 |

市红光瓷厂

占国良	党委书记	1961.9—1962.3
王文俊	党委书记	1962.4—1964
舒永鑫	党委书记	1964—1968.4
杨国璋	党的核心小组组长	1968.5—1970.3
李道伦	党的核心小组负责人	1970.3—1971
	党委书记	1971—1975.11
黄纪元	党委书记	1975.12—1977.4
郭贵林	党委书记	1977.4—1978
侯绍魁	主持党政工作	1978—
冯期珍	厂长	1961.9—1968
杨国璋	革委会主任	1968—1970

余用长	革委会主任	1970—

市雕塑瓷厂

郑文清	党总支书记	1956—1960
陈培林	党总支书记	1960—1965
朱宗代	党总支书记	1965—1966
黄菊德	党的核心小组组长	
	革委会主任	1967—1969
朱长寿	党的核心小组组长	
	革委会主任	1969—1971
熊大演	党委书记	
	革委会主任	1971—1972
张　江	党委书记	
	革委会主任	1972—1973
舒永鑫	党委书记	
	革委会主任	1973—1975
程　进	党委书记	
	革委会主任	1975—1979
康一忠	厂长	1956—1960
陈火根	厂长	1960—1967

陶瓷工艺技术革新成果一览表（1949—1978 年）

项目名称	完成单位	成果年度
景德镇市第一瓶瓷用金水试制成功	景德镇市瓷化工厂	1953 年 4 月
景德镇市第一部脚踏旋坯车试制成功	人民铁工厂	1954 年 8 月
铁板补炉法工艺	第四瓷厂	1954 年
流水作业线	第四瓷厂	1954 年
双手沾釉法	第四瓷厂	1954 年
混水促釉法	第四瓷厂	1954 年
双笔画坯法	第四瓷厂	1954 年
木机灌泥法	第四瓷厂	1954 年
碱水配釉法	第四瓷厂	1954 年
景德镇市第一部注浆机试制成功	第九瓷厂	1955 年 12 月
注浆暗花工艺	试验瓷厂	1956 年 3 月
景德镇市第一座隧道锦窑试制成功	轻工部陶研所、工艺美术合作工厂	1957 年 12 月
景德镇市第一座真空练泥机试制成功	景德镇市机械厂	1958 年 7 月
高级耐酸瓷试制成功	第九瓷厂	1958 年 7 月
景德镇市第一座倒焰窑建成		1958 年 8 月
隔石西红瓷用颜料试制成功	景德镇瓷用化工厂	1958 年 10 月
原料精制大型水波池建成	宇宙瓷厂	1959 年 5 月
腐蚀法装饰瓷器	轻工部陶研所	1959 年 6 月
注浆法制作天青釉堆花	建国瓷厂	1959 年 7 月
身高八尺九寸的万件柳叶瓶制作成功	新平瓷厂	1959 年 12 月
半自动施釉机试制成功	轻工部陶研所	1959 年 9 月
高温黄釉试制成功	轻工部陶研所	1959 年 12 月
景德镇市第一台双刀自动剐坯机试制成功	红星瓷厂	1959 年 12 月
高温黑釉试制成功	轻工部陶研所	1959 年 12 月
颜色釉堆雕试制成功	建国瓷厂	1962 年 9 月
双刀压坯机创制成功	红星瓷厂	1964 年 7 月
机压茶杯和茶盘一次上釉成功	东风瓷厂	1965 年 7 月

续表

项目名称	完成单位	成果年度
4 火门隧道锦窑烤火成功	宇宙瓷厂	1966 年 1 月
景德镇市第一座 97 米煤烧隧道窑竣工	景德镇瓷厂	1966 年 11 月
玲珑打眼器	红星瓷厂　红光瓷厂	1966 年
65 型瓷用金水试制成功	新华瓷厂	1967 年 8 月
景德镇市第一座油烧锦窑试验成功		1972 年 12 月
湿式吸铁器研制成功	陶瓷机械厂	1978 年 11 月
油烧铜红釉	建国瓷厂	1978 年
干粉练泥新工艺	为民瓷厂	1978 年
品锅无匣快速烧成	光明瓷厂	1978 年
倒焰窑烟气净化	景兴瓷厂	1978 年
青花带水贴花	新华瓷厂	1978 年
双头循环挖坯机	红光瓷厂	1978 年
陶瓷粉彩花纸	艺术瓷厂	1978 年
青花直接印饰新工艺	瓷用化工厂	1978 年
瓷用钯金水	瓷用化工厂	1978 年
腐植酸钠在陶瓷生产中应用	新华瓷厂	1978 年
瓷釉新配方	江西省陶研所	1978 年
陶瓷人工关节材料	江西省陶研所	1978 年
釉下网印全贴花花纸	红旗瓷厂	1978 年
英碗扎坝机	新华瓷厂	1978 年
泥浆电磁振动筛	电瓷厂	1978 年
压电陶瓷滤波器	九九九厂	1978 年
陶瓷真空高压继电器	五二三厂	1978 年
鱼盘真空脱气压力注浆	江西省陶研所 人民瓷厂	1978 年
针匙压力注浆	东风瓷厂	1978 年
大型花瓶成型旋浆工艺	艺术瓷厂　建国瓷厂	1978 年
薄膜贴花纸	瓷用化工厂	1978 年
L—6120 型自动修坯机	红光瓷厂	1978 年

262

景德镇市级科技荣誉称号人员名单（1959—1978 年）

姓名	性别	单位	时间	荣誉称号	授予部门
余祖茂	男	景德镇市光明瓷厂	1960 年	特约研究员	中国科学院江西分院
王大凡	男	江西省陶研所	1959 年	陶瓷美术家	景德镇市人民政府
王 步	男	江西省陶研所	1959 年	陶瓷美术家	景德镇市人民政府
王雪如	女	江西省陶研所	1959 年	陶瓷美术家	景德镇市人民政府
王锡良	男	江西省陶研所	1959 年	陶瓷美术家	景德镇市人民政府
毛龙汲	男	江西省陶研所	1959 年	陶瓷美术家	景德镇市人民政府
叶震嘉	男	江西省陶研所	1959 年	陶瓷美术家	景德镇市人民政府
刘雨岑	男	江西省陶研所	1959 年	陶瓷美术家	景德镇市人民政府
毕渊明	男	景德镇市艺术瓷厂	1959 年	陶瓷美术家	景德镇市人民政府
汪以俊	男	景德镇市艺术瓷厂	1959 年	陶瓷美术家	景德镇市人民政府
余文襄	男	景德镇市艺术瓷厂	1959 年	陶瓷美术家	景德镇市人民政府
余翰青	男	景德镇陶瓷学院	1959 年	陶瓷美术家	景德镇市人民政府
吴成仁	男	景德镇市艺术瓷厂	1959 年	陶瓷美术家	景德镇市人民政府
吴 康	男	景德镇市艺术瓷厂	1959 年	陶瓷美术家	景德镇市人民政府
张志汤	男	景德镇陶瓷学院	1959 年	陶瓷美术家	景德镇市人民政府
张松茂	男	江西省陶研所	1959 年	陶瓷美术家	景德镇市人民政府
张景寿	男	景德镇市新华瓷厂	1959 年	陶瓷美术家	景德镇市人民政府
杨秦川	男	江西省陶研所	1959 年	陶瓷美术家	景德镇市人民政府
杨海生	男	江西省陶研所	1959 年	陶瓷美术家	景德镇市人民政府
李盛春	男	江西省陶研所	1959 年	陶瓷美术家	景德镇市人民政府
周国桢	男	景德镇陶瓷学院	1959 年	陶瓷美术家	景德镇市人民政府
周湘甫	男	景德镇市艺术瓷厂	1959 年	陶瓷美术家	景德镇市人民政府
段茂发	男	景德镇陶瓷学院	1959 年	陶瓷美术家	景德镇市人民政府
赵惠民	男	景德镇市艺术瓷厂	1959 年	陶瓷美术家	景德镇市人民政府
徐天梅	男	江西省陶研所	1959 年	陶瓷美术家	景德镇市人民政府
龚耀庭	男	景德镇市艺术瓷厂	1959 年	陶瓷美术家	景德镇市人民政府
黄海云	男	景德镇市为民瓷厂	1959 年	陶瓷美术家	景德镇市人民政府
章 鉴	男	江西省陶研所	1959 年	陶瓷美术家	景德镇市人民政府
曾龙升	男	景德镇市雕塑瓷厂	1959 年	陶瓷美术家	景德镇市人民政府

姓名	性别	单位	时间	荣誉称号	授予部门
程兆鑫	男	景德镇市雕塑瓷厂	1959 年	陶瓷美术家	景德镇市人民政府
蔡寿生	男	景德镇市雕塑瓷厂	1959 年	陶瓷美术家	景德镇市人民政府
蔡金台	男	景德镇市雕塑瓷厂	1959 年	陶瓷美术家	景德镇市人民政府
潘庸秉	男	江西省陶研所	1959 年	陶瓷美术家	景德镇市人民政府
魏荣生	男	江西省陶研所	1959 年	陶瓷美术家	景德镇市人民政府
王云泉	男	景德镇市艺术瓷厂	1961 年	陶瓷美术家	景德镇市人民政府
王晓帆	男	江西省陶研所	1961 年	陶瓷美术家	景德镇市人民政府
刘仲卿	男	江西省陶研所	1961 年	陶瓷美术家	景德镇市人民政府
李永兴	男	江西省陶研所	1961 年	陶瓷美术家	景德镇市人民政府
张松涛	男	景德镇陶瓷馆	1961 年	陶瓷美术家	景德镇市人民政府
胡献雅	男	景德镇陶学院	1961 年	陶瓷美术家	景德镇市人民政府
章仕保	男	景德镇市艺术瓷厂	1961 年	陶瓷美术家	景德镇市人民政府
曾山东	男	景德镇市雕塑瓷厂	1961 年	陶瓷美术家	景德镇市人民政府
王隆夫	男	景德镇市艺术瓷厂	1978 年	陶瓷美术家	景德镇市人民政府
叶冬青	男	景德镇市艺术瓷厂	1978 年	陶瓷美术家	景德镇市人民政府
汪桂英	男	轻工部陶研所	1978 年	陶瓷美术家	景德镇市人民政府
康家钟	男	轻工部陶研所	1978 年	陶瓷美术家	景德镇市人民政府
秦锡麟	男	江西省陶瓷工业公司	1978 年	陶瓷美术家	景德镇市人民政府
章文超	男	景德镇市艺术瓷厂	1978 年	陶瓷美术家	景德镇市人民政府
傅尧笙	男	景德镇市陶瓷历史博物馆	1978 年	陶瓷美术家	景德镇市人民政府
潘文复	男	景德镇市艺术瓷厂	1978 年	陶瓷美术家	景德镇市人民政府
戴荣华	男	轻工部陶研所	1978 年	陶瓷美术家	景德镇市人民政府

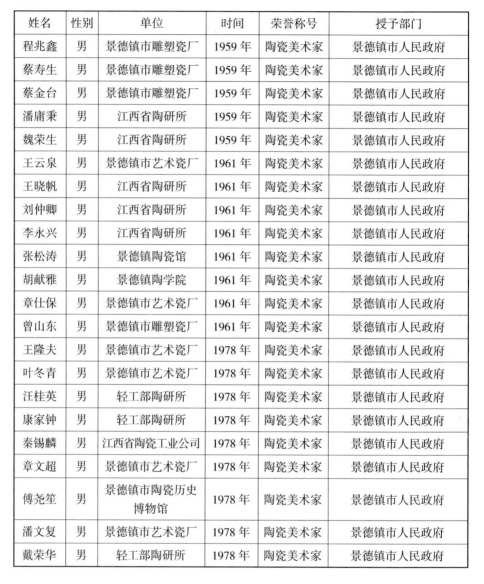

国家、省、市三级劳模名单（1949—1978 年）

全国劳模名单			
姓名	性别	工作单位	评选时间
周 恒	男	景德镇瓷厂	1956 年
余祖茂	男	景德镇第一瓷厂	1956 年
王 步	男	江西省陶研所	1959 年
徐焕文	男	景德镇市艺术瓷厂	1960 年
张志汤	男	景德镇陶瓷学院	1960 年
徐国祥	男	景德镇市红星瓷厂	1977 年
省劳模			
姓名	性别	工作单位	评选时间
周日辉	男	利华窑厂工会	1953 年
傅发庭	男	华电瓷厂	1953 年
万贵水	男	建国瓷厂	1953 年
辛乃花	女	建国瓷厂	1953 年
黄月生	男	建国瓷厂	1953 年
刘春生	男	窑业新手联营瓷厂	1953 年
洪炎喜	男	建新瓷厂	1953 年
段本聪	男	永新瓷厂	1953 年
宗爱莲	女	景德镇公私合营第八瓷厂	1956 年
胡志卿	男	景德镇南河瓷土制造厂	1956 年
周恒	男	景德镇匣钵厂	1956 年
黄高寿	男	景德镇公私合营第三瓷厂	1956 年
谭克荣	男	景德镇第二瓷厂	1956 年
徐助保	男	景德镇第一瓷厂	1956 年
冯景华	男	景德镇建国瓷厂分厂	1956 年
程初龙	男	景德镇第四公私合营瓷厂	1956 年
程爵桂	男	景德镇公私合营第六瓷厂	1956 年
邵同利	男	景德镇建国瓷厂	1956 年
余传焕	男	景德镇第四瓷厂	1956 年
金世全	男	景德镇华电瓷厂	1956 年
郑镇姣	女	景德镇第五瓷厂	1956 年

续表

姓名	性别	工作单位	评选时间
林凤岐	男	景德镇瓷厂	1956 年
陈茂林	男	景德镇瓷厂	1956 年
余昌代	男	景德镇第三瓷厂	1956 年
余祖茂	男	景德镇公私合营第二瓷厂	1956 年
邓金根	男	景德镇陶瓷试验研究所	1956 年
邹建金	男	景德镇陶瓷试验研究所	1956 年
冯宗镇	男	景德镇陶瓷试验研究所	1956 年
于海荣	女	景德镇市艺术瓷厂	1960 年
曾良英	女	景德镇市华电瓷厂	1960 年
孙顺昌	男	景德镇市瓷土厂	1960 年
余恂焱	男	景德镇市建筑瓷厂	1960 年
郑管杰	男	景德镇市建筑瓷厂	1960 年
严国强	男	景德镇市新平瓷厂	1960 年
梁寿生	男	景德镇市华电瓷厂	1960 年
王仁尧	男	景德镇市红旗瓷厂	1960 年
余心南	男	景德镇市红旗瓷厂	1960 年
余名耀	女	景德镇市建国瓷厂	1960 年
祝春生	男	景德镇市瓷厂耐火材料厂	1960 年
程裕民	男	景德镇市新平瓷厂	1960 年
金光琪	男	景德镇市红旗瓷厂	1960 年
李柏民	男	景德镇市东风瓷厂	1960 年
章罗汉	男	景德镇市大洲瓷土厂	1960 年
徐助保	男	景德镇市东风瓷厂	1960 年
王步	男	景德镇市陶瓷研究所	1960 年
周春林	男	景德镇市宇宙瓷厂	1960 年
李永兴	男	景德镇市建国瓷厂	1960 年
余忠尚	男	景德镇市宇宙瓷厂	1960 年
熊长生	男	景德镇市瓷器包装工厂	1960 年
洪宗银	男	景德镇市红星瓷厂	1960 年
陆荣初	男	景德镇市红星瓷厂	1960 年
张水贵	男	景德镇市红星瓷厂	1960 年

续表

姓名	性别	工作单位	评选时间
叶招弟	女	景德镇市工艺美术瓷厂	1960年
陈菊花	女	景德镇华电瓷厂	1963年
蔡昌书	男	景德镇市陶瓷研究所	1963年
李永兴	男	景德镇市建国瓷厂	1963年
刘传义	男	景德镇市红旗瓷厂	1963年
陈美云	女	景德镇市宇宙瓷厂	1963年
胡志眉	男	景德镇市红星瓷厂	1964年
秦凤生	男	景德镇市红星瓷厂	1964年
李咸铭	男	景德镇市红星瓷厂	1964年
刘传义	男	景德镇市红星瓷厂	1964年
邵贤举	男	景德镇市景兴瓷厂	1964年
江样春	男	景德镇市建国瓷厂	1964年
陈美云	女	景德镇市宇宙瓷厂	1964年
邹建金	男	景德镇市陶瓷研究所	1964年
龚代富	男	景德镇市浮南瓷土矿	1964年
刘仲卿	男	景德镇市陶瓷研究所	1964年
秦凤生	男	景德镇市红星瓷厂	1965年
张水清	男	景德镇市红星瓷厂	1965年
胡志眉	男	景德镇市红星瓷厂	1965年
冯宗福	男	景德镇市新平瓷厂	1965年
江先亮	男	景德镇市新平瓷厂	1965年
李振云	女	景德镇市新平瓷厂	1965年
万国忠	男	景德镇市陶研所	1965年
刘模根	男	景德镇市艺术瓷厂	1965年
万芙蓉	女	景德镇市艺术瓷厂	1965年
傅绸岩	男	景德镇市艺术瓷厂	1965年
秦水莲	女	景德镇市建筑卫生瓷厂	1965年
江义金	男	景德镇市建筑卫生瓷厂	1965年
冯孟才	男	景德镇市建筑卫生瓷厂	1965年
曹卫平	男	景德镇市浮南瓷土矿	1965年
龚代富	男	景德镇市浮南瓷土矿	1965年

姓名	性别	工作单位	评选时间
郑远金	男	江西瓷业公司陈湾矿	1965 年
吴菊生	男	景德镇市高美瓷厂	1965 年
周孟麟	男	景德镇市陶瓷机械厂	1965 年
徐明亮	男	景德镇市匣钵厂	1965 年
喻坤忠	男	景德镇市瓷土厂	1965 年
刘珍保	男	景德镇市艺术瓷厂	1965 年
朱大买	男	景德镇市光明瓷厂	1965 年
朱火生	男	景德镇市光明瓷厂	1965 年
秦菱娥	女	景德镇市光明瓷厂	1965 年
王凤娥	女	景德镇市红旗瓷厂	1965 年
罗来钟	男	景德镇市红旗瓷厂	1965 年
吴先高	男	景德镇市红旗瓷厂	1965 年
敖美如	女	景德镇市景兴瓷厂	1965 年
邵贤举	男	景德镇市景兴瓷厂	1965 年
何样恒	男	景德镇市宇宙瓷厂	1965 年
秦善元	男	景德镇市宇宙瓷厂	1965 年
江样春	男	景德镇市建国瓷厂	1965 年
彭牛崽	男	景德镇市建国瓷厂	1965 年
方巧云	女	景德镇市建国瓷厂	1965 年
吴亚仙	男	景德镇市化工厂	1965 年
徐助保	男	景德镇市东风瓷厂	1965 年
程正发	男	景德镇市建新瓷厂	1965 年
陈菊花	女	景德镇市华电瓷厂	1965 年
蒋大毛	男	景德镇市美术雕塑合作工厂	1965 年
胡沙得	男	景德镇市陶瓷合作工厂	1965 年
汤好英	女	景德镇市陶瓷合作工厂	1965 年
于美秀	女	景德镇市陶瓷合作工厂	1965 年
李路发	男	景德镇市瓷用毛笔生产合作社	1965 年
万文仔	男	景德镇市曙光合作工厂	1965 年
傅细安	男	景德镇瓷厂	1966 年
高香龙	男	景德镇瓷厂	1966 年

姓名	性别	工作单位	评选时间
范文	男	景德镇电讯电瓷厂	1966年
姜长文	男	景华瓷件厂	1966年
龚代富	男	江西浮南瓷土矿	1966年
谢翠英	女	景德镇高级美术瓷厂	1966年
黄冬喜	男	景德镇高级美术瓷厂	1966年
秦凤生	男	景德镇市红星瓷厂	1966年
冯金萍	女	景德镇市红星瓷厂	1966年
张水清	男	景德镇市红星瓷厂	1966年
冯宗福	男	景德镇市新华瓷厂	1966年
余松翠	男	景德镇市新华瓷厂	1966年
万宗杰	男	景德镇市建新瓷厂	1966年
彭玉莲	女	景德镇市红旗瓷厂	1966年
罗来钟	男	景德镇市红旗瓷厂	1966年
吴先高	男	景德镇市红旗瓷厂	1966年
吴宝喜	男	景德镇市光明瓷厂	1966年
朱火生	男	景德镇市光明瓷厂	1966年
朱大买	男	景德镇市光明瓷厂	1966年
徐明亮	男	景德镇市匣钵厂	1966年
喻坤忠	男	景德镇市瓷土厂	1966年
李路发	男	景德镇市瓷用毛笔合作社	1966年
汤好英	女	景德镇市陶瓷合作工厂	1966年
谢永发	男	景德镇市陶瓷合作工厂	1966年
蒋大毛	男	景德镇市雕削合作工厂	1966年
秦善元	男	景德镇市宇宙瓷厂	1966年
陈美云	女	景德镇市宇宙瓷厂	1966年
刘银仔	男	景德镇市宇宙瓷厂	1966年
徐助保	男	景德镇市东风瓷厂	1966年
李振云	女	景德镇市新斗瓷厂	1966年
江先亮	男	景德镇市新斗瓷厂	1966年
江春萍	女	景德镇市景兴瓷厂	1966年
邵贤举	男	景德镇市景兴瓷厂	1966年

姓名	性别	工作单位	评选时间
刘模根	男	景德镇市艺术瓷厂	1966 年
江荣花	女	景德镇市艺术瓷厂	1966 年
陈菊花	女	景德镇华电瓷厂	1966 年
郑可敦	女	陶瓷工业科研所	1966 年
秦水莲	男	景德镇市陶瓷厂	1966 年
万文仔	男	景德镇市曙光合作工厂	1966 年
于美秀	女	景德镇市彩绘合作工厂	1966 年
付绸岩	男	景德镇市艺术瓷厂	1966 年
蔡云龙	男	景德镇市建国瓷厂	1966 年
彭牛仔	男	景德镇市建国瓷厂	1966 年
江祥春	男	景德镇市建国瓷厂	1966 年
方巧云	女	景德镇市建国瓷厂	1966 年
刘林根	男	景德镇市陶瓷机械厂	1966 年
束忠孝	男	市三蕾瓷用化工厂	1975 年
徐国祥	男	景德镇市红星瓷厂	1977 年
董世柏	男	景德镇陶瓷厂	1977 年
牛显扬	男	景德镇电瓷厂	1977 年
张育贤	男	省陶瓷研究所	1977 年
黄九妹	女	景德镇市陶瓷彩绘工厂	1977 年
向礼阳	男	景德镇市红光瓷厂	1977 年
陈仰斋	男	景德镇市人民瓷厂	1977 年
赖福生	男	景德镇市陶瓷学院	1977 年
邹和鑫	男	景德镇市陶瓷学院	1977 年
徐国祥	男	景德镇市红星瓷厂	1978 年
董世柏	男	景德镇陶瓷厂	1978 年
余桂娥	女	景德镇市为民瓷厂	1978 年
余昭柏	男	景德镇市电瓷厂	1978 年
余转秀	女	景德镇市新华瓷厂	1978 年
向礼阳		景德镇市红光瓷厂	1978 年
黄九妹	女	景德镇市陶瓷彩绘工厂	1978 年
杨士军	男	景德镇市大洲瓷土矿	1978 年

续表

姓名	性别	工作单位	评选时间
谢业钧	男	景德镇市陶瓷机械修配厂	1978 年
史秋林	男	景德镇市电瓷厂	1978 年
孙水泉	男	景德镇陶瓷学院校办工厂	1978 年
忻元华	男	江西省陶瓷工业科学研究所	1978 年
徐国祥	男	景德镇市红星瓷厂	1978 年
陶放	男	景德镇市陶瓷机械厂	1978 年
刘翮天	男	景德镇市陶瓷厂	1978 年
邓希平	女	景德镇市建国瓷厂	1978 年
杨喜街	男	江西省陶瓷销售公司	1978 年
沈丽娟	女	景德镇市中山路瓷器商店	1978 年
江西省科学大会先进科技工作者			
姓名	性别	工作单位	评选时间
忻元华	男	省陶瓷工业科学研究所	1978 年
徐国祥	男	景德镇市红星瓷厂	1978 年
陶 放	男	景德镇市陶瓷机械厂	1978 年
刘翮天	男	景德镇市陶瓷厂	1978 年
邓希平	女	景德镇市建国瓷厂	1978 年
市劳模			
姓名	性别	工作单位	评选时间
吴祖胜	男	耐火器材厂	1964 年
赵虎松	男	景德镇市华电瓷厂	1965 年
俞瑞秀	女	景德镇市华电瓷厂	1965 年
徐武昌	男	景德镇市华电瓷厂	1965 年
魏美珍	女	景德镇市华电瓷厂	1965 年
方昌海	男	景德镇市华电瓷厂	1965 年
杜龙生	男	景德镇市华电瓷厂	1965 年
程菊喜	男	景德镇市华电瓷厂	1965 年

人民大会堂国家用瓷

　　1959 年 9 月 28 日，在中华人民共和国成立十周年国庆招待会上首次使用，由中央工艺美术学院专家组设计，景德镇陶瓷工匠采用传统技法和手绘工艺制作完成

　　1975 年 4 月，按照中共中央办公厅要求，景德镇实施
完成了毛泽东主席系列生活用瓷的研制生产任务。图为部分
产品

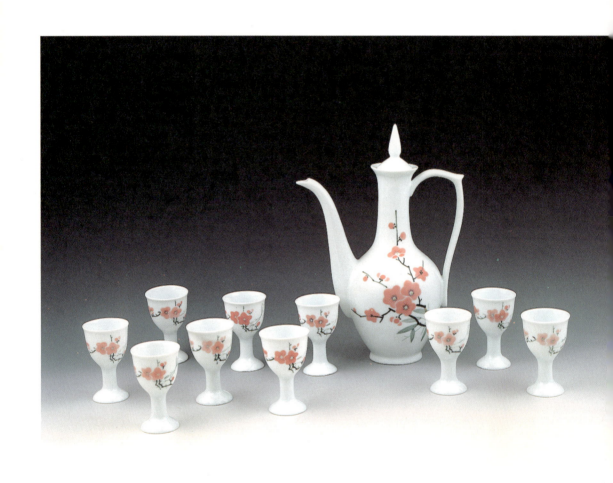

1975 年 4 月，按照中共中央办公厅要求，景德镇实施完成了
毛泽东主席系列生活用瓷的研制生产任务。图为部分产品

漓江新春

　　1974 年，景德镇市建国瓷厂为北京饭店制
作宽 17 米、高 5 米的陶瓷壁画。该画由 3 万多块，
120 余种颜色釉瓷片镶嵌而成，是我国第一幅大
型瓷制壁画

20世纪 70 年代初，景德镇市为民瓷厂成功研制造型秀丽、线条明快的高白釉蓝牡丹金菊茶杯。1972 年，被选为尼克松访华接待用瓷，后被冠以"尼克松杯"，广为流传

图书在版编目（CIP）数据

景德镇陶瓷史料：全3册.1949-2019/景德镇陶瓷
史料编委会编著.-- 南昌：江西人民出版社,2019.12

ISBN 978-7-210-11613-4

Ⅰ.①景… Ⅱ.①景… Ⅲ.①陶瓷－文化史－史料－
景德镇— 1949-2019 Ⅳ.① K876.34

中国版本图书馆 CIP 数据核字 (2019) 第 211423 号

景德镇陶瓷史料 (1949–2019)
景德镇陶瓷史料编委会　编著
责任编辑：章　雷　胡　滨　曹　骏
封面设计：方　晓
版式设计：同异文化传媒
出　　版：江西人民出版社
发　　行：各地新华书店
地　　址：江西省南昌市三经路 47 号附 1 号
编辑部电话：0791-86898860
发行部电话：0791-86898815
邮　　编：330006
网　　址：www.jxpph.com
E-mail:jxpph@tom.com　web@jxpph.com
2019 年 12 月第 1 版　2019 年 12 月第 1 次印刷
开　　本：787 毫米 ×1092 毫米　1/ 16
印　　张：62.5
字　　数：830 千字
ISBN 978-7-210-11613-4
赣版权登字—01—2019—453
版权所有　侵权必究
定　　价：480.00 元
承印厂：江西华奥印务有限责任公司
赣人版图书凡属印刷、装订错误，请随时向承印厂调换